MARIE-LOUISE VON FRANZ

TRÄUME

MARIE-LOUISE VON FRANZ

TRÄUME

DAIMON
ZÜRICH

ISBN 3-85630-023-6

1. Auflage

Umschlag: Hypnos, der griechische Gott des Schlafes,
von Joel T. Miskin
Photo auf Schutzklappe: © Bobhin

INHALTSVERZEICHNIS

VORWORT DES HERAUSGEBERS

Dr. phil. Marie-Louise von Franz arbeitete wissenschaftlich seit dem Jahre 1934 eng mit C. G. Jung zusammen und ist durch eine große Zahl psychologischer Bücher einem breiten Leserkreis als erfahrene Autorin bekannt geworden. Die heute siebzigjährige Analytikerin zeichnet sich auch durch eine rege Vortragstätigkeit aus und hat zahlreiche relevante Artikel verfaßt, die in den verschiedensten Publikationen – Zeitschriften und Zeitungen – publiziert wurden. Leider sind aber ein Großteil dieser Aufsätze und Vortragsunterlagen aus den vergangenen Jahrzehnten nicht mehr zugänglich, sei es weil sie verlorengegangen oder nicht mehr auffindbar sind, sei es weil sie sich als unveröffentlichte Schriften im Privatbesitz der Verfasserin befanden oder weil die Publikationen, in denen sie einst erschienen waren, inzwischen vergriffen sind.

Das vorliegende Buch bildet nun den ersten Band einer Schriftenreihe, deren Ziel es ist, die noch verfügbaren Materialien thematisch zu sammeln und den Lesern bekanntzumachen. Jeder Band wird einem speziellen Thema gewidmet und beinhaltet Beiträge von Vorträgen, Vorlesungen und Aufsätze, die für eine größere Leserschaft von Interesse sein dürften.

Der erste Band, den wir mit Freude anläßlich des siebzigsten Geburtstages der Autorin herausgeben, betrifft das Thema „Träume". In einem ersten Teil geht es Marie-Louise von Franz um allgemeine Erläuterungen zum

Traum und unserem Umgang damit, wobei sie im Anfangskapitel, das als separater Aufsatz ursprünglich im Schleswig-Holsteinischen Ärzteblatt erschienen ist,[1] auf die Frage der bereicherten Selbsterkenntnis durch die Beachtung der Träume eingeht. In einer anschließenden Arbeit beschreibt sie den Umgang, den C. G. Jung mit seinen Träumen pflegte und weist auf die schicksalsweisende Funktion hin, die jene in seinem Leben innehatten.[2]

Im zweiten Teil dieses Buches werden Träume von historischen Persönlichkeiten – Philosophen und Politikern – berichtet und gedeutet. Grundlage für einige dieser Kapitel waren Unterlagen von Vorträgen, die Marie-Louise von Franz vor Jahren am C.-G.-Jung-Institut in Zürich gehalten hatte („Der Traum des Sokrates", „Die Träume von Themistokles und Hannibal", „Die Träume der Mutter von St. Bernhard de Clairvaux und der Mutter von St. Augustinus"). Das ausführliche Kapitel über einen Traum von Descartes stammt aus dem vergriffenen Band III der Schriftenreihe *Studien aus dem C. G. Jung-Institut* (Rascher, 1952). Dieser zweite Teil ist nicht nur aus psychologischer Sicht, sondern auch aus historischer, philosophischer und religionsgeschichtlicher Perspektive aufschlußreich. Die Autorin deckt einfühlsam Zusammenhänge zwischen persönlichem Lebenslauf, der Familiengeschichte und der jeweiligen individuellen wie kollektiven Geisteshaltung auf.

Aus herausgeberischer Sicht ist zu erwähnen, daß die Beiträge zu diesem Band ursprünglich zum Teil an unterschiedliche Zielgruppen gerichtet waren und nicht als Kapitel eines Buches konzipiert wurden. Wir haben deshalb die eher allgemein gehaltenen Aufsätze an den An-

---

1 Schleswig-Holsteinisches Ärzteblatt, Nr. 10, 1973
2 In: *Was weiß man von den Träumen?* Hrsg. H. J. Schultz, Kreuz, Stuttgart, 1972.

fang des Buches gestellt und die spezifisch an angehende Analytiker gerichteten Vorträge in den zweiten Teil aufgenommen. Damit das Buch auch für Leser und Leserinnen ausreichend verständlich ist, die mit psychologischen Fachausdrücken nicht besonders vertraut sind, wurde ein Glossar erstellt, in dem Worterklärungen für die häufiger verwendeten Begriffe zu finden sind.

Wir möchten Marie-Louise von Franz für die Überarbeitung, Durchsicht und Bereitstellung der verschiedenen Aufsätze, Waltraut Körner für die Übersetzung einiger Kapitel aus dem Englischen ins Deutsche und Lela Fischli für die editoriale Arbeit herzlich danken. Ein besonderer Dank geht an Herrn Dr. René Malamud, ohne dessen unermüdliche Initiative, geduldige Zusammentragung des Schriftenmaterials und großzügige Unterstützung dieser Band nicht zustande gekommen wäre.

Zürich, im Herbst 1985   Robert Hinshaw

DIE VERBORGENE QUELLE DER
SELBSTERKENNTNIS

Das Pythagoras zugeschriebene delphische Wort *gnothi sauton,* „Erkenne Dich selbst", hat im Abendland eine lange Geschichte. Es wurde durch Sokrates und Plato berühmt und dadurch wurde die Bemühung um Selbsterkenntnis von da an mehr eine Angelegenheit der Philosophie als der Religionen. In den letzteren hat sich der abendländische Mensch mehr um die Einsicht in Wesen und Sinn des Weltganzen und um Erlösung von seinem Leiden bemüht als um *empirische Einsicht in sein eigenes Wesen.* In der Geschichte der Philosophie hingegen sehen wir, daß sich die Geister seit Plato eher auf die Erhellung der Voraussetzungen unseres bewußten Denkens konzentrierten, als auf die *Erhellung des ganzen menschlichen Wesens.* Besonders die introvertierten Denker innerhalb der Philosophiegeschichte versuchten sich gleichsam mit ihrer Reflexion in den eigenen inneren Hintergrund ihres Denkens hineinzubohren, in leidenschaftlichem Suchen nach dessen Urgrund. Augustinus, Descartes und Kant bieten hierfür aufschlußreiche Beispiele. Und alle, die tief genug gruben, gelangten in irgendeiner Form im eigenen Bewußtseinshintergrund zu etwas Irrationalem, das sie meistens mit dem Gottesnamen bezeichneten.

Eine objektive Psychologie hingegen im Sinne des sachlich-experimentellen Beobachtens des seelischen menschlichen Wesens von außen begann mit Aristoteles und führte zu den verschiedensten Lehren über die sog.

pathè, Emotionen, Affekte usw. des Menschen sowie seiner sozialen Triebe. Der Ausläufer dieser Richtung der Erforschung der menschlichen Natur ist der heutige Behaviourismus in seinen verschiedensten Abschattungen.

So viel Wertvolles auch all diese Bemühungen, sich über das eigene menschliche Wesen Rechenschaft zu geben, zutage gefördert haben, erstaunt es uns heutige Menschen immer wieder, daß dabei gerade *die* Quelle der Selbsterkenntnis wenig oder meistens sogar nicht berücksichtigt wurde, die wir heute als den größten Schatz von Information über uns selbst ansehen: nämlich *das Unbewußte,* und zwar *besonders in seiner Äußerungsform des Traumes.* Sigmund Freud bezeichnete bekanntlich den Traum als *via regia,* als königlichen Weg zum Unbewußten und benützte die Träume seiner Patienten, um ihnen jene verdrängten sexuellen Strebungen bewußt zu machen, deren Verdrängung nach seiner Theorie das Wesen aller neurotischen Störungen ausmachen. Seiner Auffassung nach enthalten die Träume in verhüllter Form Anspielungen auf Triebwünsche, welche uns jedoch ebenso gut bewußt sein könnten und welche Freud in seinem System „erklärt" (im Sinne von „aufgeklärt") zu haben glaubte. Im Gegensatz zu Freud nahm C. G. Jung diese Theorie nicht an, sondern hielt an seiner, von Anfang an eingenommenen Einstellung gegenüber den Träumen fest, nämlich daß sie *essentiell Unbekanntes,* schöpferisch aus dem unbewußten Seelengrund Hervorgebrachtes enthalten, welches es experimentell sachlich und in jedem Einzelfall erneut und möglichst ohne vorgefaßte Meinungen zu erforschen gilt.

Der Traum ist ein bis heute nicht erklärtes Lebensphänomen geblieben, es hat seine Wurzeln tief in den physiologischen Lebensvorgängen. Er ist eine normale allgemeine Erscheinung bei allen höheren Tierarten. Wir träumen alle ca. viermal pro Nacht, und wenn man das Träumen bei einem Menschen verhindert, entstehen ernsthafte seelische und somatische Störungen. C. G. Jung hat als vorläufig relativ gesicherte Tatsachen folgende Aspekte des Traumes festgestellt.[1]

- Der Traum hat zwei Wurzeln; die eine liegt in bewußten Inhalten, Vortagseindrücken usw., die zweite in konstellierten Inhalten des Unbewußten. Letztere bestehen aus zwei Kategorien: 1. Konstellationen, die durch bewußte Inhalte veranlaßt wurden. 2. Konstellationen, die durch produktive Vorgänge im Unbewußten veranlaßt wurden.

Man kann die *Bedeutung des Traumes* in folgender Art formulieren:

- 1. Der Traum stellt eine unbewußte Reaktion auf eine bewußte Situation dar.

- 2. Er stellt eine Situation dar, die aus einem Konflikt zwischen Bewußtsein und dem Unbewußten entstanden ist.

- 3. Er stellt eine Tendenz des Unbewußten dar, welche auf eine Veränderung der bewußten Einstellung abzielt.

- 4. Er stellt unbewußte Prozesse dar, welche keine Beziehung zum Bewußtsein erkennen lassen.

Diese Prozesse können somatisch bedingt sein oder aus psychischen schöpferischen Quellen stammen. – Schließlich können solche Prozesse auch auf physischen oder psychischen Umweltsereignissen, vergangenen oder zukünftigen Umweltsereignissen beruhen. Außer den sog. Schockträumen (Granatschock etc.) wiederholt ein Traum nie einfach ein vorausgegangenes Erlebnis. Den Bezug von Träumen auf physische oder psychische Umwelteremisse oder zukünftige Ereignisse kann man meistens erst hinterher erkennen; solche Träume sind relativ seltener als diejenigen, welche eine unbewußte

---

1 Kindertraumseminar an der Eidgenössischen Technischen Hochschule in Zürich 1936/37, S. 6/7, (unpubliziert)

Reaktion auf eine bewußte Situation – eine Darstellung eines Konfliktes zwischen Bewußtsein und Unbewußtem oder eine Tendenz, welche auf eine Veränderung des Bewußtseins abzielt – enthalten. Die drei letztgenannten bilden seelische Prozesse ab, welche rein im Subjekt selber ablaufen.

Für unsere Fragestellung ist nun nur *dieser* Aspekt des Traumes wichtig.

Der Traum als Ausdruck eines inneren Dramas

Einen solchen Traum kann man als ein Drama auffassen, in welchem wir *alles,* d. h. der Dichter, der Regisseur, die Akteure und der Souffleur und auch der Zuschauer selber sind. Wenn man diese Art von Träumen so zu verstehen versucht, ergibt sich eine für den Träumer meistens überraschende Realisation über das, was in ihm, „hinter seinem Rücken" sozusagen, seelisch vorgeht. Die Überraschung kann als peinlich, als beglückend oder als erleuchtend empfunden werden, je nachdem wie wir das Traum-Schauspiel in unser Bewußtsein aufnehmen. Das Überraschungsmoment liegt in dem, was Jung die *kompensatorische oder komplementäre Funktion des Traumes* bezeichnet hat. Damit ist gemeint, daß der Traum beinahe nie schon Gewußtes darstellt, sondern entweder Inhalte, welche eine Einseitigkeit des Bewußtseins ausbalancieren, bringt (kompensatorisch), oder zu enge oder zu wenig bewertete Bewußtseinsinhalte um Fehlendes ergänzt (komplementär). Als Beispiel können Sie im ersteren Fall an einen Menschen denken, der an Unsicherheits- und Minderwertigkeitsgefühlen leidet und sich im Traum in einer Heldenrolle vorfindet; im zweiten Fall denken Sie z. B. an jemanden, der für einen Partner des anderen Geschlechts eine nur flüchtig empfundene Sympathie empfindet und in der

Nacht eine leidenschaftliche Liebesszene mit diesem Menschen träumt. In letzterem Fall wird die stärkere emotionale Wichtigkeit des bewußt Gemerkten – eine Wichtigkeit, welche übersehen wurde – vom Traum ergänzt. Das *Verstehen solcher Träume* führt nun eo ipso *zu einer Veränderung unserer bewußten Ansichten* sowohl über außen Erlebtes wie auch, und darauf kommt es hier an, *über uns selber.*

Jung erzählt folgenden Fall: Eine Dame war für ihre törichten Vorurteile und ihren starrköpfigen Widerstand gegen vernünftige Argumente bekannt ... Eines Nachts träumte sie, sie nehme an einem wichtigen gesellschaftlichen Anlaß teil. Die Gastgeberin begrüßte sie mit den Worten: „Wie nett, daß Sie gekommen sind! Ihre Freundinnen erwarten Sie schon." Sie führte den Gast zu einer Tür, öffnete, und die Träumerin betrat einen Kuhstall! „Die Frau wollte zunächst den Sinn des Traumes, der so direkt ihre Überheblichkeit bloßstellte, nicht zugeben; aber schließlich konnte sie doch nicht umhin, die Botschaft anzunehmen." Viele Dinge verführen uns eben (wie Jung weiter betont), Wege einzuschlagen, die unserer Individualität nicht angemessen sind. Besonders solche Menschen, die eine extravertierte, geistige Einstellung oder Minderwertigkeitsgefühle und Zweifel an sich selber hegen, sind solchen ihr Wesen verfälschenden Strömungen des Lebens ausgeliefert.[2] Der Traum jedoch korrigiert sie und führt dadurch zur Erkenntnis dessen, was man ist und was einem entspricht oder nicht ist und man meiden sollte.

In dieser Art vermitteln uns Träume, *wenn man sie als subjektstufiges Drama ernst nimmt,* andauernd neue Einsichten über uns selbst. Zwar können manche intuitive Künste wie Horoskopie, Graphologie, Handlesekunst, Phrenologie und ähnliches uns auch oft überraschende

---

2 *Der Mensch und seine Symbole,* Olten, 1968, p. 49

Stücke von Selbsterkenntnis liefern, die Träume haben aber diesen Techniken gegenüber den großen Vorteil, daß sie dynamisch fortlaufend uns eine Selbstdiagnose geben, also auch kleinere Schwankungen und nur momentane Fehleinstellungen oder spezifische Reaktionsweisen aufhellen. Ein Mensch kann z. B. im Prinzip bescheiden sein und sich nicht überschätzen, aber durch einen Erfolg momentan aufgeblasen werden, der Traum korrigiert das sofort und sagt uns darum nicht nur, wir seien allgemein so oder so, sondern „gestern warst du in bezug auf diese Sache so oder so falsch gewickelt". Durch das andauernde Berücksichtigen der Träume entsteht so etwas wie ein fortlaufender Dialog des bewußten Ich mit den irrationalen Persönlichkeitshintergründen, durch welche dem Ich gleichsam andauernd von anderer Seite ein Spiegel vorgehalten wird, in dem er sein eigenes Wesen überprüfen kann.

Wer ‚komponiert' Traumbildserien?

Damit kommen wir auf das große Wunder oder die ganz erstaunliche Tatsache zu sprechen, die hinter dem so leicht von jedem beobachtbaren Traumphänomen liegt: *Wer oder was ist dieses wunderbare Etwas, welches die Traumbildserien komponiert?* Wer ist z. B. dieser humorvolle Geist, der in jener Frau die Szene vom Kuhstall erfand? Wer „sieht" uns in dieser Situation ängstlich, in jener als zu selbstbewußt? Überhaupt, wer oder was schaut uns da an, klarer und unerbittlicher als der beste Freund oder Feind es tun könnte? Es muß ein Wesen von überlegenster Intelligenz sein, der Tiefe und Klugheit der Träume nach zu schließen. Aber ist es überhaupt ein Wesen; hat es Persönlichkeit oder ist es mehr etwas Sachliches, wie ein Licht oder eine Spiegeloberfläche? Jung nennt dieses Etwas in seinen „Erinnerungen" die *Persönlichkeit No. 2:* Er erlebte diese zunächst eher als ein persönliches oder zumindest halbpersonifiziertes Wesen.[3] Es „bestand (in mir) immer ein hintergründiges Gefühl, daß noch etwas anderes als ich selber dabei war – etwa wie wenn ein Hauch aus der großen Welt der Gestirne und der endlosen Räume mich berührt hätte, oder wie wenn ein Geist unsichtbar ins Zimmer getreten wäre, Einer, der längst vergangen und doch immerwährend bis in ferne Zukunft im Zeitlosen gegenwärtig wäre." Dieses Wesen hatte mit der „Erzeugung der Träume" etwas zu tun, – „ein Geist, der an Macht dem Weltdunkel gewachsen war". Er war eine Art von autonomer Persönlichkeit, „hatte aber keine bestimmte Individualität. Das einzig Deutliche an ihm war sein historischer Charakter, seine Ausgedehntheit in dieser Zeit resp. seine Zeitlosigkeit."[4] Die Persönlichkeit Nr. 2 ist das *kollektive Unbewußte,* das Jung später auch als „objektive Psyche" bezeichnet hat, weil es von uns als nicht subjektzugehörig erlebt wird (in der historischen Vergangenheit war es immer als Geister-Mächte betrachtet worden). Es ist ein Etwas, das vom subjektiven Ich als Gegenüber erlebt wird, gleichsam als ein Auge, das uns aus der Seelentiefe ansieht. Der Paracelsusschüler Gerhard Dorn hat in seiner „Philosophia meditativa" eine in vieler Hinsicht erhellende Beschreibung dieses Erlebnisses der objektiven Psyche und der daraus resultierenden Persönlichkeitswandlung gegeben. Nach seiner Auffassung basiert das alchemistische Opus auf einem Akt der Selbsterkenntnis. Diese Selbsterkenntnis ist aber nicht, was das Ich über das eigene Ich meint, sondern etwas ganz anderes: Er sagt: „Niemand aber kann sich selber erkennen, wenn er nicht zuerst aus fleißiger

---

3 *Erinnerungen, Träume, Gedanken* ed. A. Jaffé, Rascher, Zürich–Stuttgart 1962 p. 71
4 Ebda p. 94

Meditation sieht und weiß ...*was* er ist (und zwar) eher als wer (er ist), von wem er abhängt und zu wem er gehört und zu welchem Zwecke er gemacht und geschaffen ist und ebenso von wem und durch wen."[5] Mit dem Ausdruck *was* (statt wer) betont Dorn das objektiv sachliche Gegenüber, das er in seiner Meditation und der Selbsterkenntnis sucht und er meint damit nichts anderes, als das in der Seele des Menschen eingepflanzte Gottesbild. Wer dieses betrachte und seinen Geist von weltlichen Sorgen und Zerstreuung befreie, „der wird allmählich und von Tag zu Tag die Funken der göttlichen Erleuchtung mit seinen geistigen Augen aufleuchten sehen ..." Wer in dieser Art Gott in sich erkenne, werde auch seinen Bruder erkennen.[6] Dieses innere Zentrum, welches Dorn mit dem Gottesbild gleichsetzt, hat Jung als das *Selbst* bezeichnet. Nach der Ansicht von Paracelsus lernt der Mensch dieses innere Licht durch seine Träume kennen: „Wie das liecht der natur nit reden kan, so fürbilt es im schlaf aus kraft des worts".[7] Dieses innere Licht wurde von anderen Alchemisten auch mit Fischaugen oder einem Fischauge verglichen, das aus der ausgekochten *prima materia* aufzuleuchten beginne. Und ein Alchemist des 17ten Jahrhunderts, Nicolas Flamel, hat dieses Motiv dann mit den Zach. IV. 10 erwähnten Augen Gottes gleichgesetzt: „Diese sieben sind die Augen des Herrn, die über die ganze Erde schweifen". (vgl. auch Zacharias III 9. Auf *einem* Stein sind sieben Augen usw.).[8]

Das kollektive Unbewußte und seine Inhalte sind es,

---

5 Zit aus C. G. Jung, *Mysterium Coniunctionis,* Ges. W. Bd. 14/II, p. 251

6 Vgl. ebda., p. 252

7 Zit. aus Jung, „Theoretische Überlegungen zum Wesen des Psychischen", in Ges. W. Bd. 8, p. 222, Liber de caducis, Huser, Bd. IV, p. 274 oder Sudhoff, Bd. VIII, p. 296.

8 Vgl. C. G. Jung, ebda., p. 224

die sich durch die Träume äußern und jedesmal, wenn
es einem gelingt, einen Traum zu verstehen und auch
dessen Botschaft moralisch zu assimilieren „gehen einem die Augen auf" – daher das Augenmotiv! Man sieht
sich selber einen Moment lang mit den Augen eines anderen Wesens, mit den Augen von etwas Objektivem,
das einen gleichsam von außen ansieht. Paracelsus,
Dorn und viele andere Autoren beschreiben dann, wie
die vielen Augen allmählich zu *einem* großen Licht zu-
sammenwachsen und dieses eine Licht ist für sie das
Licht der Natur und zugleich göttlichen Ursprungs.
Dorn sagt z. B.[9]: „Es leuchtet in uns nämlich das Leben
als ein Licht des Menschen, gleichsam in der Finsternis,
(ein Licht), das nicht aus uns zu nehmen ist, obschon es
in uns und (doch) nicht von uns zu nehmen ist, sondern
von jenem (stammt), der sogar in uns sich gewürdigt hat,
seine Wohnstätte aufzuschlagen ... Dieser hat sein Licht
in uns gepflanzt, damit wir in *seinem* Lichte ... das Licht
sähen ... Die Wahrheit ist also *nicht in uns,* zu suchen,
sondern im Bilde Gottes, *das sich in uns befindet*". Nach
Paracelsus ist dieses innere Licht „das, das den Glauben
gibt".[10] Ich verstehe 1. Cor. 13.12, „Jetzt erkenne ich
[nur] stückweise, dann aber werden wir erkennen, gleich
wie ich [selbst] erkannt bin", als eine Anspielung auf dieses Erlebnis. Zuerst sieht *uns* dieses Auge und durch es
sehen wir dann Gott.

Das innere Auge

Die Gleichsetzung dieses im Unbewußten des Menschen befindlichen Lichts oder Fischauges mit dem

---

9 Zit aus Jung, ebda., p. 219f., Fußnote 71
10 Zit aus Jung, „Theoretische Überlegungen zum Wesen des Psychischen", p. 221

Auge Gottes, das uns gleichsam von innen ansieht und in dessen Licht die einzige nicht subjektiv verfärbte Quelle der Selbsterkenntnis liegt, ist ein archetypisches Bild von weiter Verbreitung.[11] Es wird als ein inneres unkörperliches Auge im Menschen beschrieben, von Licht umgeben oder selber zugleich ein Licht.[12] Plato und auch viele christliche Mystiker nennen es das Auge der Seele[13], andere das Auge der Intelligenz, der Intuition des Glaubens, der Herzenseinfalt usw. Durch dieses Auge allein kann der Mensch sich selbst sehen und am Wesen Gottes teilhaben, welches selber Auge ist. Synesius (Hymn. III) ruft Gott sogar an als „Auge Deiner selbst"[14], und indem der Mensch sein inneres Auge öffnet, nimmt er an dessen, d. h. Gottes Licht teil. Wenn der Mensch im Schlaf die äußeren körperlichen Augen schließt, *„sieht" seine Seele im Traum die Wahrheit.* Aeschylus sagt[15], daß während wir schliefen „die Seele ganz von Augen erhellt werde, sie kann mit ihnen dann all das sehen, was am Tag ihrer Sicht entzogen war". Und ein Hermetiker bekennt: „Der Schlaf des Körpers erzeugte jene Erhelltheit der Seele; meine geschlossenen Augen sahen die Wahrheit".[16]

Dieses Auge, das uns von innen ansieht, hat auch mit dem, was wir gewöhnlich Gewissen nennen, zu tun. Ein Gedicht von Victor Hugo beschreibt dies in unvergleichlich eindrücklicher Form.[17] Als Kain seinen Bruder Abel erschlagen hatte, floh er vor Gott; mit seiner Familie la-

---

11 Ebda. p. 222ff.
12 Vgl. Waldemar Deonna, *Le symbolisme de l'oeil,* Paris, 1965, p. 46ff.
13 Ebda., p. 47, Fußnote 3
14 Ebda., p. 49
15 (Eumeniden)
16 Deonna, p. 51
17 La conscience, vgl. Henri Sensine, *Chriéstomathie Française du XIX siècle,* Lausanne, 1899, p. 99f., ursprünglich aus La légende des siècles, 3 vols., 1859, 1873, 1883

gert er sich bei einem Berge, aber er kann nicht schlafen: „Er sah ein Auge, weit offen in der Finsternis, das ihn im Dunkel fixierte". Ich bin noch zu nahe, rief er zitternd aus, und machte sich weiter auf die Flucht. Dreißig Tage und Nächte eilte er weiter bis zur Meeresküste, aber als er sich dort niederließ, sah er am Himmel wiederum das Auge: Aufschreiend bittet er die Seinen, ihn vor Gott zu verstecken, sie bauen ihm ein Zelt, aber Kain sieht das Auge noch immer. Endlich gruben ihm die Seinen auf seine Bitte ein tiefes Grabmal in der Erde; er setzt sich auf einem Stühlchen in der Tiefe hin und die Seinen rük-ken die schwere Grabsteinplatte über ihn auf das Grab. Aber als das Grab geschlossen war und er im Dunkeln saß: „da war das Auge im Grab und blickte auf Kain („L'oeil était dans la tombe et regardait Cain"). Nicht immer wird dieses Auge als Gottesauge empfunden, es kann auch der „dunkle Gott" sein, der uns so ansieht: ein Bischof, so erzählt eine St. Galler Legende, brach einmal das Fasten vor Ostern. Da kam ein Bettler zu ihm und bat um Hilfe. Als der Bischof ihn berührte, entdeckte er auf der Brust des Bettlers ein riesiges Auge. Er-schrocken bekreuzigte er sich, da löste sich der Teufel (denn *das* war der Bettler) in Rauch auf und rief im Da-vonfahren: „Dieses Auge hat dich scharf überwacht als du in der Fastenwoche Fleisch gegessen hast!" Viele Götter und Dämonen der verschiedensten mythologi-schen Kulturkreise tragen ein solches Riesenauge auf der Brust, sie sehen damit alles, was auf Erden ge-schieht.[18] Dieses Motiv weist auf die Tatsache hin, die wir immer wieder bei der Analyse von Träumen der Pa-tienten beobachten können, daß das Unbewußte in uns oft ein bisher unerklärliches Wissen um Dinge zu haben scheint, die wir – *rational* gesehen – nicht wissen kön-nen. Solche Wörter wie Telepathie erklären ja das Phä-

---

18 Vgl. Deonna l. c. p. 64/65

nomen nicht. Aber wir können es sozusagen tagtäglich feststellen, daß die Träume zu den Menschen von Dingen reden, die sie nachweisbar nicht wissen können. Das Unbewußte scheint so etwas wie ein weit in die Umgebung ausladendes diffuses Ahnungswissen zu haben, das Jung als „absolutes Wissen" (weil abgelöst vom Bewußtsein) oder „Luminosität" des Unbewußten genannt hat.

Bisweilen wird das Unbewußte eher erlebt als ein unheimliches aktives Beobachtetwerden durch ein personifiziertes Wesen, bisweilen aber auch eher, als ob man in einen nicht-personifizierten Hintergrund hineinsähe; in einen Spiegel, der – selber absichtslos – einfach unser Wesen reflektiert. Schon das Auge, in dem wir uns ja auch spiegeln können, wirkt manchmal eher unpersönlich, nicht wie das Auge eines Wesens. Jung sagt deshalb, das Auge oder Mandalamotiv bedeute *eine Spiegelung unserer Einsicht in uns selbst.*

Was das praktisch heißt, läßt sich am besten an einem Traumbeispiel erörtern, das Jung in „Der Mensch und seine Symbole" [19] erwähnt: Ein introvertierter, allzu vorsichtiger junger Mann träumte, daß er mit zwei jungen Männern, er selber voran, über ein Feld reite. Sie überspringen einen Wassergraben, die zwei Begleiter stürzen, der Träumer aber kommt heil hinüber. Genau denselben Traum hatte auch einmal ein alter Mann, der krank im Spital lag und durch seine allzu große Unternehmungslust dem Arzt und den Schwestern viel Mühe bereitete. Im ersteren Fall lag es nahe, den Traum so aufzufassen, daß er den zögernden jungen Mann ermutigte, sich an die Spitze zu stellen und etwas zu wagen, im zweiten, daß der Traum dem alten Mann zeige, was er immer noch tue, und was er eigentlich in seinem Alter nicht mehr tun sollte.

---

19 l. c. p. 66

Genau genommen sind das aber Schlüsse, die *wir* aus dem Traumbild ziehen, das Bild selber ermutigt nicht und warnt auch nicht, es malt einfach einen seelischen Tatbestand – *unpersönlich wie ein Spiegel.* Die Träume sind darin wie die Natur auch sonst erscheint. Wenn ein Arzt Zucker im Urin eines Patienten feststellt, so will die Natur nichts damit sagen, der Arzt muß den Schluß ziehen, daß Diabetes vorliege und die Diät verschreiben und der Patient die moralische Disziplin aufbringen, die Diät einzuhalten – sonst kann ihm auch der Arzt nicht helfen. So ist es auch mit den Träumen: sie zeigen einen seelischen Tatbestand an, es ist an *uns,* ihn richtig zu deuten und die moralischen Schlüsse zu ziehen.

Manchmal jedoch findet man auch das Umgekehrte vor, nämlich, daß der Traum wie eine wohlmeinende *Person* einen Rat gibt. Ich hatte eine reiche ältere Analysandin, welche Alkoholikerin gewesen war, den Alkohol jedoch aufgegeben hatte. Aber die hinter ihrem Alkoholismus liegenden neurotischen Probleme, besonders eine allgemeine Demoralisation und Schlamperei, mußten verarbeitet werden. Einmal träumte sie, eine Stimme sage zu ihr: „Du brauchst ein Frühstückskorsett". Ich fragte sie hierauf in alle Einzelheiten aus, wann sie frühstücke, was für ein Korsett sie trage, wann sie es anzöge usw. Und da stellte sich heraus: sie trug aus Eitelkeit ein sehr enges Korsett, zog es aber deshalb nie morgens an; sondern frühstückte im Schlafrock, trödelte dann im Negligé den ganzen Morgen in der Wohnung herum und zog am Mittag das Korsett an. Dann erst begann der eigentliche Tag. Der Traum brauchte nach dieser Information keine Deutung mehr; wir haben beide herzlich gelacht. Aber ich habe sie periodisch immer wieder gefragt: „Wie stehts mit dem Frühstückskorsett?"

In Anbetracht dieser Tatsachen ist es begreiflich, daß uns das Unbewußte bzw. der Traumgeist, der die Träume macht, bald eher als ein absichtsvolles quasi bewußtes Wesen, bald eher wie ein unpersönlicher Spiegel erscheint. Das *Motiv des Auges* liegt gleichsam in der Mitte, es ist etwas *persönliches* und ein *Spiegel* zugleich. Mit diesen Erfahrungen hängt vermutlich auch die Tatsache zusammen, daß fast alle Religionen der Erde ein zum Teil personifiziertes Gottesbild oder eine unpersonifizierte göttliche Weltordnung (wie etwa das chinesische Tao) besitzen, und daß auch in Geschichtsperioden in der gleichen Kultur sich der Akzent bald mehr auf ein persönliches Gottesbild, bald auf ein unpersönliches Weltprinzip verlegt. Im judaeochristlichen Raum besitzen wir zwar ein vorwiegend persönliches Gottesbild, aber die Definition Gottes als einer „geistigen Kugel, deren Mittelpunkt überall und deren Peripherie nirgends ist", spielt bei sehr vielen großen abendländischen Theologen, Mystikern und Philosophen eine überragende Rolle. Ich muß hier auf das ausgezeichnete Buch von Dieter Mahnke ‚Unendliche Sphäre und Allmittelpunkt' [20] verweisen.

Das Erscheinen eines personifizierten inneren Wesens, das uns anblickt oder anspricht, d. h. ein personifiziertes Gottesbild, begünstigt hauptsächlich die Entwicklung des *Gefühls* und des ethischen Verhaltens – beim Fall jener Frau ging es ja um ein moralisches Problem – das Bild eines unpersönlichen Seelenzentrums oder Cosmopsychogramms, wie Tucci das Mandala auch nennt, befriedigt eher die *Erkenntnis* oder *Intuition* des Menschen als Bild einer großen göttlichen all-einen Weltordnung oder eines überpersönlichen Sinnes hinter der Welt der Erscheinungen. Es soll sich aber niemand aufregen, daß damit Aussagen über Gott an sich gemacht sein sollen; es handelt sich um in der Seele des Menschen spontan sich manifestierende Gottes*bilder,* die deshalb anthropomorph sind und über ein „meta-

---

20 Darmstadt 1966

physisches" letztes Sein der Seele oder der Gottheit nichts Sicheres aussagen. Sie sind nur das Einzige, das wir empirisch in unserer täglichen Arbeit beobachten können und auch sehen können wie das Erscheinen eines solchen Bildes auf die Persönlichkeit des Träumers wirkt.

In einer Jungschen psychotherapeutischen Behandlung verwenden wir hauptsächlich die Träume, um die Analysanden zu einer gewissen Einsicht oder Selbsterkenntnis zu geleiten, denn es gibt keine seelische Heilung oder kein Entwicklungsfortschritt ohne Selbsterkenntnis. Selbsterkenntnis jedoch im Sinne des Erkennens, *was man ist* (wie es Gerhard Dorn beschrieben hat), nicht in oberflächlicher Meinungsbildung des Ich über sich selber oder Übernahme der Meinung des Analytikers über einen selber. Darum geben wir auch in Praxi den Analysanden keine Diagnose, sondern sagen meistens nur: „Schaun wir mal, wie Ihre eigene Seele Ihre Situation ansieht" – nämlich, was die Träume sagen. Dadurch wird die persönliche Einmischung des Analytikers in das Leben des Analysanden wenigstens soweit möglich beschränkt. Ich hatte einmal einen Analysanden, der seinen Alkohol aufgeben mußte, was er auch tapfer ein paar Monate lang tat. Dann aber sagte er zu mir: „Hören Sie, glauben Sie nicht, nun könnte ich es wagen, am Abend im Hotel Sternen beim Lisbethli *ein* Glas Bier zu nehmen? Nur *ein* Glas? Ich bin am Abend immer so verloren, einsam." Obwohl ich wußte, daß das gar nicht angezeigt war, sagte ich nur: „Ich weiß nicht; ich will nicht ihre Gouvernante spielen, probieren Sie es einmal und schaun wir, wie das Unbewußte reagiert." Er tat es, trank sein Glas Bier und ging heim. In dieser Nacht träumte er: „Er fuhr mit seinem Auto einen Berg hinauf bis zuoberst, aber dort zog er die Bremse nicht richtig an und rollte mit dem Auto rückwärts wieder den ganzen Berg hinunter, bis wo er gestartet war". Ich sagte nur lachend: „Tableau!" Und er sah gleich ein, daß dieses „nur *ein* kleines Glas Bier" nicht anging. Sein „inneres Auge" hatte die Situation des vorhergehenden Abends so gesehen und nicht anders.

Das Selbst – Seelenzentrum im Unbewußten

Jung hat für dieses innere Seelenzentrum im Unbewußten den Terminus „Selbst" gewählt in Anlehnung an die indische Philosophie. Obwohl das zu dem Mißverständnis führen kann, daß es dasselbe wie das Ich sei, ist es doch wichtig, daß damit die Zugehörigkeit zum menschlichen Individuum angedeutet ist; denn so finden wir es in den Träumen dargestellt. Ein Pfarrerssohn hatte einen zeitlebens sich wiederholenden Angsttraum, der sich aber im Laufe der Zeit abwandelte.

Er träumte, er gehe in der dunklen Nacht durch eine weite Wüste, da hört er hinter sich Schritte. Voller Angst läuft er schneller, die Schritte beschleunigen sich auch. Er fängt an zu rennen, das Schreckliche hinter ihm auch. Da gelangt er an den Rand eines tiefen Abgrundes und muß stehenbleiben. Er blickt hinab; tief, tief unten, tausende von Meilen, sieht er das Höllenfeuer brennen. Er blickt sich um und sieht mehr nur andeutungsweise im Dunkeln ein dämonisches Antlitz. Später wiederholt sich der Traum genau gleich, nur sah er statt eines Dämons das Antlitz Gottes. Und als er etwa fünfzig Jahre alt war, träumte er noch einmal denselben Traum. Nur trieb ihn dieses Mal die panische Angst über den Abgrundsrand zu springen. Während er fiel, schwebten von oben tausende von viereckigen Papierkärtchen mit hinab. Auf jedem war in schwarz-weiß ein verschiedenes Mandala eingezeichnet. Die Kärtchen schlossen sich zu einer Art von Boden zusammen, so daß er nicht bis in die Hölle fiel, sondern auf mittlerer Ebene einen festen

Stand fand. Da blickte er zurück, hinauf zum Abgrundsrand: und dort sah er – *sein eigenes Antlitz!*

Das langgestreckte Schiff unserer Kirchen, vom Kreu-
zungszentrum der Flügel und vom Altar weit entfernt,
spiegelt, wie Jung in einem Brief einmal erwähnte, die
Tatsache, daß in unserer Kultur der Mensch als von
Gott weit entfernt erlebt wird; Gott ist *der „ganz Andere"* (Barth) und darob vergessen wir, daß er *zugleich
auch das allerintimste Bekannteste im eigenen Innern* ist.
Es ist ein Paradox, das den Indern besser bekannt war:
für sie ist der Atman-Purusha, das *Selbst,* der innerste
Seelenkern des Einzelnen *und* der kosmische göttliche
Allgeist zugleich. Der Träumer des sich wiederholenden
Angsttraumes wurde wohl auch in solchen abendländi-
schen Auffassungen von Gott als dem „ganz Anderen"
erzogen – sein Traum zeigt ihm darum den anderen
Aspekt.

Zu Beginn habe ich versucht zu beschreiben, was es
heißt, einen Traum *subjektstufig* zu deuten, d.h. als *inneres Drama,* in welchem alle Objekte und Figuren unbekannte Aspekte unserer selbst darstellen. Beim Deuten
bitten wir deshalb den Träumer einfach, ein plastisches
gefühlsbetontes Bild dessen, wie er diese im Traum begegnete Person ansehe, zu entwerfen. Dann „füttern"
wir dieselbe Information in den Träumer „zurück". Was
er soeben von X, von dem er träumte, aussagte, ist ein
Bild für etwas in ihm selber.

Das Unbewußte scheint eine eigentümliche Gabe zu
besitzen, komplexe Erlebnisbilder zu benützen, um dem
Bewußtsein Unbekanntes mitzuteilen. Aber das können
wir nicht nur anhand der Träume beobachten: auch im
Wachzustand sehen wir oft ganz unwahrscheinlich weitgehend Dinge in andere hinein, die bei uns selber lokalisiert sind, manchmal geht dies bis zu einer völligen
Verzerrung des Bildes vom anderen. *Das ist das bekannte Phänomen der Projektion,* welches Jung definiert

als *unabsichtliche Hinausverlegung eines zum Subjekt gehörigen Seelenteiles in ein äußeres Objekt*. Es ist die allbekannte Angelegenheit vom Balken im eigenen Auge, den man nicht sieht. Da kommen aber nun auch die praktischen Schwierigkeiten auf.

Die Projektion

Wir projizieren nämlich wahrscheinlich überhaupt und dauernd in alles, was wir erleben, bzw. zu den von den Sinnen übermittelten Eindrücken kommen immer psychosomatische Beiträge von innen, damit überhaupt ein Erlebniseindruck entstehen kann. Die Gestaltspsychologie hat dies an vielen Einzelfällen bereits erwiesen. Wir müßten deshalb entweder den Begriff Projektion so weit ausdehnen, daß wir, wie die Inder, alles als Projektion ansehen, oder wir müssen eine Grenze ziehen, wo wir von Projektion und wo von relativ objektiver Aussage über äußere Objekte reden wollen. Jung selber schlug vor, den Begriff der Projektion nur da zu verwenden, wo eine *ernsthafte Anpassungsstörung* vorliegt, d. h. wo entweder der Projizierende selber oder alle Leute seiner Umgebung einmütig an der Aussage zweifeln. Für die sonstige noch vermutlich ins Uferlose weiter existierende Beimischung von Subjektivität in unser Bild der Wirklichkeit verwendet Jung den Ausdruck „archaische Identität": archaisch, weil das wohl überhaupt der Urzustand des Menschen war, daß er alle seelischen Vorgänge in einem Außen sah, seine guten und bösen Gedanken als Geister, seine Affekte als Götter (Ares, Cupido) usw. Nur allmählich sind gewisse seelische Vorgänge, die man vorher rein „außen" sah, als Innenvorgang im Subjekt verstanden worden, so etwa wenn die Stoiker begannen, die Göttin Athene als Vernunft, Ares als aggressive Leidenschaft, Aphrodite als eroti-

28

sches Begehren zu deuten. Das waren sozusagen Anfänge einer „Inkarnation" von Göttern im Menschen.

Wie weit ein solcher Prozeß bei zunehmender Bewußtseinsentwicklung noch gehen könnte, ist darum nicht abzusehen. Wir wissen noch jammervoll wenig über den objektiven Menschen, wie Jung immer wieder betont hat. Die Projektionen, so störend und auch sozial gefährlich sie sind, haben vermutlich einen Sinn; denn nur via Projektion können wir uns offenbar gewisser unbewußter Vorgänge überhaupt bewußt werden. Durch Projektionen entstehen zuerst Faszinationen, Affekte, Verwicklungen, und diese zwingen uns dann dazu, über uns selber nachzudenken. Es gibt nämlich *keine Bewußtwerdung ohne das Feuer der Emotion und des Leidens*. Die mit jeder Projektion verbundene Anpassungsstörung führt, wenn es gut geht, zur Reflexion (wenn es schief geht zu Mord und Totschlag). Re-flexio aber heißt = das nach außen auf einen anderen „gestrahlte" Bild wird „zurückgebogen" und kehrt zu einem selber zurück. Weil das Symbol des Spiegels psychologisch mit dem Phänomen der Projektion und Reflexion zu tun hat, hat es mythologisch so große magische Bedeutung. Man kann im Spiegel sich selbst oder eine Projektion erkennen: Ein schottischer einsam lebender alter Schäfer fand einmal einen von einem Touristen verlorenen Taschenspiegel. Er hatte noch nie so etwas gesehen; immer wieder schaute er hinein, staunte, schüttelte den Kopf und nahm es heim. Seine Frau beobachtete mit steigender Eifersucht, wie er immer wieder etwas heimlich aus seiner Tasche nahm, es lächelnd anschaute und wieder kopfschüttelnd einsteckte. Als er einmal weg war, nahm sie das Ding rasch aus seiner Rocktasche. Sie sah es an und rief aus: „Also – *das* ist die alte Hexe, der er nun nachläuft!"

Diejenige „Projektionstätigkeit", d.h. diejenigen subjektiven innerseelischen Beiträge an unser Erleben der

Außenwelt, welche *nicht* die Anpassung stören, hat Jung, wie erwähnt, *archaische Identität* genannt, von dort stammt alles untrügerische wirkliche Erkennen, denn es beruht auf einer Instinktgrundlage einer mystischen Partizipation mit allen anderen Dingen und Menschen. „Man könnte sagen" – beschreibt es Jung – es seien die „Augen des Hintergrundes", welche „in einem unpersönlichen Akt der Anschauung sehen".[21] *Diese* Augen sehen richtig; Wieso kommen dann aber aus demselben unbewußten Hintergrund auch die, alle Anpassung störenden, Projektionen, welche wir durch bewußte vernünftige Einsicht korrigieren müssen? – Vermutlich hängt dies mit der Tatsache zusammen, die wir als die *Dissoziabilität* der Psyche kennen. Unsere Gesamtpsyche scheint aus einzelnen Komplexen zu bestehen, welche – so wie sich die Mendelschen Einheiten unserer körperlichen Anlagen zu einem Ganzen zusammensetzen, – sich auch zu dem, was wir die psychische Individualität nennen können, zusammenfinden und zwar unter der Dominanz des Ichkomplexes. Beim Kleinkind, das noch ein sehr schwaches, labiles Ichbewußtsein besitzt, können wir deutlich beobachten, wie locker die einzelnen Komplexe nebeneinander leben: nämlich in den blitzartigen Stimmungsumschlägen, durch die das „liebe Kind" zum „Teufel" oder umgekehrt werden kann; bald ist das Kind nur zärtlich, bald ganz nur im Spiel versunken, bald nur und zwar erschütternd verzweifelt, um zwei Minuten später wieder vergnügt ein Bonbon zu lutschen. Mit der allmählichen Heranbildung des bewußten Ich nehmen diese Schwankungen etwas ab, dafür erlebt das Ich oft die Kollisionen von solchen einzelnen Kompleximpulsen in sich selber und muß lernen, diese auszuhalten und zu dirigieren. Als ich einmal mit 9 Jahren unseren von mir heiß gelieb-

---

21 *Erinnerungen,* I. c. p. 56

ten Hund zeichnen wollte, bewegte er sich immer wieder; der Zorn ging mit mir durch und ich gab ihm einen Klaps und schrie ihn an. Nie werde ich den unschuldig gekränkten Blick des Hundes vergessen! Ich habe ihn nie mehr gehauen, aber als ich ihn wieder weiterzeichnete, spürte ich in mir deutlich wie der Ungeduldszorn und die Liebe zum Hund schmerzhaft zusammenprallten. Jung hat einmal vermutet, daß sich das Bewußtsein überhaupt zuerst aus Zusammenstößen des Kleinkindes mit der Außenwelt und später auch des sich bildenden Ichs mit Impulsen der eigenen Innenwelt (in unserem Beispiel mit dem Zorn) entwickle. Das „Parlament der Instinkte" wie Konrad Lorenz es wohl nennen würde, ist in uns nicht eine friedliche Organisation, sondern es geht dort heftig zu, und der Präsident, das Ich, hat oft Mühe, sich zu behaupten. Nun läßt sich praktisch beobachten, daß immer wenn ein Komplex sich autonom macht, die anpassungsstörenden Projektionen entstehen, welche den „Spiegel der inneren Wahrheit" trüben.

Die umgebenden Menschen empfinden die Projektion eines Mitmenschen als emotionale Übertreibung. Ich selber horche, fast unbewußt, auf den Ton, in welchem die Analysanden von ihren Ehepartnern, Freunden und Feinden reden, und habe entdeckt, daß ich einfach „umschalte", wenn ein gewisser Unterton von hysterischer Übertreibung mitklingt. Man kann dann der Aussage einfach nicht mehr recht glauben, dafür hört man einer interessanten (unbewußten) Selbstdarstellung des Analysanden selber zu. Gelingt es einem, in diesem Moment einen solchen Ausbruch in Beziehung zu einem Traummotiv zu bringen, das eben diese Aussagen bildlich darstellt, besteht oft eine gute Chance, daß der andere sieht, daß all das begeistert oder zornig Dargestellte ja in ihm selber ist. Die Zurücknahme einer Projektion ist aber fast immer ein *moralischer Schock*. Menschen mit einem schwachen Ich können diesen oft nicht ertragen, und wehren sich deshalb wie wild dagegen. Jung hat einmal das Ich einem Menschen verglichen, der in seinem besseren oder schwächeren Boot auf dem Meer des Unbewußten navigiert und die Fische, die Inhalte des Unbewußten, in sein Boot heraufholt. Er kann aber nicht mehr Fische ins Boot hineinnehmen, d. h. unbewußte Inhalte integrieren, als die Struktur seines Bootes erlaubt; nimmt er zuviel herein, so sackt er ab. Darum ist das Aufklären und Zurücknehmen von Projektionen eine heikle Sache. Schizoide und hysterische Persönlichkeiten können meistens nur wenig annehmen. Auch bei primitiven Menschen, die ein schwaches Ich haben, läßt man oft Projektionen lieber unaufgeklärt. Ich habe die Erfahrung gemacht, daß dann die historisch älteren Umgangsformen mit autonomen Komplexen besser wirken, nämlich daß man sie als nicht zum Individuum gehörige „Geister" bezeichnet und dem Analysanden hilft, sich durch eine rituelle oder magische Praktik gegen einen solchen „Geist" zu wehren. D. h. daß man das, was bei uns noch als Sprachfigur erhalten ist: es sei „ein Teufel in einen gefahren" oder auch eine Verliebtheit sei eine „Verhexung" wörtlich nimmt. Die Entscheidung über diese letzten inneren moralischen Einsichten fällt aber *nicht das Ich* und *nicht der Analytiker,* sondern *das Selbst.* Wie es uns mit seinem immer offenen inneren Auge ansieht, so sind wir, und bis dorthin muß die eigene Bemühung um Selbsterkenntnis gehen – vorher ist kein innerer Friede möglich.

Das Mandala (als Hauptbild des Selbst) hat nun aber eine strenge mathematische Ordnung – ebenso wie auch das Symbol des Spiegels, denn vom physikalischen Standpunkt her gesehen spiegeln nur diejenigen materiellen Flächen ohne Verzerrungen, deren Moleküle wohlgeordnet sind. Es sieht also so aus, als ob dort im innersten Seelenkern die Wahrheit des eigenen Wesens gespiegelt ist – von *dort* kommen die Träume, welche

32

uns zeigen, wie wir wirklich sind, während die verzerrenden Projektionen von sich autonom gemachten Teilkomplexen stammen. Darum sagen die Zenmeister immer wieder ihren Schülern, sie sollten den „inneren Spiegel" (Buddha-mind) in sich selbst ganz frei von Staub halten.

Solange wir leben, versucht unsere Reflexion in das tiefere Geheimnis des eigenen Inneren zu dringen – aber was uns dazu antreibt, ist das Selbst selber, das wir suchen. Es sucht sich selbst in uns. Auf dieses Geheimnis scheint mir ein Traum Jungs hinzuweisen, den er nach seiner schweren Krankheit 1944 träumte und in seinen Erinnerungen erzählt: In diesem Traum geht er in einer besonnten, hügeligen Landschaft spazieren und gelangt zu einer kleinen Wegkapelle. „Die Tür war angelehnt und ich ging hinein. Zu meinem Erstaunen befand sich auf dem Altar kein Muttergottesbild und auch kein Kruzifix, sondern ein Arrangement aus herrlichen Blumen. Dann aber sah ich, daß vor dem Altar, auf dem Boden, mir zugewandt ein Yogin saß – im Lotussitz und in tiefer Versenkung. Als ich ihn näher anschaute, erkannte ich, daß er mein Gesicht hatte. Ich erschrak zutiefst und erwachte an dem Gedanken: ‚Ach so, das ist der, der mich meditiert. Er hat einen Traum, und das bin ich.' Ich wußte, daß wenn er erwacht, ich nicht mehr sein werde."[22]

„Der Traum stellt", wie Jung weiterfährt, „ein Gleichnis dar. Das Selbst meditiert das irdische Ich, es nimmt menschliche Gestalt an, um in die dreidimensionale Existenz zu kommen. In der irdischen Erfahrung kann es die Erfahrungen der dreidimensionalen Welt machen und sich durch größere Bewußtheit um ein weiteres Stück verwirklichen."[23]

---

22 *Erinnerungen, Träume, Gedanken,* p. 326
23 Ebda.

Der Yogin stellt gleichsam Jungs vorgeburtliche Ganzheit dar, deren Meditation „projiziert" die empirische Wirklichkeit des Ich. Wir entdecken diese Dinge meistens umgekehrt, wir entdecken Mandalas in den Produkten des Unbewußten und drücken damit unsere Idee von Ganzheit aus. Unsere Basis ist das Ichbewußtsein, ein im Ichpunkt zentriertes Lichtfeld, das unsere Welt darstellt. Von hier aus schauen wir eine rätselvolle Dunkelwelt an und wissen nicht, wie weit ihre schattenhaften Spuren von unserem Bewußtsein verursacht werden und wie weit sie eigene Realität besitzen. Die Tendenz des Traumes „geht dahin, das Verhältnis von Ichbewußtsein und Unbewußtem geradezu umzukehren und das Unbewußte als Erzeuger der empirischen Person darzustellen. Die Umkehrung weist darauf hin, daß nach Ansicht der ‚anderen Seite' unsere unbewußte Existenz die wirkliche ist und unsere Bewußtseinswelt eine Art Illusion oder eine scheinbare, zu einem bestimmten Zweck hergestellte Wirklichkeit darstellt..." „Die *unbewußte Ganzheit* erscheint mir daher", fährt Jung fort, „als der *eigentliche spiritus rector* alles biologischen und psychischen Geschehens. Sie strebt nach totaler Verwirklichung, also totaler Bewußtwerdung im Falle des Menschen. Bewußtwerdung ist Kultur im weitesten Sinne des Wortes und Selbsterkenntnis daher Essenz und Herz dieses Vorganges. Der Osten mißt dem Selbst unzweifelhaft ‚göttliche' Bedeutung bei, und nach alter christlicher Anschauung ist Selbsterkenntnis der Weg zur *cognitio Dei*."[24]

Sie sehen, warum ich meinen Beitrag die *verborgene* Quelle der Selbsterkenntnis genannt habe, sie liegt zwar in uns selbst und ist doch zugleich ein unergründliches Geheimnis, ein ganzer Kosmos, den wir erst begonnen haben zu erforschen.

---

24 Ebda., p. 327; cognitio Dei = Gotteserkenntnis.

WIE C. G. JUNG
MIT SEINEN TRÄUMEN
LEBTE

Jung war, wie er selber in seinen Erinnerungen äußert, ein guter Träumer. Er hatte immer viele und symbolisch tiefe, eindrucksvolle Träume, die er beachtete, aufschrieb und im Gedächtnis behielt. Gegen Ende seines Lebens entschloß er sich, einige dieser tiefen Träume der Öffentlichkeit preiszugeben, weil aus ihnen deren Beziehung zu seinem schöpferischen Werk sichtbar wird; denn seine Träume waren recht eigentlich er selber und die Quelle alles dessen, was er in seinem Leben tat und schrieb. Sie stellten für ihn die Essenz seines Lebens dar.

„Im Grunde genommen", sagte er, „sind mir nur die Ereignisse meines Lebens erzählenswert, bei denen die unvergängliche Welt in die vergängliche einbrach. Zu ihnen gehören meine Träume und Imaginationen. Sie bilden gleichsam den Urstoff meiner wissenschaftlichen Arbeit. Sie waren wie feurig-flüssiger Basalt, aus welchem sich der zu bearbeitende Stein herauskristallisierte."[1] „Sehr früh war ich zu der Einsicht gekommen, daß wenn es auf die Verwicklungen des Lebens keine Antwort und keine Lösung von innen her gibt, sie letzten Endes wenig besagen."[2]

Der früheste Traum aus seinem dritten oder vierten

---

[1] *Erinnerungen, Träume, Gedanken,* ed. A. Jaffé, Rascher, Zürich 1962, p. 11.
[2] Ebenda, p. 12.

Lebensjahr, an den Jung sich erinnern konnte, offenbart, wie das übrigens der frühest erinnerte Traum fast aller Menschen tut, die Grundstruktur seines Wesens und seines Schicksals. Er lautet:

„Das Pfarrhaus (wo er als Kind aufwuchs) steht allein beim Schloß Laufen, und hinter dem Hof des Mesmers liegt eine große Wiese. Im Traum stand ich auf dieser Wiese. Dort entdeckte ich plötzlich ein dunkles rechteckkiges ausgemauertes Loch in der Erde ... Neugierig trat ich näher und blickte hinunter. Da sah ich eine Steintreppe, die in die Tiefe führte. Zögernd und furchtsam stieg ich hinunter. Unten befand sich eine Türe mit Rundbogen, durch einen grünen Vorhang abgeschlossen. Der Vorhang war groß und schwer ... und es fiel mir auf, daß er sehr reich aussah. Neugierig, was sich dahinter wohl verbergen möge, schob ich ihn beiseite und erblickte einen zirka zehn Meter langen rechteckigen Raum in dämmerigem Lichte. Die gewölbte Decke bestand aus Steinen und auch der Boden war mit Steinfliesen bedeckt. In der Mitte lief ein roter Teppich vom Eingang bis zu einer niedrigen Estrade. Auf dieser stand ein wunderbar reicher goldener Thronsessel ... Darauf stand nun etwas. Es war ein riesiges Gebilde, das fast bis an die Decke reichte. Zuerst meinte ich, es sei ein hoher Baumstamm ... Das Gebilde war von merkwürdiger Beschaffenheit: es bestand aus Haut und lebendigem Fleisch, und oben drauf war eine Art rundkegelförmigen Kopfes ohne Gesicht und ohne Haare; nur ganz oben auf dem Scheitel befand sich ein einziges Auge, das unbewegt nach oben blickte. Im Raum war es relativ hell, obschon er keine Fenster und kein Licht hatte. Es herrschte aber über dem Kopf eine gewisse Helligkeit. Das Ding bewegte sich nicht, jedoch hatte ich das Gefühl, als ob es jeden Augenblick wurmartig von seinem Throne herunterkommen und auf mich zukriechen könnte. Vor Angst war ich wie gelähmt. In diesem uner-

träglichen Augenblick hörte ich plötzlich meiner Mutter
Stimme, wie von außen und oben, welche rief: ‚Ja, schau
ihn dir nur an. Das ist der Menschenfresser!' Da bekam
ich einen Höllenschrecken und erwachte, schwitzend
vor Angst."[3]

Das Gebilde war ein ritueller Phallus, ein griechisches
Wort für das männliche Glied, das mit dem Wort *phalos*
– hell, glänzend – verwandt ist, daher auch die ihn im
Traum umgebende Helligkeit. Er ist als ein begrabenes
königliches Wesen dargestellt. Dieses unterirdische Gebilde war, wie Jung in hohem Alter dazu schreibt, ein un-
terirdischer und nicht zu erwähnender Gott, gleichsam
ein Gegenbild zum „christlichen lieben Gott", den er
sich als Kind natürlich als im Himmel thronend vor-
stellte. „Wer sprach damals in mir?", ruft Jung aus.
„Wer redete Worte überlegener Problematik? Wer stellte
das Oben und das Unten zusammen und legte damit den
Grund zu all dem, was die ganze zweite Hälfte meines
Lebens mit Stürmen leidenschaftlichster Natur erfüllte?
Wer störte ungetrübte, harmloseste Kindheit mit schwerer Ahnung reifsten Menschenlebens? Wer anders als
der fremde Gast, der von oben und unten kam?"[4] Ein
Flachkopf allerdings wird da von Zufall und späterem
Hineindeuten und dergleichen reden, um den Traum zu
verharmlosen. „Ach, diese braven tüchtigen gesunden
Menschen, sie kommen mir immer vor wie jene optimi-
stischen Kaulquappen, die in einer Regenpfütze dicht
gedrängt und freundlich schwänzelnd an der Sonne liegen, im seichtesten aller Gewässer, und nicht ahnen, daß
schon morgen die Pfütze ausgetrocknet ist."[5]

Der Phallus im Grabe ist ein in der Religionsgeschichte wohl bekanntes Bild für den Gott bzw. das Got-

---

3 *Erinnerungen, Träume, Gedanken,* p. 18.
4 *Erinnerungen, Träume, Gedanken,* p. 21.
5 *Erinnerungen, Träume, Gedanken,* p. 21.

tesbild, wenn es im Zustande der Wandlung und der seelischen Erneuerung ist, und steht zugleich auch für den inneren Menschen, der gleichsam in uns begraben liegt und auf Auferstehung harrt, er symbolisiert auch das Geheimnis des Schöpferischen in der Seele.

Jungs Leben *war* vom schöpferischen Genius her bestimmt, der ihm immer und überall folgte und zur Schaffung seines Werkes antrieb, und auch vom Schöpfergeist des Eros, für den der Phallus Symbol ist. Alle zentralen Gedanken in Jungs ganzem Lebenswerk kreisen um das Problem des Gottesbildes und Gotteserlebens, von dem die Existenz jedes Kulturkreises abhängt und das in unserer Zeit so dringend der Wandlung und Erneuerung bedarf. Wenn nämlich die religiösen Obervorstellungen einer Kultur nicht mehr in der Seele der Menschen schöpferisch wirksam sind, ist, wie der Historiker Arnold Toynbee überzeugend dargestellt hat, eine Kultur zum Untergang bestimmt.

Jung deutete seine Träume nicht in dem Sinn, daß er sofort eine klare Meinung für sich aufstellte, was sein Traum bedeute. Er trug sie mit sich herum, lebte innerlich gleichsam mit ihnen zusammen und stellte Fragen an sie. Wenn er in Büchern oder in äußeren Erlebnissen auf Dinge stieß, die ihn an das Traumbild erinnerten, setzte er diese gleichsam an das Traumbild an, so daß daraus ein immer reicheres Gewebe von Vorstellungen wurde. Als er zum Beispiel fünfzig Jahre nach diesem Kindertraum etwas über das Grundmotiv des Menschenessens in der Abendmahls-Symbolik las, „brannte ihm die Stelle in die Augen", wie er sagt, das heißt, er sah dann wieder einen neuen Aspekt des geheimnisvollen Traumbildes. Diese Art des Darum-herum-Webens von Einfällen und Erlebnissen um ein Traumbild nannte er selber später in seiner eigenen Traumdeutungsarbeit Amplifikation, das heißt Anreicherung durch Einfälle und verwandte Vorstellungen.

Schon während der ersten Schulzeit wurde Jung sich immer mehr bewußt, daß er eigentlich aus zwei Persönlichkeitsaspekten bestand: der eine, den er No. 1 nennt, war ein gewöhnlicher Schuljunge, Sohn seiner Eltern, „weniger intelligent, aufmerksam und fleißig als manche andere", der andere hingegen erwachsen, alt, ja skeptisch, der Menschenwelt fern. Dafür war er mit der Natur verbunden, „mit der lebenden Kreatur und vor allem auch der Nacht, den Träumen und was immer ‚Gott‘ in mir unmittelbar bewirkte", „Gott" als „ein heimliches persönliches und zugleich überpersönliches Geheimnis".[6] No. 2 ist das, was die Religionen der Erde den „inneren Menschen" genannt haben, zu dem Gott spricht und an den er auch schreckliche Fragen stellt. Die Persönlichkeit No. 2 bedeutet das, was die heutige Tiefenpsychologie das Unbewußte nennt – etwas, in dem wir alle seelisch enthalten sind und leben, das wir aber wirklich nicht kennen – es ist wirklich unbewußt. Es ist uns so sehr unbekannt, daß wir nicht einmal sagen können: „mein" Unbewußtes; denn wir wissen nicht, wo es beginnt und aufhört. Aus diesem Bereich kommen die Träume. Im Gegensatz zu verschiedenen anderen psychologischen Schulen hat sich Jung nie dazu drängen lassen, dieses Unbewußte durch eine Theorie oder religiöse Lehre zu „erklären"; es blieb für ihn immer das uns wirklich Unbekannte von unermeßlicher Tiefe und Weite.

Aber die Träume, die aus diesem Unbewußten kommen, zeugen von einer überlegenen Intelligenz. Es ist, als ob ein zeitloser Geist dort zu uns spräche, „wie wenn ein Hauch aus der großen Welt der Gestirne und der endlosen Räume" uns berührte oder „einer, der längst vergangen und doch immerwährend bis in ferne Zukunft im Zeitlosen gegenwärtig wäre". Wir alle sind die-

---

6 Vgl. *Erinnerungen, Träume, Gedanken,* p. 48 ff.

sem Weltengeist in der Kindheit nahe; aber mit dem Erwachsenwerden vergessen ihn viele. Jung jedoch konnte sich nie entschließen, ihn zu vergessen, obwohl er sich auch von ihm distanzieren mußte, um nicht in der Traumwelt der Kindheit hängen zu bleiben. Die „höhere Intelligenz", die er im Traum am Werk fühlte, wollte er nicht verlieren. Er ahnte, daß in No. 2 so etwas wie ein kollektiver Zeitgeist lebte, der mit den historischen Problemen unserer Kultur zu tun hat. Er sagt: „Obschon wir Menschen unser eigenes persönliches Leben haben, so sind wir doch auf der anderen Seite in hohem Maße Repräsentanten, die Opfer und Förderer eines kollektiven Geistes, dessen Lebensjahre Jahrhunderte bedeuten. Wir können wohl ein Leben lang meinen, dem eigenen Kopf zu folgen, und entdecken nie, daß wir zur Hauptsache Statisten auf der Szene des Welttheaters waren. So lebt wenigstens ein Teil unseres Wesens in den Jahrhunderten...", und aus diesem Teil kommen die großen eindrucksvollen Träume, von denen man ahnt, daß sie mehr als kleine persönliche Alltags-Probleme betreffen.

Weil für Jung der Traum eine Botschaft von etwas Größerem, Unbekanntem, das uns von innen berührt, war und immer blieb, bestand für ihn keine Möglichkeit, eine intellektuelle Traum-Theorie zu schaffen; jeder Traum mußte für ihn immer wieder einzeln und neu in seinem Sinn erschlossen werden. Obwohl er durch seine therapeutische Tätigkeit Tausende von Träumen hörte und zu deuten sich bemühte, blieb ihm der Traum stets eine erregende geheimnisvolle Botschaft des schöpferischen Urgrundes. Wie bei allen Menschen, fiel es ihm am schwersten, seine eigenen Träume zu deuten.

Als er mir einmal für einen subtilen Traum nach langer Anstrengung den Sinn gefunden hatte, wischte er sich die Stirn und rief lachend aus: „Sie haben Glück! *Ich* habe keinen Jung, der mir meine Träume deutet!" Durch eine solche Auffassung des Traumes unterschied

Jung sich von Sigmund Freud. In der Zeit, als er mit Freud zusammen arbeitete, erzählten sich beide Forscher auch oft ihre Träume; aber als er einmal wieder Freud einen bedeutenden eigenen Traum erzählte, wurde ihm klar, daß er Freuds theoretische Voraussetzungen nicht annehmen konnte. In diesem Traum stieg er in „seinem Haus" in immer tiefere Kellerstockwerke hinunter und machte archäologische Entdeckungen. Zuunterst fand er ein prähistorisches Grab mit zwei Schädeln und zerbrochenen Tonkrügen. Der Traum skizzierte gleichsam Jungs eigene spätere Entwicklung, er stieg in der Seele in immer tiefere Schichten hinunter. Freud wollte es aber persönlich verstehen und fragte nach den Schädeln, er suchte etwas „Ermordetes", das heißt Verdrängtes in Jungs Seele. Jung speiste ihn mit einer faulen Ausrede ab, weil er fühlte, Freud könne ihn nicht verstehen.

Das zeigt, wieviel bei der Deutung von Träumen von dem richtigen Einverständnis zwischen den Partnern abhängt. Jung fühlte plötzlich, daß sein Traum *ihn* meinte, *sein* Leben und *seine* Welt, und daß er sie gegen alle Theorien, die aus anderen Voraussetzungen stammten, verteidigen müsse. Diese Freiheit, die er für sich selber beanspruchte, ließ er darum später auch den anderen: nie zwang er jemanden eine Deutung auf. Wenn sie dem Träumer nicht natürlicherweise einleuchtete, gewissermaßen in ihm eine belebende, befreiende Aha-Reaktion auslöste, dann war die Deutung eben nicht richtig, oder sie erwies sich zwar später doch als „richtig", aber der Träumer war in seiner Bewußtseinsentwicklung nicht so weit, das bereits sehen zu können. Darum blieb für Jung Traumdeutung immer ein Dialog zwischen zwei gleichberechtigten Partnern und wurde für ihn nie eine ärztliche Technik.

Am schwersten zu verstehen sind natürlich Träume von schöpferischen Menschen; denn sie enthalten gleichsam Vorschläge für das Finden neuer Ideen und Inspirationen, die noch nie vorher gewußt waren. Darum waren Jungs eigene Träume auch so schwierig, sie enthielten oft gewissermaßen seine neuen Ideen, die er aber im Bewußtsein erst noch finden mußte. Er sagte einmal: „Natürlich kommen mir tagsüber die ganze Zeit anregende Einfälle und Gedanken. Aber ich greife nur diejenigen in meiner Arbeit auf, auf die meine Träume reagieren." Obgleich er wenig Hoffnung hegte, daß andere seine Träume verstehen könnten, pflegte er seine Träume nahestehenden Schülern und Freunden zu erzählen. Er malte sie dann in allen Einzelheiten aus, fügte alle Einfälle (die sogenannten Assoziationen) zu jedem Bild hinzu, und oft fiel ihm dabei dann selber plötzlich der Sinn des Traumes ein; auch naive Zwischenfragen des Zuhörers bringen einen manchmal auf den richtigen Weg.

Besonders unverständlich bleiben viele Träume, die etwas Zukünftiges vorwegnehmen; denn das erkennt man ja dann immer nur hinterher. Träume tun das aber sogar recht häufig. Bei primitiven Völkern und auch noch bei den alten Griechen und Römern und im Mittelalter, wie auch heute noch im Volk, werden Träume sogar fast nur als Zukunftskünder beachtet. Darum hat Jung neben der sogenannten kausalen Traumdeutung Freuds, bei der man in den Träumen nach vergangenen Ursachen, zum Beispiel Kindheitserlebnissen, für die Probleme des Träumers sucht, auch eine finale Traumdeutung gefordert, bei der man in den Träumen nach den in die Zukunft, auf ein Ziel hin gerichteten Tendenzen achtet, bei einer seelischen Krankheit zum Beispiel auf Heilungstendenzen. Vieles nämlich erscheint uns im Leben wie ein plötzliches Ereignis, das aber in unserem eigenen unbewußten Leben eine lange Vorgeschichte hat. Und darüber hinaus scheinen manche Träume tatsächlich auf irgendeinem noch unbekannten Wege die

Zukunft zu „wissen". Das Ärgerliche ist dabei aber, daß die Träume sich so oft „unklar" auszudrücken scheinen. Wenn der Traumgeist schon so viel weiß – warum sagt er es uns dann nicht deutlicher? Warum spricht er in scheinbar sinnlosen Bildmosaiken, die man erst mühsam enträtseln muß? Darum reagieren ja auch so viele Leute negativ auf den Traum und behaupten: „Träume sind Schäume." Jung war der Ansicht, daß das Unbewußte, welches den Traum erzeugt, seine Tendenzen und sein „Wissen" nicht klarer ausdrücken *kann,* nicht aus irgendeiner Bosheit heraus oder einer Hemmung (wie es Freuds Zensur-Theorie erklärt), sondern weil das Bewußtsein eine auslöschende Wirkung auf das Unbewußte hat. Das „Erleuchtende" des Traumes ist wie ein Kerzenlicht, das verblaßt, sobald man das elektrische Licht des Ich-Bewußtseins anzündet. Darum muß man bei der Betrachtung eines Traumes ein wenig die Augen zumachen, das heißt nicht zu scharf intellektuell vorgehen, sondern auch Intuition und Gefühl walten lassen, und nicht zuletzt auch ein Stück Humor, denn der Traumgeist des Unbewußten macht manchmal gerne etwas Spaß. Jung fing oft einfach an zu lachen, wenn jemand ihm einen Traum erzählte, der den Träumer kritisierte, und dann ging es dem Erzähler plötzlich selber auch auf, wo der „Wink" seines Unbewußten hinzielte.

Noch eine weitere Unbestimmtheit des Traumes bereitet bei seiner Deutung oft Schwierigkeiten. Jung faßte jeden Traum zunächst auf als ein inneres Drama, in welchem wir die Schauspieler, die Kulissen und die Zuschauer selber sind. Wenn ich zum Beispiel von einem wütenden Stier im Traum verfolgt werde, so verbildlicht das einen eigenen Affekt, eine wilde Wut in mir, derer ich mir nicht oder nicht genügend bewußt bin. Diese Auffassung des Traumes nannte Jung die Deutung auf der Subjektstufe, weil darin alle Traumbilder etwas Seelisches im Träumer, dem Subjekt, selber symbolisieren. Aber obgleich das die beste und am häufigsten zutreffende Deutung der Träume ermöglicht, stimmt es doch auch nicht immer. Manchmal träumen wir auch Dinge, welche einen Menschen in unserer Umgebung und manchmal sogar die weitere Welt betreffen. So hegte Jung einmal allerlei Zweifel an einer Patientin, und die Behandlung schien steckenzubleiben. Da träumte er, er sähe diese Frau hoch oben auf der Balustrade eines Turmes, wie sie in der Abendsonne auf ihn herabsah. Er mußte den Kopf verdrehen, um sie dort oben zu erblikken. Er sagte sich sofort: „Wenn ich so zu meiner Patientin hinaufschauen muß, so habe ich in Wirklichkeit zu viel auf sie herabgeschaut." Er erzählte ihr seinen Traum und diese Deutung, und der Kontakt war sofort in Ordnung, und die Behandlung kam wieder in Fluß. Er nannte dies die kompensatorische Bedeutung des Traumes, welche Einseitigkeiten des Bewußtseins ausbalanciert.

Wenn Jung von Menschen in seiner Umgebung etwas Wichtiges träumte, erzählte er ihnen fast immer den Traum, oft ohne weitere Deutung. Der andere konnte sich dann selber überlegen, ob es ihn etwas anginge oder nicht. Aber auch Dinge der weiteren Umgebung melden sich manchmal im Traum oder in einbrechenden Wachphantasien an. Im Oktober 1913 wurde Jung plötzlich in der Bahn von einer Phantasie überfallen, die er selber in seinen Erinnerungen erzählt: „Ich sah eine ungeheure Flut, die alle nördlichen und tiefer gelegenen Länder zwischen der Nordsee und den Alpen bedeckte. Die Flut reichte von England bis Rußland und von den Küsten der Nordsee bis fast zu den Alpen. Als sie die Schweiz erreichte, sah ich, daß die Berge höher und höher wuchsen, wie um unser Land zu schützen. Eine schreckliche Katastrophe spielte sich ab. Ich sah die gewaltigen gelben Wogen, die schwimmenden Trümmer der Kulturwerke und den Tod von ungezählten Tausenden. Dann verwandelte sich das Meer in Blut." [7] Dasselbe wiederholte sich dann noch schrecklicher in einem weiteren Traum. Und im Frühling und Frühsommer 1914 träumte er, das ganze Land würde mitten im Sommer von einer arktischen Kälte heimgesucht, alles erstarrte im Eis. Bei der dritten Wiederholung des Traumes jedoch kam ein tröstliches Ende; er sah in all der leblosen Kälte einen blättertragenden früchtelosen Baum („mein Lebensbaum", dachte er), dessen Blätter sich durch den Frost in süße Weinbeeren voll heilenden Saftes gewandelt hatten; er pflückte sie und schenkte sie einer großen harrenden Menge.

Zuerst faßte Jung diese Träume persönlich auf und dachte, sie könnten den Ausbruch einer Psychose (schwere Geisteskrankheit) voraussagen, weil sich Psychosen bekanntlich oft durch kosmische Katastrophenträume ankünden. Man kann sich denken, in welcher Qual und inneren Not er sich damals befand! Und dann kam August 1914 der Ausbruch des Ersten Weltkrieges, und nun wußte er, daß diese Träume sich darauf bezogen. Während des Krieges arbeitete er dann in der Einsamkeit an seinem Werk, an jenen Früchten, die er nachher den Menschen schenkte.

Es ist ihm damals eigentlich wie primitiven Medizinmännern ergangen, welche nach Aussage der Naturvölker oft das Schicksal der Welt oder ihres Volkes vorausträumen und so die Menschen warnen können. Es gibt auf der Halbinsel Labrador noch heute sehr arme, verstreut lebende Waldindianer, die Naskapi, welche keine Stammesreligion besitzen. Aber sie glauben, daß jeder den sogenannten Mistap'eo, den „großen Mann im Herzen" besitze, der ihren unsterblichen Seelenkern darstellt. Dieser sendet die Träume, und Reli-

---

7 *Erinnerungen, Träume, Gedanken,* p. 197 ff.

gion heißt für die Naskapi einfach, seine Träume beachten, sie in Malerei und Gesang gestalten und sie zu verstehen suchen. Andere Naturvölker besitzen zwar Priester und Rituale; aber sie gestalten letztere auf Grund ihrer Träume, und erstere werden auch oft durch ihre Träume und nicht durch äußere Faktoren zu ihrem Amt berufen. Bei vielen Naturvölkern werden gewisse Träume darum öffentlich besprochen. Sie beachten aber nur die sogenannten „großen Träume", in denen Götter, Geister, kosmische Ereignisse, religiöse und mythologische Motive vorkommen. Die anderen sind die „kleinen" Träume, welche nur Persönliches im Träumer spiegeln; sie werden nicht beachtet. Auch Jung unterschied in ähnlicher Art zwei Schichten des Unbewußten, das „persönliche Unbewußte", in welchem persönliche Komplexe, Erinnerungen, Verdrängtes usw. lebt, und das „kollektive Unbewußte", welches die seelische Grundstruktur aller Menschen in gleicher Weise besitzt und welches sich darum in Gedanken, Gefühlen, Emotionen und Phantasien äußert, die bei allen Völkern der Erde in ähnlicher Art vorkommen. Aus dieser Schicht kommen die „großen" Träume, die Jung die archetypischen Träume nannte. Unter den Archetypen verstand er jene seelischen angeborenen Strukturanlagen oder Verhaltensmuster, welche der Gattung Mensch gemeinsam sind.

Nach Jungs Auffassung sind die großen Träume gleichsam der Urstoff, aus dem alle Religionen der Erde stammen. Auch im Alten Testament spielen ja Träume noch eine wichtige Rolle, und auch noch im Mittelalter anerkannte die Kirche, daß gewisse Träume von Gott geschickt sein können. Allerdings durften das nur Träume sein, welche mit der Kirchenlehre übereinstimmten; die Träume wurden dadurch zensuriert. Jung akzeptierte das nicht. Er sagt: „Wem es das Gewissen erlaubt, der möge gewaltsam entscheiden und sich damit, wohl unwissentlich, zum ‚*arbiter mundi*' [Richter der Welt] aufschwingen. Ich für meine Person ziehe die köstliche Gabe des Zweifels vor, weil dieser die Jungfräulichkeit der unermeßlichen Erscheinung unberührt läßt." Mit dieser „unermeßlichen Erscheinung" meint er die geheimnisvolle Welt des Unbewußten, aus der die Träume stammen, deren Tiefe wir wohl nie werden ausloten können.

Jung schrieb seine eigenen Träume alle sorgfältig in ein eigens dafür bestimmtes Buch und malte Illustrationen dazu. Er hielt auch seine Patienten und Freunde an, das gleiche zu tun. Er behandelte einen Traum wie einen Kristall, den man in der Hand um und um dreht, um alle seine Facetten zum Aufleuchten zu bringen. Wenn er aber verstand, was das Unbewußte durch einen Traum von ihm wollte, so gehorchte er sofort. Einmal befand er sich zum Beispiel in jüngeren Jahren auf einer Radtour in Italien. Da träumte er von einem alten weisen Mann, der ihm Fragen stellte, und er erfaßte aus dem Zusammenhang, daß er sich mit gewissen mythologischen Texten abgeben sollte, die für ihn damals noch unerforschte Probleme enthielten und von denen er aber ahnte, daß sie sein Werk angingen. Obwohl er im Sinne hatte, sowieso nur noch drei Tage in Italien zu bleiben, lud er sein Fahrrad sogleich auf den Zug und fuhr nach Hause – sehr zum Ärger seines ihn begleitenden Freundes. Aber er gehorchte sofort: so ernst nahm er den Traum.

Es ist sehr wahrscheinlich, daß die ausgleichende heilende Funktion der Träume auch bei Menschen wirkt, die sie nicht beachten; aber wenn man die Träume beachtet oder sogar versteht, dann verstärkt sich diese Wirkung außerordentlich und ist darum nach Jungs Ansicht eines der besten Mittel, mit seelischen Problemen und innerer Desorientierung zurechtzukommen. Aber mehr noch hilft der Traum dem Menschen, zu seiner inneren Ganzheit zu gelangen, was Jung Individuation nennt.

Wenn ein Mensch seine Träume beachtet, so kommt dadurch eine Selbstregulierungstendenz der Seele ins Spiel, welche Einseitigkeiten des Bewußtseins ausgleicht oder es noch weiter vervollständigt, so daß eine Art von Ganzheit und ein Lebensoptimum erreicht wird. Auch die typischen Übergänge im Leben des Menschen, die seine allmähliche Reifung bewirken, wie etwa Pubertät, Eintritt in die Ehe, Rückzug vom Leben im Alter, Vorbereitung auf den Tod, werden durch die Träume vorbereitet und unterstützt. Interessanterweise stellen die Träume von Menschen, die vor dem Tod stehen, diesen nicht als ein Ende dar, sondern als eine Zustandsveränderung, etwa durch Bilder wie eine große Reise, einen Umzug oder eine Wiedervereinigung mit bereits verstorbenen Menschen.

Besondere Bedeutung haben die Träume von schöpferischen Menschen. Es ist ja aus der Geschichte der Wissenschaften bekannt, daß viele große Entdeckungen, sogar in der Chemie und Mathematik, von Träumen inspiriert wurden. Der russische Chemiker Dimitrj Mendelejew zum Beispiel, der das System der nach ihrem Atomgewicht geordneten Elemente fand, probierte am Abend mit Kärtchen, wie in einem Patiencespiel, diese Ordnung zu finden, und stellte eine solche auf. In der Nacht träumte er jedoch, seine Ordnung stimme, aber er müsse sie um 180 Grad umdrehen. Das tat er am nächsten Tag, und nun stimmte sie wirklich! Er mußte nur noch an einer Stelle eine kleine Korrektur vornehmen. Daß Dichter und Maler ihre Inspirationen oft aus Träumen schöpfen, ist bekannt. Robert Louis Stevenson zum Beispiel hat das ganze Grundmotiv seines Buches „Dr. Jekyll und Mr. Hyde" geträumt. Bei Jung könnte man sogar sagen, daß er sein ganzes Werk unter gleichzeitiger sorgfältiger Berücksichtigung seiner Träume aufgebaut hat. Bevor er sich zum Beispiel mit der Symbolik der Alchemie befaßte, träumte er wiederholt, daß

48

er an seinem Haus noch einen bisher ihm unbekannten Flügel oder Anbau entdecke. In diesem fand er in einem weiteren Traum eine herrliche Bibliothek mit Büchern aus dem 16. und 17. Jahrhundert. Manche enthielten Kupferstiche mit wunderlichen Symbolen. Zur selben Zeit kam ein vom Buchhändler bestelltes alchemistisches Buch mit genau solchen Bildern bei ihm an. Nun wußte er, wie wichtig es für ihn war, diese Symbolik zu studieren. Ein solches Zusammentreffen von einem Traummotiv mit einem äußeren sinngleichen Ereignis, von dem man nicht nachweisen kann, daß das eine vom andern ursächlich erzeugt ist, nannte Jung ein Synchronizitätsphänomen. Wenn man seine Träume regelmäßig beachtet, sieht man, daß ein solcher sinngleicher Zusammenfall von außen und innen relativ häufig vorkommt. Hier stößt man an das noch unerforschte Geheimnis, wie das Unbewußte mit der Materie, wie Tiefenpsychologie und Atomphysik zusammenhängen; nach einer letzten Vermutung Jungs geht der Weg über die Zahlen.

Jung empfand, daß durch das Unbewußte, das heißt durch seine Träume und Wachphantasien, eine Botschaft zu ihm gekommen war, die nicht nur ihn selber, sondern auch viele andere anging. Er mußte Urerfahrung haben und diese dann im Werk verwirklichen. Er sagt: „Damals (als er das realisierte) stellte ich mich in den Dienst der Seele. Ich habe sie geliebt und habe sie gehaßt, aber sie war mein größter Reichtum. Daß ich mich ihr verschrieb, war die einzige Möglichkeit, meine Existenz als eine relative Ganzheit zu leben und auszuhalten."[8] Dieser „Seelendienst", den er wie ein Ritter lebenslänglich seiner Herrin Seele leistete, hat sich für ihn gelohnt; er hatte mehr und mehr ergreifende und tiefere Träume als andere Menschen, und ganz am Ende seines Lebens, nur einige Tage vor seinem Tode, hatte er einen

8 *Erinnerungen, Träume, Gedanken,* p. 196.

Traum, den er noch erzählen konnte: er sah über sich auf einer Anhöhe einen runden Stein – den Stein des Weisen –, und darauf stand geschrieben: „Und dies sei dir ein Zeichen von Ganzheit und Einheit."

DER TRAUM DES SOKRATES

In seinem Buch über Sokrates hat Olof Gigon[1] die sogenannte sokratische Überlieferung mit wahrem philologi-
schem Scharfsinn gesichtet und analysiert. Er kam zu
dem Schluß, daß wir bei der Frage nach der historischen
Persönlichkeit des Sokrates zugeben müssen, fast nichts
über ihn zu wissen.[2] Wir wissen lediglich, daß er ein
Athener war, der Sohn des Steinmetzen und Bildhauers
Sophroniscus, daß er etwa 470 v. Chr. geboren wurde
und 399 v. Chr. im Gefängnis starb, nachdem er zum
Tode verurteilt worden war; auch wissen wir, daß die
Anklage gegen ihn lautete, er habe neue Götter eingeführt und die Jugend verdorben – eine Anklage, die leider nicht eindeutig interpretiert werden kann. Vielleicht
sollte seine häßliche, fast groteske Erscheinung, die eine
sinnliche Natur nahezulegen scheint, und die Tatsache,
daß er einen „Daimon" besaß – was immer das sein
mochte – dem historischen Bild hinzugefügt werden. Alles andere in der enorm umfangreichen Literatur über
ihn ist voller Widersprüche. In diesen Schriften ist er nur
ein Bild, das jeder Autor und jeder Text auf verschiedene Art beschreibt: So war er, wie Gigon es formuliert,
„ein reiner Impuls", eine urtümliche Macht, „die wir
vielleicht spüren mögen, aber nie benennen können."

---

1 Olof Gigon, *Sokrates; sein Bild in Dichtung und Geschichte,* Bern
 (A. Francke), 1947 (Sammlung Dalp, Bd. 41).
2 Ebenda, p. 16.

Gigon fährt fort, daß die Überlieferung von Sokrates größtenteils nicht nur „unbewußt" ungenau, sondern vorsätzliche Dichtung im Sinne einer beabsichtigten Abweichung vom Tatsachenmaterial ist.[3]

Auf den ersten Blick ist dem von unserem psychologischen Standpunkt aus wirklich wenig hinzuzufügen oder zu entgegnen. Statt von einer urtümlichen Macht zu sprechen, würden wir es vielleicht anders formulieren und sagen, daß Sokrates offenbar die Projektion eines archetypischen Bildes auf sich zog, vermutlich das urtümliche Bild des Alten Weisen, und daß jeder seiner Schüler, von dieser Projektion zugleich inspiriert und geblendet, ein anderes Bild von ihm schuf.

Bis zu einem gewissen Grade mögen wir recht haben, die Theorie der absichtlichen Erfindung zu hinterfragen. Gigons Kritik, daß Platons Dialoge unhistorische Einzelheiten enthalten, gilt m. E. nur für den Rahmen seiner Abhandlung, z. B. für die Namen, das Alter usw. der Sprecher. Aber das beweist nicht, daß Platon in Bezug auf den Hauptinhalt der Dialoge unzuverlässig ist. Ich bin tatsächlich überzeugt, daß er in allem, was den Charakter seines verehrten Meisters betraf, sich bemühte, so loyal wie möglich zu sein. All dies wäre jedoch kaum einer Diskussion wert, wenn uns die *Platonischen Dialoge* nicht zwei Träume von Sokrates überliefert hätten,[4] die die Philologen bis dahin nicht als authentisches historisches Material betrachtet haben. Es gibt allerdings einen interessanten Versuch von G. D. Castelli, in *Posdomani a Ftia*[5] einen der Träume zu deuten, aber ich habe vor, bei der Deutung etwas weiter zu gehen als er.

Der erste Traum ist gut bekannt: er betrifft die be-

---

3 Ebenda, p. 59 ff.

4 Es gibt noch einen weiteren Traum bei Lucius Apuleius, De Platone, Lib. I, 1.

5 G. D. Castelli, Posdomani an Ftia, Verona 1951. Castelli betont das Anima-Problem.

rühmte Stelle im *Phaidon,* wo Cebes Sokrates fragt, warum er Aesops Fabeln in Reime gefaßt und eine Hymne an Apoll gedichtet habe. Sokrates antwortet, daß er das tat, „um damit die Deutung einiger Träume zu versuchen und um mich einer heiligen Pflicht zu entledigen, falls sie mir nämlich diese Art musischer Kunst aufgetragen haben sollten. Es verhielt sich nämlich so damit: immer wieder in dem nun vergangenen Leben kam der gleiche Traum zu mir, bald in dieser, bald in jener Gestalt. Und jedes Mal sagte er dasselbe zu mir: ‚Sokrates‘, sprach er, ‚beschäftige dich mit allem Fleiße mit der musischen Kunst.‘ Früher sah ich darin eine Mahnung und eine Aufforderung zu etwas, was ich schon immer getan hatte; so, wie man einen Schnelläufer antreibt, so schien mich der Traum zu etwas zu ermuntern, was ich ohnehin schon tat, mich nämlich in der Musenkunst zu betätigen; denn das Philosophieren sei doch die höchste Musenkunst [– im griechischen Original mousiké = Musik –] und damit hatte ich mich ja abgegeben. Als nun aber das Urteil gegen mich gefällt war, und als das Fest des Gottes meinen Tod noch hinausschob, da hielt ich es für meine Pflicht, nicht ungehorsam zu sein, falls sich die steten Mahnungen des Traumes etwa auf diese gewöhnliche Art von musischer Kunst bezogen hätten, sondern danach zu handeln … So verfaßte ich denn zunächst das Gedicht auf den Gott, dessen Opferfest gerade stattfand … weil ich aber selbst kein Mythenerfinder bin, nahm ich solche, die mir gerade zur Hand waren und die ich kannte, die des Aesop nämlich …"[6]

Nach Jungs Deutung muß dies als kompensierender Traum verstanden werden.[7] Sokrates' Haltung war zu ra-

---

6 Platon, Phaidon; in: *Platon, Sämtliche Werke,* übertragen von Rudolf Rufener, Artemis-Verlag, Zürich 1974, p. 8 (60d–61b).
7 C. G. Jung, Englisches Seminar über die Deutung von Visionen; Zürich, Privatdruck 1930, Vol. I, p. 13 ff.

tional, und das Unbewußte versuchte vergeblich, ihn zu ermahnen, seine Aufmerksamkeit der Entwicklung seiner Gefühlsseite zuzuwenden. Daß Sokrates selber seinen Traum nicht verstand, wird daraus ersichtlich, daß er vor seinem Tode von Zweifeln geplagt wurde und zu dem unpassenden, primitiven Mittel Zuflucht nahm, den Befehl des Traumes wörtlich auszuführen. Wir haben jedoch noch einen zweiten Traum. Im *Kriton,* wo bekanntlich Kriton seinem Freund Geld und die Möglichkeit der Flucht nach Thessalien anbietet, was Sokrates verweigert, scheinbar weil er das Gesetz nicht mißachten will, kommt das folgende Gespräch vor[8]: Kriton sagt, er habe schlechte Nachrichten: Das Schiff von Delos sei gesichtet worden und werde am folgenden Tag erwartet, so daß Sokrates übermorgen werde sterben müssen. Sokrates erwidert, er glaube nicht, daß es morgen ankommen werde.[9] Als Beweis dafür nimmt er einen Traum, den er kurze Zeit vor dieser Nacht hatte, und Kriton hätte ihn wirklich beinahe im falschen Moment geweckt. Sokrates erzählt dann seinen Traum:

„Mir erschien eine schöne, wohlgestaltete Frau in einem weißen Gewande; sie trat auf mich zu, rief mich an und sagte: ‚Sokrates, wahrlich, am dritten Tage gelangst du zum fruchtbaren Phthia!‘[10]

Kriton: „Ein seltsamer Traum, Sokrates."

Sokrates: „Ich glaube, er ist jedenfalls deutlich,[11] Kriton."

---

8 Platon; Kriton, 44. Vergl. *Platon, Sämtliche Werke,* Zürich 1974, p. 250f.

9 „Morgen" würde nach unserer Zeitrechnung „diesen Abend" nach sechs Uhr bedeuten, denn in Athen begann der Tag um sechs Uhr abends. Daher bedeutet „heute" unser „heute" bis sechs Uhr abends, und „nicht morgen" bedeutet „nicht diesen Abend".

10 Im griechischen Text heißt es eigentlich „scholligen" oder „lehmigen", was „fruchtbaren" Phthia bedeutet.

11 Das griechische Wort *enargēs* ist in der Sprache der antiken Traumdeutung etwas, das auf der äußeren objektiven Ebene wahr wird.

Gigon sagt von dieser Episode, daß sie „den Eindruck eines seltsamen Zwischenspiels ohne tieferen Sinn hinterläßt."[12]

Um beurteilen zu können, ob ein solcher Traum eine literarische Dichtung oder echt ist, haben wir kein vorgegebenes Symptom, nach dem wir uns richten können. Deshalb bleibt uns keine andere Wahl, als ihn ganz naiv ohne vorgefaßte Meinung nach unserer Methode zu deuten. Wenn wir sehen, daß sie mehr ergibt, als wir vielleicht hineinlesen können, so sehr wir es auch versuchen, d.h. wenn die Methode jenen verblüffenden Sinn hervorbringt – scheinbar so offensichtlich und doch so unmöglich zu entdecken –, der uns stets bei einem wirklichen Traum beeindruckt, dann dürfte er echt sein. Da der Traum diesen Eindruck auf mich machte, als ich ihn zu deuten versuchte, möchte ich ihn hier vorlegen.

Es ist offensichtlich, daß die weiße, edle Frauengestalt Sokrates' Anima ist, die gekommen ist, um ihn ins Jenseits oder ins Land der Toten zu entführen.[13] Dies gehört im Prinzip zu dem weitverbreiteten Motiv, nach dem vor dem Tod eines Mannes seine „Buschseele" oder sein „Doppel" oder sein Seelenbild erscheint. Weiß war in Sparta, Rom und Messina auch die Farbe des Totenreiches und der Trauer. Es ist zunächst überraschend, daß diese Anima-Figur in einer so weißen und edlen Gestalt erschien, da Sokrates bekanntlich mit Xanthippe verheiratet war und nichts unternahm, um mit einer anderen Frau eine erotische Beziehung aufzunehmen. Im Gegenteil, bis an sein Lebensende war er der Liebhaber der jungen Männer von Athen, so daß wir eher erwartet hätten, daß seine Anima ganz unentwickelt geblieben wäre. Die weiße Gestalt erinnert jedoch an Diotima, die weiße Frau aus Elis, die Sokrates, wie er im Symposion

---

12 Olof Gigon, a.a.O. p. 82f.
13 Castelli deutet die weiße Frau ebenfalls als „Todesbotin".

sagt, das Geheimnis der platonischen Liebe enthüllt und ihn so in die Welt der Ideen eingeführt hat.

Um dieses Problem zu erhellen, müssen wir zuerst auf die Suche nach modernen Parallelen gehen. In Jungs Kindertraum-Seminar von 1939–40[14] wurde ein Fall diskutiert, in dem die Anima eines jungen Mannes von Beginn an von solcher Art war, daß sie sich weigerte, mit seiner Instinktseite verbunden zu werden, so daß die Tendenz zu einer tragischen Spaltung in der Liebe zwischen hoch und niedrig von Anfang an zu bestehen schien. Als fünfjähriger Junge träumte er, daß er im Waschraum ein Mädchen sah, das sich die Hände wusch. Er mochte das Mädchen sehr, war aber sehr scheu. Ein schmerzhaftes Gefühl von Getrenntsein ergriff ihn, und er erwachte. So weit der Traum. Später verliebte er sich in ein Mädchen, das die typische elfenhafte Eigenart der Anima hatte; als er in der Folge keine Beziehung zu ihr herstellen konnte, verfiel er in einen Zustand ernster neurotischer Dissoziation. Er konnte sich weder entschließen, das Mädchen zu heiraten, noch sie aufzugeben. Der Waschraum ist nach Jungs Deutung dieses Traumes der Ort, wo ein Junge seine ersten sexuellen Phantasien entwickelt, der Ort, wo die natürlichen Funktionen eingeübt werden und wo die kollektiven unbewußten Bilder, die immer mit instinktiven Prozessen verknüpft sind, ins Spiel kommen; deshalb ist die Anima dort zu finden. Sie nimmt die Stelle des Mutterbildes ein, an das die sexuellen Phantasien nicht gerichtet werden können. Aber in dem Traum wäscht sich das Mädchen die Hände, es will nichts mit den unsauberen sexuellen Phantasien des Träumers zu tun haben. Dies führt zum Beginn einer Spaltung in ihm. Wenn er es vermeiden will, das Opfer seiner erhabenen Anima zu wer-

---

14 C. G. Jung, Psychologische Interpretation von Kinderträumen 1939–40, p. 43 ff.

den, die ihn dem Leben entfremdet, muß er sich von ihrem hohen, reinen, idealen Bild losreißen, um seine dunkle Seite erreichen und seine animalischen Instinkte entwickeln zu können.

Diese schicksalhafte Veranlagung zur Gespaltenheit ist bei Männern oft zu finden, und sie zeigt sich später oft in der Vernachlässigung des Eros, der das Wesen der Anima ausmacht. Die Sexualität als solche ist selten abgespalten, da ihre Gegenwart zu offenkundig ist, aber die Beziehungsfunktion wird abgelehnt, und ein solcher Mann wird sich im allgemeinen darum bemühen, sie durch Vernunftdenken zu ersetzen. Dadurch enttäuscht er eine Frau jedoch, denn das erste, was sie beim Mann sucht, ist Eros, die Möglichkeit der Beziehung.

Die Tatsache, daß die Animafigur in Sokrates' Traum ein so unirdisches, reines Wesen hat – verbunden mit der Tatsache, daß seine Frau tief über ihn enttäuscht war und durch ihre notorischen Szenen wahrscheinlich sein Gefühlsleben zu erwecken versuchte –, scheint mir auf das obenerwähnte Problem hinzuweisen. Sokrates setzte tatsächlich die Vernunft an die Stelle der Beziehungsfunktion und brüstete sich damit, daß er unbeschwert, frei und weder durch Emotion noch durch Gefühl gebunden war. Der völlige Mangel an Bezogenheit bei seinem berühmten Abschied von seiner Frau im *Phaidon* ist nichts weniger als entsetzlich: Sie war zum Gefängnis gekommen und brachte ihren kleinen Sohn mit; als sie beim Eintreten seine Freunde erblickte, weinte sie laut und rief: „Sokrates, deine Freunde und du, ihr werdet nun zum letzten Mal miteinander sprechen!" Aber Sokrates sagte, indem er Kriton ansah: „Kriton, jemand soll sie nach Hause bringen." Daraufhin führten einige von Kritons Dienern sie hinweg, wobei sie jammerte und sich selbst schlug.[15] Dies nach Platon. Eine andere

15 Platon, Phaidon, a.a.O. p. 6f. (60a).

Anekdote ist noch roher: Alkibiades hatte sich bei Sokrates über Xanthippes ständige Szenen beklagt. Sokrates erwiderte: „Ich bin daran so gewöhnt wie an den Lärm einer Windmühle. Du erträgst bestimmt auch das dauernde Gegacker der Gänse auf deinem Hof."[16] Alkibiades meinte dazu: „Aber die Gänse versorgen mich mit Eiern und ihren Jungen." Darauf Sokrates: „So hat Xanthippe mir auch Kinder geschenkt."

Ob das historisch wahr ist oder nicht, Xanthippe ist der Prototyp der aufgeregten, wild emotionalen Partnerin eines Philosophen geworden. Enttäuscht und von Sokrates' Gleichgültigkeit zur Verzweiflung getrieben, die von seinen Anhängern als philosophische Überlegenheit und „apatheia" bewundert wurde, reagierte Xanthippe entsprechend. Lamprokles, Sokrates' ältester Sohn, soll sehr unter dem Verhalten seiner Mutter gelitten haben,[17] und sein angeblicher Tod vor dem Ableben seines Vaters könnte gut mit diesem Konflikt in Zusammenhang gestanden haben. Im Gegensatz zu Platons *Apologie* berichtet eine alte Erzählung[18], daß Sokrates drei Söhne hatte und zwei von ihnen vor ihrem Vater gestorben sind. Als während einer seiner philosophischen Diskussionen jemand dazukam, um Sokrates zu sagen, daß sein Sohn Sophronicus gestorben sei, soll er ruhig weitergemacht und später gesagt haben: „Laßt uns nun gehen und unsere Pflicht an Sophronicus erfüllen, wie es das Gesetz vorschreibt." Diese Geschichten zeigen deutlich, daß Sokrates durch seine Gefühlsfunktion keine feste Verbindung mit der Mitwelt hatte, sondern bewußt jegliche Art von Bindung vermied. Daher die weiße, „jenseitige" Farbe der Anima, die offensichtlich nicht erst am Ende seines Lebens rein und weiß geworden,

---

16 Olof Gigon, a.a.O. p. 116.
17 Ebenda, p. 121.
18 Ebenda, p. 126.

sondern niemals wirklich in das vielfarbige Gewebe des Lebens eingetreten ist.

Die drei Tage Aufschub, die Sokrates im Traum gewährt werden, müssen zunächst als eine objektive Feststellung, d.h. auf die äußere Realität bezogen, genommen werden. Diesen Schluß hat auch Sokrates aus dem Traum gezogen. Der symbolische Aspekt kann jedoch trotzdem nicht übersehen werden; Sokrates könnte den Traum die Nacht davor oder danach gehabt haben – warum dann gerade drei Tage? Neben den zahllosen weiteren Aspekten, die der Bedeutung der Zahl drei anhaften, wird sie besonders den Gottheiten zugeordnet, die mit dem Schicksal verbunden sind; z.B. den drei Nornen, den alten germanischen Schicksalsgöttinnen, den drei Moiren der Griechen und den Parzen der Römer usw.; und weiter mit der Symbolik der Zeit mit ihren drei Phasen von Vergangenheit, Gegenwart und Zukunft. Im Märchen durchlaufen Held oder Heldin oft drei ähnliche Stufen, begegnen drei Hexenhäusern, drei Einsiedlern, drei Helfern wie Sonne, Mond und Wind, bevor sie ans ersehnte Ziel kommen. Somit ist die Drei meist mit einem dynamischen Prozeß oder einer Folge von Ereignissen verbunden, die in der Zeit stattfinden.[19] Wegen dieses dynamischen Elementes, das sie in Beziehung zum Instinktbereich bringt, ist die Drei oft mit chthonischen Gottheiten wie Hekate, Cerberus usw. verknüpft, die die Mächte des Instinktes darstellen. Das Motiv der drei Stufen im Märchen ist auch im Sinne von 1–2–3 und dann 4 als Lysis zu verstehen. In Wirklichkeit sind es also vier, aber die vierte Stufe gehört nicht zum dynamischen Verlauf der Ereignisse; sie ist selbst das Ziel, die Stabilisierung außerhalb der Zeit. In dem Traum, den wir untersuchen, haben wir dieselbe Situation: drei Tage, und dann die Ankunft in Phthia, im

---

19 R. Allendy, *Le Symbolisme des Nombres;* Paris 1948, II ed. p. 41.

Land der Toten, wo es keine Zeit mehr gibt. Die drei Tage sagen uns, daß jetzt ein unvermeidliches Schicksal sich erfüllt, daß ein psychischer Weg beginnt, den das Bewußtsein in keiner Weise ändern kann.

Hatte Sokrates noch an Flucht gedacht, so zeigt der Traum durch das Motiv der Drei, daß er das aus inneren Gründen gar nicht mehr kann.

Nach der Deutung des oben erwähnten Kindheitstraumes als Sichtbarwerden des Animaproblems fährt Jung fort, daß in einem solchen Fall ein junger Mann versuchen sollte, der Anima zu entfliehen und sich seinen Weg hinunter in die Welt zu erkämpfen, um sich über sein Instinktleben weiter zu entwickeln. Er muß durch das dunkle Tal der Sexualität in die Wirklichkeit hinabsteigen, denn der Weg zur Entdeckung der Frau führt von unten nach oben, nicht von oben nach unten. Es ist der „grausige, schlammige, hohle Weg, der zu Aphrodites lieblichem Hain führt"; der Gedanke daran machte sogar einen Parmenides schaudern.[20] Diesen Weg zu gehen bedeutet eine schmerzhafte Trennung von der faszinierenden hellen Animafigur.

Wenn der Mut, sich davon loszureißen, fehlt, dann besteht die Gefahr, vom Seelenbild besessen zu werden. Der Mann wird mit seiner Anima identisch und verfällt oft der Homosexualität.[21] In welchem Ausmaß die Anima in Sokrates' Fall „Sie, der gehorcht werden muß" war, zeigt der Dialog mit Kriton[22] auf eindrückliche Art: von einem rationalen, äußeren Standpunkt aus gesehen war es für Sokrates leicht, aus dem Gefängnis zu entkommen, aber er blieb seinem Traum treu. Er beschreibt diese Treue als Gehorsam den Gesetzen Athens gegen-

---

20 S. H. Diehls, *Die Fragmente der Vorsokratiker*, 3. Aufl. Berlin 1912, Bd. I, p. 164 (Hippol. Ref. V. 8).

21 C. G. Jung, Psychologische Interpretation von Kinderträumen 1939–40, p. 55.

22 Platon, Kriton 50 d–e (Sämtliche Werke, Zürich 1974, p. 255).

über, aber Athen ist als weibliche Gestalt personifiziert, in der er die Polis (Stadt) mit ihm plädieren läßt: „Wir haben dich zur Welt gebracht ... dich genährt und erzogen ..." Wie könnte er dann, fragt Sokrates, seiner Patris (Geburtsstadt) Gewalt antun? Die Polis ist hier klar als Mutterfigur zu verstehen, als *Metro*polis. Und das führt uns schließlich zum Hauptpunkt: diese Form der Anima ist im Grunde eine Facette des Mutterbildes, sie ist ein viel zu erhabenes Ideal des weiblichen Prinzips, so wie es von einem Sohn erlebt wird, der mit einem übertriebenen Gefühl der Verehrung an seiner Mutter hängt. Die Unfähigkeit, sich von dieser Figur loszureißen und die Welt zu erreichen, ist das Kennzeichen eines Mutterkomplexes.[23] Das Gebot der persönlichen Entwicklung, die zeitweilige Untreue und Trennung von der Mutter erfordern würde, wird so umgangen.[24] Dieser Anima nicht zu entfliehen, sondern sich in sie zu verlieben heißt, wie Jung sagt, vom Leben weggelockt zu werden. Eine solche Animabesessenheit scheint oft gleichzeitig von einem Vaterkomplex unterstützt zu sein, wenn es die Umstände dem Sohn auferlegen, unter einem Vater aufzuwachsen, der ihn überschattet. In diesem Zusammenhang hat uns Plutarch eine ungewöhnliche Geschichte über Sokrates bewahrt. Sein Vater Sophroniscus, der Steinmetz und Bildhauer, soll von den Göttern angewiesen worden sein, das Kind alles tun zu lassen, was ihm in den Sinn komme, und einfach zu Zeus Agoraios und zu den Musen für das Kind zu beten; denn Sokrates habe für sein Leben einen Führer bekommen, der besser als tausend Lehrer und Erzieher sei – was sich auf den „Daimon"[25] bezog. Bestimmt hätte Sophroniscus niemals ei-

23 C. G. Jung, Psychologische Interpretation von Kinderträumen, 1939–40, p. 56 ff.
24 S. a. C. G. Jung, *Aion*, Ges. W., Bd. 9 II, p. 20 ff., und Spring 1950, p. 3 ff.
25 Olof Gigon, a.a.O. p. 111.

nen solchen Ratschlag erhalten, wenn er nicht die Tendenz gezeigt hätte, das Kind zu unterdrücken und viel zu streng zu erziehen.

Wir wissen praktisch nichts über Sokrates' Mutter, es fällt auf, daß er sie in den *Platonischen Dialogen* nie erwähnt außer einmal am Schluß des *Theaitetos,* als er seine Art, die Jugend zu erziehen, als „maieutisch", nämlich als die Kunst der Hebamme, bezeichnet. In diesem Abschnitt sagt er, er suche junge Männer mit hochbegabten und „schwangerem" Geist, und durch seine Fragen und Prüfungen räume er die Hindernisse weg, die der Geburt dieser Keime von Gedanken im Wege stünden.[26] So identifiziert sich Sokrates mit seiner Mutter, es ist *ihr* Beruf, den er im psychologischen und intellektuellen Bereich ausübt. Er ist so vollständig in die Mutter-Anima-Figur eingehüllt, daß er nur durch sie fähig ist, die Welt und seine Freunde zu beeinflussen. Die weiße Frau in seinem Traum und Diotima sind eindeutig Bilder der Mutter. In diesem Falle jedoch bedeutet die Mutter das Jenseits, das Paradies, die Erinnerung an die archetypischen Bilder, von denen er, der in die Welt hineingeboren worden ist, sich befreien sollte.[27] Es ist für einen Mann gefährlich, betont Jung, in dieser vorgeburtlichen Welt gefangen zu bleiben, weil der, der das tut, dann vermeidet, die Erde zu berühren und daher nie geboren wird. Bei solchen Menschen haben wir den Eindruck einer merkwürdig gehemmten Entwicklung. Sie können die Welt nicht berühren und sie sozusagen nicht mit den Fingern anfassen, weil sie schmutzig ist. Ein Mann, der in solchem Ausmaß unter dem Zauber der Anima steht, wird untauglich, weil seine Entwicklung

---

26 Platon, Theaitetos, in: *Platon, Hauptwerke,* ausgewählt und eingeleitet von Wilhelm Nestle, Alfred Kröner Verlag, Stuttgart 1965, p. 259.

27 C. G. Jung, Psychologische Interpretation von Kinderträumen 1939–40, p. 58 ff.

stehengeblieben ist. In diesem Zusammenhang sollten wir daran denken, daß Sokrates der *Argia* angeklagt war, der Müßigkeit und der Verführung der Jugend zum Müßiggang. Hier muß ich zu einem Punkt im vorher erwähnten Traum zurückkehren. Der Befehl im Traum lautet auf Griechisch wie folgt: *„O Sokrates, mousikèn póiei kài ergázon"*, was gewöhnlich mit „mache Musik und arbeite an ihr" (s. o. „mit allem Fleiße") übersetzt wird. Aber ich denke, es heißt eher: „Mache Musik und arbeite", so daß der Traum ihm befiehlt, *zwei* Dinge zu tun, nämlich Musik zu machen, (d. i. seine Gefühlsfunktion zu entwickeln) und zu arbeiten, damit er die Erde erreichen und endlich in die Wirklichkeit eintreten kann im obenerwähnten Sinne, statt seine ganze Zeit auf dem Marktplatz, der Agora, mit Philosophieren zu verbringen. Zwar arbeiteten in Athen nur die Handwerker, aus deren Klasse Sokrates stammte, nicht die Reichen; doch die Reichen hatten politische Pflichten. Sokrates aber wurde durch seinen „Daimon" von der Politik abgehalten und arbeitete überhaupt nicht; das betrachteten seine Gegner als Skandal.[28]

Die Identität mit der Mutter und der Gedanke, daß Sokrates ihren Beruf ausübte, fallen in bedeutsamer Weise mit der Tatsache zusammen, daß Sokrates der Überlieferung nach an den sogenannten Thargelien geboren wurde. Der Monat Thargelion, im Athenischen Jahr der elfte, dauerte etwa vom 24. April bis zum 24. Mai.[29] Am 5. und 7. Thargelion wurde das Fest der Thargelien gefeiert, ein Erntefest, an dem die ersten Feldfrüchte den Göttern geopfert wurden. Der 6., Sokrates' Geburtstag, wurde als Geburtstag von Artemis Eileithyia, der Helferin der Geburt und daher der Hebammen-Göttin, angesehen. Ihre Priesterinnen trugen

---

28 Olof Gigon, a.a.O. p. 138 f.
29 Ebenda, p. 107.

weiße Kleider. Diese Artemis ist nicht die schlanke Jäge-
rin, die uns aus der Hellenistischen Kunst bekannt ist,
sondern eine imposante Muttergöttin, oft mit vielen Brü-
sten dargestellt.[30] Der 7. Thargelion war Apollos Geburtstag und angeblich auch derjenige Platons. In
archaischer Zeit fand am 6. Thargelion ein seltsamer
Brauch statt: zwei besonders häßliche und körperlich
mißgestaltete Geschöpfe, ein Mann und eine Frau, wurden ausgewählt und geschmückt – er mit dunklen Feigen
und sie mit hellen – und zur Stadt hinausgeführt, wo sie
feierlich verflucht wurden, indem ihnen jede Art von
Krankheit und Übel angewünscht wurde. Noch früher
wurden sie auf der Stelle verbrannt. Es war ein Reini-
gungsritual ähnlich dem des jüdischen Sündenbockes.
Diese Opfer wurden „pharmakoi" (von pharma-
kon = Heilmittel) genannt, weil sie die Stadt heilten, d. h.
von Sünde reinigten. Gegen Ende des 5. Jahrhunderts
hatte der Brauch des Menschenopfers in Griechenland
aufgehört, und die „pharmakoi" wurden nur verflucht,
nicht mehr getötet. Es ist tatsächlich bedeutsam, sich
daran zu erinnern, daß Sokrates für seine Häßlichkeit
bekannt war und daß die Historiker, obwohl sie die
überlieferten Parallelen vergessen hatten, oft betont haben, daß die Anklage gegen Sokrates erhoben wurde,
um einen Sündenbock zu finden und dem Volk von
Athen, das als Folge des unglücklichen Ausganges des
Peloponnesischen Krieges in erregter und unzufriedener
Stimmung war, eine Sensation zu verschaffen, eine Ab-
lenkung und eine Art Blitzableiter. Der Athener Fest-
tags-Kalender ist wie die astrologische Symbolik sozusagen eine Projektion von archetypischen Bildern auf den
Verlauf der Zeit, und Sokrates war zweifellos ein gebore-

---

30 Vergl. Karl Hoenn, *Artemis,* Gestaltwandel einer Göttin; Zürich,
   Artemis-Verlag, 1946.

ner „pharmakos" im Hinblick auf diese Symbolik seines Geburtsdatums. Nach der Legende war der Prototyp der Leute, die geopfert wurden, ein Mann namens Pharmakos, ein Feind des Achilles[31], der von letzterem wegen einer Tempelentweihung gesteinigt wurde.

Das führt uns zum zweiten Teil des Satzes im Traum über das „stark schollige Phthia". Das Beiwort *„eribolos"* für Phthia bedeutet „sehr schollig", und in diesen südlichen Regionen, wo der Boden meist leicht und sandig statt lehmig ist, hat dies dieselbe Bedeutung wie fruchtbar. Der erdige, sogar lehmige Aspekt des Jenseits und Totenreiches wird nachdrücklich betont, vermutlich als Kompensation für Sokrates' Leben, das von der Erde so weit entfernt war.

In diesem Zusammenhang müssen wir uns fragen, was Sokrates' Einstellung zur Welt der Triebkräfte und Instinkte wirklich war. Seine Haltung schien bemerkenswert überlegen und objektiv zu sein. Seine Entfremdung von der Natur wird im einleitenden Dialog zum *Phaidros* offenbar, wo er seinem Begleiter, der ihn zu einem angenehmen Platz unter einer Platane geführt hatte, gestand, daß er die Stadt praktisch nie verlassen habe, „denn Bäume und Felder können mich nichts lehren, wohl aber die Männer in der Stadt".[32] Und wie war seine Beziehung zu Tieren? Die Anekdote ist bekannt, nach der ihn der „Daimon" warnte, eine Seitenstraße zu nehmen, als er in tiefem Gespräch mit einem Freund durch Athen ging; kaum hatte er dem „Daimon" gehorcht, da kam eine riesige Schweineherde die Straße hinuntergerast, alle Passanten niedertrampelnd und bespritzend, auch seine Freunde, die nicht so schnell umgekehrt waren

---

31 Die Bedeutung von Achilles für Sokrates s. u.
32 Platon, Phaidros, in: *Meisterdialoge,* übertragen von Rudolf Rufener, Lizenzausgabe 1970, Buchclub Ex Libris, Zürich, p. 188.

wie er.[33] Ein bemerkenswerter alter Bericht erklärte auch, daß die Anklage gegen Sokrates, er wolle neue Gottheiten einführen[34], bedeutete, daß er die Anbetung von Hunden und Vögeln empfahl.[35] Sein Lieblingsschwur *„pros kyna"* („beim Hunde") wurde in diesem Sinne gedeutet. Außerdem besteht kein Zweifel darüber, daß seine Tiernatur allgemein auf Xanthippe projiziert war, die er in den Anekdoten immer mit einem Pferd vergleicht, das schwierig zu reiten ist[36], oder mit einer Gans usw. Die Berichte, die sich mit dieser ganzen Frage befassen, scheinen mir zu dunkel zu sein, um definitive Schlußfolgerungen zu rechtfertigen, aber zumindest ist es wahrscheinlich, daß in Sokrates' Fall die Tiernatur eine ambivalente Rolle spielt: sie ist verachtet und zugleich „numinos". Das ist sicher mit seiner Entfremdung von der Natur und der Realität verbunden, die im Traum durch das Motiv des „schrolligen Phthia" kompensiert wird. Es unterstreicht gleichsam das „Staub bist du, und zu Staub sollst du werden". Sokrates lebte nicht nur den Sündenfall nicht, noch aß er als Folge davon „sein Brot im Schweiße seines Angesichts", bis er wieder „zu Erde wurde". Deshalb wird diese Rückkehr zur Erde erst im Tod hervorgehoben. Der lehmige Hohlweg, der zu Aphrodite führt (wie Parmenides sagt), ist auch der Weg des Todes, der zu Persephone führt.

Phthia ist eigentlich ein Bezirk in Thessalien, und letzteres, im Zentrum Griechenlands gelegen, war im ganzen Altertum bekannt und berüchtigt als das Land der großen Hexen, das Zentrum der Zauberei – wir brau-

---

33 Plutarch, „De Genio Socratis" in Opera moralia, und C. G. Jung, Englisches Seminar über die Deutung von Visionen, Zürich, Privatdruck 1930, Bd. I, p. 13 ff.

34 Platon, Apologia 23 d, übertragen von Kurt Hildebrandt, Reclam Verlag Stuttgart 1984, p. 28.

35 Scholie zu Platons Apologie 21 E. Vergl. auch O. Gigon a.a.O., p. 72.

36 Ebenda, p. 117.

chen z. B. nur an Apuleius' Erzählung „Der goldene Esel" zu denken. Es ist das Unbewußte, das Land des gefährlichen, bannenden Bildes der Mutter, der Mutter-Hexe, in das ihn die weiße Frau zurückführen wird. Der Name könnte möglicherweise auch noch auf eine andere Verbindung hinweisen: *phthino* bedeutet „dahinschwinden" – die aoristische Wurzel ist phthi –, und dies kann zusammen mit Sokrates' eigener Beschreibung des Landes als des Totenreiches durchaus in Betracht gezogen werden.

So viel kann aus dem Satz im Traum selbst abgeleitet werden, aber er bedeutet noch viel mehr. Er ist ein authentischer Satz aus der Ilias, und wenn wir Homers Kontext einfügen, erscheint ein weit umfassenderer Hintergrund. Dieser Satz stammt aus dem 9. Buch, in dem Abgesandte der Griechen kommen, um Achilles, der in seinem Zelt tobt, zu bitten, wieder in die Schlacht zurückzukehren. Achilles ist bekanntlich erzürnt, weil Agamemnon unrechtmäßig seine schöne trojanische Sklavin Briseis weggenommen hatte, um seine eigene Sklavin Chryseis zu ersetzen, die er auf Apollos Befehl ihrem Vater zurückgeben mußte.

Die Mission schlägt fehl, und Achilles droht, die Segel für seine Rückkehr in die Heimat Phthia zu setzen: „Alsdann siehst du, sofern du willst und solches dich kümmert, über den fischdurchwimmelten Hellespontos die Schiffe gleiten im Morgenrot mit emsig rudernden Männern. Gibt mir der mächtige Erderschütterer glücklichen Fahrwind, möcht' ich am dritten Tag zur scholligen Phthia gelangen. Vieles ließ ich daheim, bevor ich hierher gezogen; auch von hier noch will ich an Gold und rötlichem Erze, schöngegürteten Weibern und weißgrau schimmerndem Eisen nehmen, soviel ich erlost."[37]

---

37 Homer, *Ilias*, Neunter Gesang: übertragen von Hans Rupé, Heimeran-Verlag, 2. Aufl. 1961, p. 297 und 299.

Und weiter unten:

„Denn erhalten die Götter mich nur, und gelang' ich zur Heimat, dann wird Peleus[38] selbst gewiß die Gattin mir freien. Viel' achaiische Frauen bewohnen ja Hellas und Phthia, Töchter der edelsten Fürsten, die blühende Städte beherrschen; deren wähle ich, die mir gefällt, zur trauten Gemahlin. Oftmals trachtete dort mein mutiges Herz und verlangte, einer Ehegenossin vermählt, der gebührenden Gattin, mich der Güter zu freuen, die Peleus, der greise, gesammelt."   ·

Das geschieht jedoch nicht, sondern Patroklos kämpft in Achills Rüstung für die Griechen und fällt. Achilles wird dadurch wieder in die Schlacht hineingezogen, um ihn zu rächen und wird von einem Pfeil vom Bogen des Paris getötet, den Apollon lenkte.

Der Vers, der in Sokrates' Traum zitiert wird, spielt auf diesen ganzen Textabschnitt der Ilias an: Sokrates ist selber wie Achilles des Kampfes müde, er ist enttäuscht und beleidigt und würde gern in seine „Heimat" zurückkehren, wo er seine „Braut" finden könnte. Achilles ist eine Gestalt in Sokrates selbst[39]: er ist der Teil in ihm, dem es als einem *minynthadios* bestimmt ist, jung zu sterben, der nicht erwachsen werden konnte und um seine Vereinigung mit dem weiblichen Prinzip betrogen wurde, nach der er sich sehnte. Er ist auch ein Mann der Tat, dem Sokrates, der Denker und Redner, nie erlaubt hatte, sich zu entwickeln, der Held in ihm, der das Leben um jeden Preis leben wollte und es nicht konnte. Sokrates projizierte diesen „inneren Achill" zweifellos auf all jene jungen Freunde, die er sich bemühte „agathoi" (tüchtig) und „esthloi" (edel) zu machen und in denen er projizierend zu entwickeln versuchte, was in ihm selbst

---

38 Der Vater von Achilles.
39 Vergl. ebenso Casstelli a.a.O. S. 17 ff. Er kommt auch zu dem Schluß, daß Achilles eine innere Figur in Sokrates ist.

immer noch jung und vom Leben enttäuscht geblieben war.[40] Agamemnon kann ebenfalls als eine innere Figur in Sokrates verstanden werden: er ist der König und daher der viel zu rationale herrschende Geist in Sokrates, der Achilles seiner Geliebten beraubt. Man wird sich erinnern, daß der Pharmakos ein Feind von Achilles war.[41] Achilles, der „puer aeternus" in Sokrates, konnte sich nie durch die Vereinigung mit dem weiblichen Prinzip in ein „göttliches Paar" weiterentwickeln.

Achilles selbst wurde, wie Sokrates sicher wußte, in vielen Teilen Griechenlands rituell als Heros oder sogar als Gott verehrt, und besonders in Thessalien als halbgöttlicher, kurzlebiger Muttersohn. Seine Schwester war Philomela. Von ihm wurde auch geglaubt, er sei *apó dryós è pétras,* was heißt: „geboren aus einer Eiche oder einem Stein" wie Mithras. Seine Mutter Thetis ist eine Meeresgöttin, eine Nereide, die an vielen Orten als Schlange verehrt wurde; nach einer Version ist sie die Tochter des Zentauren Chiron. Nachdem sie ihrem sterblichen Gatten Peleus einen Sohn, Achilles, geschenkt hatte, wollte sie ihn unsterblich machen und härtete ihn jede Nacht im Feuer oder in heißem Wasser, aber die Ferse, an der sie ihn hielt, blieb verwundbar, und es war diese Stelle, an der er tödlich verletzt wurde. Nach einer anderen Version versuchte sie ihn mit ihren magischen Tricks zu töten, gab es aber auf, als Peleus sie auf frischer Tat ertappte. Obwohl der positive Aspekt des Mutterarchetyps in Sokrates' Traum zweifellos als jene weiße Frau zum Vorschein kommt, wird daher auch

---

40 Hier kann man einwenden, daß Sokrates bei der Episode im Delischen Krieg sehr heroisch war, so daß er den „Mann der Tat" lebte, aber in meinen Augen brach dieser „innere Achilles" nur von Zeit zu Zeit durch und wurde nie in Sokrates' Leben integriert.

41 Achilles ist der „schönste von allen Griechen", Sokrates der häßliche „kabirenähnliche" Mann, und doch ist Achill auch einer der Kabeiroi.

der dunkle tödliche Aspekt angedeutet, so wie die weiße Frau Sokrates auch ins Totenreich entführt.

Jung sagte einmal, der muttergebundene Mann sei in ständiger Gefahr, zu ihr zurückzulaufen, wann immer er auf die Enttäuschungen trifft, die das Leben bereithält, um von ihr zu bekommen, was er durch eigene Anstrengung nicht erlangen konnte. Das erinnert uns an die Episode im ersten Buch der Ilias, wo Achilles bei Thetis über den Verlust von Briseis klagt, die ihm geraubt wurde:

„Ungern ging mit ihnen die Jungfrau. Aber Achilleus brach in Tränen aus, setzte sich schnell, von den Freunden gesondert, hin ans schäumende Meer und sah aufs weite Gewässer, flehte dann laut zur Mutter mit ausgebreiteten Armen: Mutter, weil du mich nur zu kurzem Leben gebarest, schuldete mir der Olympier wohl besondere Ehre, Zeus mit donnernder Macht! Doch jetzt gewährt er mir gar nichts! Siehe, des Atreus Sohn, der gewaltige Fürst Agamemnon, hat mich entehrt und behält mein Geschenk, das er selbst mir entrissen!

Also sprach er mit Tränen; ihn hörte die herrliche Mutter, welche beim greisen Vater saß in der Tiefe des Meeres. Eilend tauchte sie auf aus den schäumenden Fluten wie Nebel, setzte sich dann dem bitterlich weinenden Sohn gegenüber, streichelte ihn mit der Hand und sprach zu ihm mit den Worten: Liebes Kind [42], was weinst du, und was betrübt dir die Seele? Sprich, verhehle mir nichts, damit wir es beide wissen! Seufzend aus tiefer Brust versetzte der schnelle Achilleus: Mutter, du weißt doch alles; was soll ich es dir noch erzählen?" [43]

Und dann erzählt er seiner „silberfüßigen Mutter" bitterlich wehklagend seinen Kummer und bittet sie, sich

---

42 Das griechische Wort ist „pepon" (Baby).
43 Ebenda, Erster Gesang, p. 25.

bei Zeus für ihn einzusetzen, daß er die Trojaner zum Vorrücken veranläßt:

„Ach, wenn du es vermagst, so hilf dem tapferen Sohne! Steig empor zum Olympos und flehe zu Zeus, wenn du jemals ihm das Herz erfreutest oder mit Taten ... Setze nun, daran erinnernd, zu ihm dich und rühr' ihm die Kniee, ob es vielleicht ihm gefalle, den Troern Schutz zu gewähren ..."[44]

Ihm erwiderte Thetis darauf mit bitteren Tränen:

Wehe, mein Kind, was zog ich dich auf, ich elende Mutter! Möchtest du hier bei den Schiffen doch frei von Tränen und Kränkung sitzen, dieweil dein Schicksal kurz dir bemessen, so kurz nur! Jetzt aber stirbst du so bald und mußt noch leiden wie niemand! Wahrlich, zu düsterem Los gebar ich dich doch im Palaste! Dies dem Donnerer Zeus zu verkündigen, ob er mich höre, geh' ich selber hinauf zum schneebedeckten Olympos. Du aber magst indes, bei den schnellen Seglern gelagert, zürnen dem Danaervolk, doch des Krieges enthalte dich gänzlich."[45]

(Es muß hier angemerkt werden, daß Thetis nicht mehr mit ihrem sterblichen Mann Peleus zusammenlebt, sondern im Meer mit dem Meeresgott, ihrem greisen Vater.)[46]

Unsere Berechtigung, Achilles als eine innere Figur des Sokrates anzusehen, beruht jedoch nicht nur auf dem Vers im Traum. In der *Apologia*[47] läßt Platon Sokrates folgendermaßen argumentieren: „Einige werden sagen: Schämst du dich nicht, Sokrates, über einen Lebenslauf, der dich wahrscheinlich an ein vorzeitiges Ende bringen wird? Ihm könnte ich höflich antworten:

---

44 Ebenda, p. 27.
45 Ebenda, p. 29.
46 Eine ganze Kette inzestuöser Verbindungen.
47 Platon, Apologia 28 b–d, p. o. p. 34 f.

Da irrst du: ein Mann, der etwas taugt, sollte nicht die Möglichkeit des Lebens oder Sterbens berechnen; er sollte nur überlegen, ob er beim Tun recht oder unrecht handelt – die Rolle des guten oder des schlechten Mannes ausführt. Nach eurem Standpunkt aber taugten die Helden, die in Troja fielen, nicht viel, vor allem der Sohn der Thetis nicht, der die Gefahr im Vergleich mit der Schande gänzlich verachtete, und als er so eifrig den Hektor erschlagen wollte, sagte seine göttliche Mutter zu ihm, wenn er seinen Kameraden Patroklos rächte und Hektor erschlüge, würde er selbst sterben. ‚Das Schicksal‘, sagte sie in diesen oder ähnlichen Worten, ‚wartet auf dich als nächsten nach Hektor.‘ Nachdem er diese Warnung erhalten hatte, verachtete er Gefahr und Tod aufs höchste, und statt sie zu fürchten, fürchtete er eher, in Schande[48] zu leben und seinen Freund nicht zu rächen. ‚Laß mich sogleich sterben‘, erwiderte er, ‚und von meinem Feind gerächt sein, als hier bei den spitzen Schiffen zu bleiben, ein Gegenstand des Gelächters und eine Last der Erde.‘ "

Wenn Sokrates freiwillig den Tod auf sich nimmt, so identifiziert er sich mit Achilles, der, anstatt nach Phthia zurückzukehren, bei der Rächung des Patroklos stirbt. Mit seiner Weigerung, in den allerletzten Stunden seines Lebens seinem Mutterkomplex zu gehorchen, läßt er den „Mann der Tat" durchbrechen, wie auch Achill sich in die Schlacht stürzte; er bricht durch die Schale des „mütterlichen" Bildes, das ihn bisher umhüllte, und im Sterben erreicht er sozusagen die Realität. Zweifellos erfuhr er den Tod deshalb als „Genesung von der Krankheit des Lebens", wie seine letzten Worte im *Phaidon* so schön andeuten. Nach dem Tode jedoch wird ihn seine Mutter, wie der Traum voraussagt, in die vorgeburtli-

---

48 Wörtlich als ein „kakos" (ein niedriger Mann, ein Knecht oder Leibeigener).

chen Felder heimholen, wo der „ewige Jüngling" in ihm endlich heiraten kann; er wird mit anderen Worten vollkommene Erfüllung finden. Die Legende[49] besagt, daß Achilles nach seinem Tod auf der Insel Leuke mit der schönen Helena vereinigt wurde. Die Mond-Insel Leuke ist die Heimat weißer Vögel.[50] Es scheint, als habe das Selbst die Geduld mit Sokrates verloren und alle Hoffnung, daß er sein Ziel je in diesem Leben erreichen kann, aufgegeben – der „Daimon" wollte ihm nämlich nicht erlauben, seine Verteidigung auf der *Agora* vorzubereiten.[51] Im Lichte all dieser Verbindungen gesehen ist es nicht mehr absurd, sondern wirklich bemerkenswert und bedeutsam, daß das Mittelalter Sokrates als einen Vorläufer oder eine Präfiguration Christi ansah, denn Augustinus interpretierte den Tod am Kreuz auch als Hochzeit mit der Mutter.

Das führt uns zur Erörterung eines weiteren Problems, nämlich wer denn dieser geheimnisvolle „Daimon" des Sokrates war? Zunächst erfahren wir von Xenophon, daß er ein *„semainein",* eine Andeutung war[52]; andere – unter ihnen Platon – beschreiben ihn als *„phone",* Stimme; er wurde auch göttliches Zeichen *(semeion)* und gelegentlich Laut *(echo)* genannt.[53] Plutarch zitiert die Theorie eines gewissen Therpsion, nach der er ein „Niesen" war, entweder das eigene oder das eines anderen, aus dem Sokrates offenbar ein mantisches Zeichen lesen konnte. Da es zu jener Zeit eine mantische Kunst des Niesens gab,[54] könnte dies auch eine Fehldeutung sein. Tatsächlich spielte der „Daimon" in Sokrates'

49 Johann Jakob Bachofen, *Versuch über die Gräbersymbolik der Alten;* Basel 1. Aufl. 1859, p. 73.
50 Ebenda, p. 9 (Philostratos = Heroikos, 1, 19).
51 Olof Gigon a.a.O. p. 167 (Auch in Platons Apologie berichtet).
52 Ebenda, p. 175.
53 Ebenda, p. 176.
54 Ebenda, p. 176.

Beziehung zu seinen Freunden eine wichtige Rolle. In der pseudo-platonischen Abhandlung „Der Große Alkibiades" lesen wir, daß der „Daimon" die Verbindung mit Alkibiades erst erlaubte, nachdem dieser seine früheren Ziele und Freunde aufgegeben hatte und bereit war für höhere Ziele und Beziehungen. Wenn ein Schüler Sokrates für eine Weile verlassen hatte und wieder Verbindung mit ihm aufnehmen wollte, verbot es der „Daimon". Ein anderer Schüler, Aristides, machte in der Philosophie große Fortschritte, während er mit Sokrates in Kontakt war, und verließ dann den Kreis, um an einem Feldzug teilzunehmen. Als er zurückkam, hatte er alle Fähigkeiten, ein Streitgespräch zu führen, verloren. Sokrates fragte ihn nach dem Grund für diesen Rückschritt, worauf er antwortete, er habe niemals wirklich etwas von Sokrates gelernt, sondern es sei eher der Anwesenheit des letzteren im selben Haus oder Raum zu verdanken, daß er weise wurde. Er habe die größten Fortschritte gemacht, wann immer er bei Sokrates saß oder ihn berührte.[55] Oft gab der „Daimon" durch Sokrates eine Warnung, wenn ein Freund aus dem Kreis etwas plante, und im allgemeinen war es seine Wirkung, zurückzuhalten und zu warnen, auch wenn es Sokrates selbst betraf; er war jedoch nie aktiv oder befehlend. In der *Politeia* sagt Sokrates zu Theages, er (Theages) sei von Natur aus für die Politik geschaffen, sei aber zu kränklich. Er selber (Sokrates) sei in einer ähnlichen Lage in bezug auf den „Daimon", aber man könne darüber nicht sprechen, denn es sei eine seltsame Sache.[56]

Im Lichte unseres heutigen psychologischen Wissens sollten wir offensichtlich dazu neigen, Sokrates' „Daimon" mit einem Teil seiner unbewußten Persönlichkeit gleichzusetzen oder sogar mit dem Selbst – und ich bin

---

55 Ebenda, p. 169.
56 Ebenda, p. 166 (vergl. auch Platons Apologie 31 d).

der Meinung, daß dies im Prinzip die richtige Deutung ist. Trotzdem müssen wir im Hinblick auf die völlig anderen Verhältnisse jener Zeit gewisse Unterscheidungen treffen. Zunächst kann man nicht umhin, auf die Tatsache zu stoßen, daß der „Daimon" über alle menschlichen Beziehungen des Sokrates herrschte. Dies bestätigt unsere frühere Entdeckung, daß der Eros in Sokrates' bewußtem Leben fehlte, mit anderen Worten daß seine Fühlfunktion vollständig im Unbewußten geblieben und an die Inhalte des Unbewußten gebunden ist. Seine einzige wahre Liebe galt der „Mutter" und damit dem Bereich der archetypischen Bilder. Deshalb fanden ihn seine Freunde oft so unbezogen. In Xenophons Symposion macht Antisthenes ihm folgende Vorwürfe: „Du bist immer derselbe, manchmal benutzt du den ‚Daimon' als Entschuldigung, wenn du nicht mit mir reden willst, und dann wieder hast du dich mit anderen Leuten angefreundet."[57] So scheint bei Sokrates das Selbst mit der Beziehungsfunktion, der Anima, kontaminiert zu sein, und es erscheint auch in einem bestimmten paradoxen Doppelaspekt, sowohl hell als auch dunkel. Es könnte mit dem alchemistischen Merkurius verglichen werden, der zugleich Trickster und Retter war. Von letzterem sagt Jung: „… er ist physisch und geistig … Er ist der Teufel … ein evasiver ‚trickster' und die Gottheit, wie sie sich in der mütterlichen Natur abbildet. Er ist das Spiegelbild eines mit dem *opus alchymicum* koïnzidenten mystischen Erlebnisses des Artifex. Als dieses Erlebnis stellt er einerseits das Selbst, andererseits den Individuationsprozeß und, vermöge der Grenzenlosigkeit seiner Bestimmungen, auch das kollektive Unbewußte dar."[58]

Da Sokrates sich nie dem *pyr aeizóon* (dem ewigen le-

---

57 Ebenda, p. 171.
58 C. G. Jung, in: „Der Geist Merkurius", in Ges. W. Bd. 13, p. 254.

bendigen Feuer) ausgesetzt und nie versucht hatte, sich mit dem „Daimon" zu einigen, blieb er ungewandelt, und das Selbst blieb mit dem Schatten und der Anima verschmolzen, übte aber als Folge davon einen mächtigen kollektiven Einfluß aus. Dies erklärt wahrscheinlich auch die Tatsache, daß der „Daimon" ihn jeweils nur zurückhält und warnt, ihm aber nie einen positiven Rat gibt: er versucht immer, ihn zur Introversion zu zwingen, seine Aufmerksamkeit nach innen zu lenken und so ein für allemal als Hebamme der ungeborenen Kinder *in ihm selbst* zu wirken. Gemäß dem Gesetz der Kompensation müssen wir annehmen, daß es Sokrates' Tendenz war, sich viel zu sehr mit äußeren Dingen zu befassen, und das erklärt, warum der „Daimon" nur als hindernder Faktor erschien. Vom psychologischen Standpunkt aus sind wir jedoch auch berechtigt, den „Daimon" mit den beiden Träumen zu verbinden – was die Philologen bisher nie unternommen haben –, denn in meinen Augen sind diese beiden Manifestationen Teile derselben unbewußten Persönlichkeit. Dann ist es allerdings nicht mehr richtig zu sagen, daß der „Daimon" nur als hindernder Faktor auftrat, denn der Traum gab Sokrates, indem er ihn drängte, „Musik zu machen und zu arbeiten", eine positive Andeutung. Die Feststellung, daß die Traumfigur in verschiedener Form immer wieder auftauchte – vermutlich manchmal als Gott, manchmal in Gestalt eines Tieres, eines Mannes oder einer Frau –, ist sehr bedeutsam. Da es keinen Versuch gab, mit den Inhalten des Unbewußten in Kontakt zu treten, mußten sie zwangsläufig verschmolzen bleiben.

In bezug auf das Übergewicht des hindernden Aspekts muß daran erinnert werden, daß Sokrates sich mit seiner Mutter identifizierte, d. h. seine Haltung gegenüber seinen jungen Freunden war eine weibliche, empfangende. Sein mütterliches Verhalten gegenüber seinen Freunden erscheint deutlich in einem seiner

Träume, der in Apuleius' Abhandlung *De Platone* wiedergegeben wird[59]: Sokrates träumte, daß ein Schwan vom Altar des Eros in der Akademie aufflog, sich auf seinem Schoß niederließ und sich dann, wunderbar singend, zum Himmel emporschwang. Als Sokrates einige Tage später die Bekanntschaft des jungen Platon machte, soll er gesagt haben: „Also das war der Schwan des Eros in der Akademie!" Die mythologischen Verbindungen mit dem Vogel Apolls sind schon in Karl Kerényis Buch *Apollon* amplifiziert worden.[60] Platon wurde vermutlich an Apollos Geburtstag geboren, am 7. Thargelion, und im *Phaidon* vergleicht Sokrates die Freuden der Seele vor dem Tod mit dem Schwanengesang. Ich möchte in diesen Traum nicht tiefer eindringen, da ich bei ihm, anders als beim Traum von Phthia, nicht sicher bin, ob er nicht eine spätere Erfindung ist. Wie dem auch sei, in ihm spielt er bezeichnenderweise die Mutterrolle: er nimmt den jungen Schwan auf seinen Schoß. Schließlich könnte der Traum doch echt sein, wenn man an Ekkermanns Kindheitstraum denkt, in dem er einen schönen Vogel fängt, was zweifellos auf seine spätere Freundschaft mit Goethe hindeutet.

Die Rolle der geistigen Mutter, die Sokrates spielt, erscheint auch in Platons Dialogen: er ist immer derjenige, der die Aussagen anderer prüft, der durch seine Praxis des Kreuzverhörs ihre Naivität zeigt, ihre Oberflächlichkeit und ihren Mangel an Logik; er ist aber niemals derjenige, der sein eigenes Wissen an den Tag legt. Diese Passivität des Geistes – der Mangel an Entschlossenheit, sich selber in einem schöpferischen Akt zu wagen – macht es dem Unbewußten unmöglich, seine Inhalte zu entfalten, weil es dazu ein starkes, aktives Ich als Gefäß braucht.

59 Lucius Apuleius, De Platone, Lib. I, 1–2.
60 K. Kerenyi, *Apollon,* Amsterdam, Pantheon-Verlag 1941.

Hier müssen wir uns fragen, welche Art von kollektiven Bildern – und in welcher Form – zu jener Zeit durchzubrechen versuchten? Die olympischen Götter waren unwirksam geworden, die ländliche Bevölkerung hielt sich wie immer an ihre örtlichen Kulte, während die Gebildeten von einer Art unbefriedigter Suche ergriffen waren, was typisch ist für Zeiten, in denen die religiösen Inhalte einer Wandlung unterliegen. Dann brachen die neuen Symbole des Unbewußten in zwei Formen durch: 1. in den Spekulationen der Naturwissenschaften, in deren Zentrum das Symbol des „Runden", des „sphairos", stand, die Idee des Kreislaufs der Energie, das Bild des runden Kosmos oder des wirbelnden Nous; 2. in den neuen esoterischen Mythen der Mysterienbewegungen, von Philosophie und Theologie gefärbt wie bei den orphischen und dionysischen Mysterien. Was Sokrates vermutlich davon abhielt, sich in letztere zu versenken, war seine Furcht vor der Hölle der drängenden Instinkte und der wilden Emotionen, war sein apollinischer Geist, wie Kerényi ihn nennt. Was ihn an den spekulativen Theorien der Naturwissenschaften abstieß, war – wie er in seiner Kritik an Anaxagoras sagt – die Tatsache, daß diese Theorien zu wenig auf Fakten gegründete Erklärungen enthielten. Diese beiden Bereiche unbewußter Symbolbildung, von denen Sokrates sich abwandte, brachen in Platons schöpferischem Geist wieder durch und konnten sich dort entfalten. Worauf Sokrates mit seiner Haltung hinzielte, war zweifellos eine schützende Stärkung der Ratio, des Ichbewußtseins des Mannes. Als ein von der Mutter umhüllter Mann mußte er zwangsläufig diese defensive Haltung einnehmen.

Es ist eine erwiesene Tatsache, daß die ganze Fülle der kollektiven Bilder sozusagen hinter diesem „Daimon" stand, wenigstens insofern, als diese Bilder oft von anderen auf seinen „Daimon" projiziert wurden. So berichtet Plutarch,[61] daß ein gewisser Böotier Timarchos entschlossen war, Sokrates' Daimon zu untersuchen, und zu diesem Zweck in die Höhle von Trophonios hinabstieg. Von der Dunkelheit umhüllt, erhält er einen Schlag auf den Kopf, durch den seine Seele den Körper verläßt, sich ausdehnt und, plötzlich aufblickend, kann er die Erde nicht mehr sehen, sondern nimmt feuerhelle Inseln von wechselnden Farben wahr, von runder Form, die sich drehend süße Musik von sich geben. In der Mitte liegt ein Meer, das die Inseln im Kreis umwirbelt. Feuerströme fließen durch zwei Zugänge in das Meer und peitschen es in rasender Wut auf. Im Zentrum dort ist ein tiefes kreisförmiges Loch, jäh und furchterregend, mit Dunkelheit gefüllt und vom Aufruhr überschäumend. Aus ihm heraus kann man das Heulen und Stöhnen von Tieren hören, wimmernde Kinder und die Schmerzensschreie von Männern und Frauen. Eine Stimme, die dem Wächter der Unterwelt eignet, erklärt ihm, daß die obere Sphäre der Inseln anderen Göttern gehört und die untere Sphäre in vier Teile unterteilt ist: in den des Lebens, der Bewegung, der Schöpfung und der Zerstörung. Teil eins und zwei sind durch das Unsichtbare verbunden, Teil zwei und drei durch den *Nous*[62] im Bereich der Sonne, drei und vier durch die Natur des Mondes. Die drei Moiren (Schicksalsgöttinnen) herrschen über diese drei verbundenen Sphären. Jede Insel hat einen Gott. Nur der Mond flieht vor dem Styx und wird von ihm alle 177 Sekunden Raumzeit eingeholt, wenn er bestimmter Seelen beraubt wird. Andererseits errettet der Mond die reinen Seelen vor weiterer Zeugung. Der *Nous,* der von außen in die Seele eintritt, ist der Teil, der den Menschen davor bewahrt, in den

---

61 Plutarch, De Genio Socratis, p. 22 ff., vergl. auch C. A. Meier, *Der Traum als Medizin,* Daimon 1985, Zürich, p. 101 ff.
62 Geist, kosmischer Geist, kosmische Intelligenz.

Körper und seine Leidenschaften hinabzusinken. Die Leute denken, der *Nous* sei eine Widerspiegelung in ihnen selbst, und meinen auch, sie seien in dem Spiegel und sähen aus ihm heraus, aber es ist wahrheitsgetreuer, dies den „Daimon" zu nennen. Nach weiteren Erläuterungen sagt die Stimme zuletzt: „Dies, lieber junger Mann, wirst du in drei Monaten genauer zu wissen bekommen – nun geh' fort." Er kam mit schmerzendem Kopf zu sich und starb drei Monate später – nachdem er darum gebeten hatte, neben Sokrates' Sohn Lamprokles begraben zu werden, was ihm zugesagt wurde.

Diese Erzählung zeigt besser als alles andere, wie vollständig der geheimnisvolle „Daimon" die Projektion des ganzen kollektiven Unbewußten auf sich zog – und ein unheimlicher Hauch von Tod und Zerstörung umschwebte ihn. Seine Wirkung war also nicht ohne Gefahr. Unter seinem Einfluß verbrannte der junge Autor Platon sein schöpferisches Werk und schrieb bis lange nach Sokrates' Tod nicht mehr. Da jedoch der schöpferische Impuls in ihm nicht durch ein solches bewußtes Eingreifen getötet werden konnte, brach er nach einiger Zeit von neuem in tieferer und klarerer Form durch. Trotzdem ist die dämonische Macht dieses Geistes in Sokrates unleugbar.[63]

Eine andere interessante Theorie wird von Apuleius in seinem *Liber de deo Socratis*[64] auf neuplatonischer Basis entwickelt. Es bezieht sich auf den ursprünglichen Abschnitt im *Symposion,* wo Sokrates eine Abhandlung über die Liebe wiederholt, die er früher von der Seherin

---

63 Siehe auch die „Krampffisch"-Anekdote im *Menon* (22), wo Menon Sokrates vorwirft, daß er „Zauberformeln gebraucht, um ihn zu verhexen", und vergleicht ihn mit dem „Krampffisch, der auch nie versäumt, jede Person zu betäuben, die ihn berührt oder sich ihm nähert".

64 Lucius Apuleius, Liber de deo Socratis; Ed. P. Thomas, Teubner 1908.

Diotima gehört hatte, die ihn in die Wissenschaft von den Liebesdingen einführte.[65]

„‚Was mag denn also der Eros sein?‘ fragte ich. ‚Etwa ein Sterblicher?‘

... ‚Ein großer Daimon, Sokrates; denn alles Daimonische steht in der Mitte zwischen Gott und Sterblichem.‘

‚Und was für eine Bedeutung hat er?‘ fragte ich weiter.

‚Er verdolmetscht und überbringt den Göttern, was von den Menschen kommt, und den Menschen, was von den Göttern kommt: von den einen die Gebete und Opfer, von den andern die Befehle und die Vergeltung für die Opfer. Er steht in der Mitte zwischen beiden und füllt die Kluft aus, so daß das All in sich verbunden ist. Durch diesen Dämonischen geht auch alle Mantik und die Kunst der Priester, die sich auf die Opfer und Weihen und Beschwörungen und auf alle Wahrsagung und Zauberei verstehen ... Diese Dämonen aber sind zahlreich und mannigfaltig, und einer von ihnen der Eros.‘“

Nach Apuleius sind die Götter ebenfalls ewige Wesenheiten, die von menschlichen Emotionen weder erreicht noch berührt werden können, noch eine direkte Verbindung mit den Menschen haben. Aber im Zwischenreich der Luft sind Luftwesen, die die Griechen „*daimones*“ nennen, die Gebete hin- und hertragen, sowie Opfer und göttliche Verkündigungen (sie sind *vectores precum interpetes salutigeri*). Sie sind es, die die wunderbaren Wirkungen der Magier und alle hellseherischen Geschehnisse in den Träumen herbeiführen, wie auch die Haruspizien, die Deutung des Vogelflugs usw. Sie sind wie *animalia* (Geschöpfe), die in der Luft leben und einen „feinstofflichen Körper“ (*concretio multo sub-*

---

65 Platon: Symposion, in: Sämtliche Werke, übertragen von Rudolf Rufener, Zürich 1974, p. 250 f.

tilior, i. o. *nubibus)*[66] wie Wolken haben. Die Luft ist eine „*media natura*", und dementsprechend ist die Funktion dieser „animalia" eine vermittelnde. Sie teilen mit den höheren Göttern das ewige Leben, mit den niedrigeren sterblichen die irdischen Leidenschaften; sie können günstig beeinflußt oder zum Zorn gereizt werden. Deshalb sind die „Dämonen ihrer Natur nach *animalia,* ihrem Geist nach *rationabilia* (vernünftige Wesen); ihrem Charakter nach sind sie der Emotion fähig, ihrem Körper nach luftig und der Zeit nach ewig." Bestimmte Menschen sind mit solchen Dämonen als persönlichen Schutzgeistern ausgestattet, sie sind *eudaimones,* d. h. sie haben einen guten Schutzgeist und sind glücklich. Dies ist die lateinische Vorstellung des *genius,* der Körper und Seele verbindet; in früheren Zeiten wurden sie *lemures* genannt. Mit den gebührenden Riten günstig gestimmt, werden sie nach dem Tode zum *lar familiaris,* sonst erscheinen sie als Geist oder „spektrum" (beide sind mit den römischen *manes* identisch). In späteren Zeiten wurden bestimmte von diesen *lares* allgemein in Kulten verehrt, z. B. Mopsus in Afrika, Osiris in Ägypten, Amphiaraus in Böotien. Sokrates hatte einen solchen guten Schutzgeist bei sich, als „*privus custos ... domesticus speculator, proprius curator, intimus cognitor, ad siduus observator, individuus arbiter(!), inseparabilis testis, malorum improbator, bonorum probator ... in rebus incertis, prospector, dubiis monitor, periculosis tutator, egenis optulator.*"[67] Er tut sich in Träumen, Zeichen oder im Notfall als konkretes Ereignis des Schicksals kund.

Soweit Apuleius, dessen Deutung besonders interessant auffällt, insofern sie zeigt, welche Art von Projek-

---

66 Lucius Apuleius, Liber de deo Socratis, Teubner 1908, Kap. IX, p. 17.
67 Kapitel XVI „... unser Wächter ... unser häuslicher Beobachter, unsere eigene Ordnungsmacht, ein Kenner unseres Innersten, unser ständiger Beobachter, unser untrennbarer Zeuge, ein Tadler un-

tion der „numinose" Hintergrund von Sokrates' Persönlichkeit später auf sich zog. Abgesehen davon müssen wir über folgende Frage nachdenken: Was sind diese Dämonen der Zwischenwelt, wenn man sie vom psychologischen Standpunkt aus betrachtet?

Die Götter repräsentieren offenbar die Archetypen in ihrem „psychoiden" absoluten Wesen, entfernt vom Bewußtsein; die Dämonen müssen andererseits als ewige Wesenheiten gleichermaßen archetypische Inhalte verköpern, aber einen Aspekt, der dem Bewußtsein näher ist, und besonders den Aspekt eines instinktiven dynamischen Faktors, der die Emotionen auslöst. Sie haben einen „feinstofflichen Körper" und sind wörtlich genommen daher relativ „vollständiger" inkarniert. In „Theoretische Überlegungen zum Wesen des Psychischen" sagt Jung, daß der Archetyp an sich vermutlich jenseits der bewußten Erfahrung liegt, d. h. er ist transzendent, und deshalb als psychoid definiert werden sollte.[68] Im Gegensatz dazu stehen die archetypischen Bilder, die uns das Unbewußte übermittelt. Der Archetyp gehört daher in einen Bereich, der in diesem Sinne[69] letztlich nicht psychisch genannt werden kann, obwohl er sich psychisch kundtut. Meiner Meinung nach verkörpern die Götter nach Apuleius' Theorie diesen Aspekt des Archetyps, die Dämonen dagegen ihre psychische Erscheinung im Unbewußten. So finden wir in diesen Deutungen des späten Altertums Versuche, den „Daimon" zu interpretieren, die an die christliche Idee der Inkarnation erinnern. Christus wurde als „wahrer Gott"

---

serer bösen Handlungen, ein Anerkenner unserer guten ... unser Vorwarner bei Unsicherheit, unser Mahner bei zweifelhaften Angelegenheiten, unser Verteidiger in Gefahr und unser Helfer in der Not."

68 C. G. Jung, „Theoretische Überlegungen zum Wesen des Psychischen", in Ges. W. Bd. 8, p. 240 ff.

69 Ebenda, p. 242.

und „wahrer Mensch" *(vere deus, vere homo)* definiert, aber im Doketismus oder in der Lehre gnostischer Texte ist die Verschmelzung beider Aspekte in einen noch ausgesprochen unsicher. Jedoch ist die spätantike griechische Theorie vom „Daimon" sozusagen ein erster Versuch zu einer Formulierung, die in dieselbe Richtung weist.

Das Erstaunliche an Sokrates' Leben ist, daß er nicht wie Pythagoras oder Empedokles die Rolle eines unsterblichen Dämons oder Gottes übernahm. Das führt uns zum positiven Aspekt seiner Zurückhaltung gegenüber dem schöpferischen Drang der unbewußten Bilder: diese Scheu oder Vorsicht verhütete eine schädliche Identifikation mit diesen Bildern und eine Inflation, wie sie so viele seiner Vorläufer überkam. Ich halte das für den Sinn der berühmten sokratischen Ironie. Sie wirkt wie ein konstanter Abwehrmechanismus gegen die Gefahr der Inflation in ihm selbst und bei anderen. Seine *eironeia* (Ironie) hatte auf andere oft die Wirkung von *alazoneia* (aufreizende Prahlerei). So gesehen, strebte Sokrates nach Erweiterung des Zeitbewußtseins mit dem Ziel, dem Ich eine stärkere und bestimmtere Abgrenzung gegenüber den Inhalten des Unbewußten zu geben. Sein Mangel an Interesse an den Spekulationen der Naturwissenschaften und der Mythologie und sein ausschließliches Interesse am Menschen kam vermutlich aus demselben Bedürfnis. Daher hatte Sokrates trotz seines oben beschriebenen Problems irgendwie mehr Individualität als ein Pythagoras oder Empedokles, und daher kann sein Schicksal als ein Beispiel für eine bestimmte Stufe des Individuationsprozesses angesehen werden. Was Platon Alkibiades im *Symposion* über Sokrates sagen läßt, ist in diesem Sinne höchst treffend. Er vergleicht ihn mit einer der unbedeutenden Silenen-Figuren am Straßenrand: „Und wie die gemeißelten Silenen gemacht sind, um (goldene) Götterbilder zu

84

umschließen, so umhüllt diese Maske eines Silen[70] göttliche Dinge." Das bedeutet, daß er archetypische Inhalte anzieht und sie in das Reich der menschlichen Seele bringt. Sokrates wird so als Schrein oder Gefäß (wieder in der weiblichen Rolle) beschrieben. Um ihn in dieser Rolle zu behalten, hinderte ihn der „Daimon" daran, im politischen Leben aktiv zu werden; darüber hinaus jedoch bemühte sich der Traum, ihn dazu zu bringen, daß er diesen Bildern von den Göttern eine schöpferische Wirklichkeit in der menschlichen Seele gab, und damit wurde der Weg für einen weiteren Schritt zum Bewußtsein vorbereitet, der aber erst später vollständiger vollzogen wurde: dunkel in der Alchemie und mit wachsender Klarheit in der modernen Psychologie. Zu jener Zeit war die Herausforderung des Unbewußten oder des Selbst – Sokrates hätte gesagt „ho Theós" – sicher zu schwer. Die Zeit war noch nicht reif für eine so weitreichende Zurücknahme der Projektionen aus dem Reich der Götter, und die Hochzeit des Achilles in Phthia, das Motiv der Hochzeit von König und Königin, das in der Alchemie so bedeutsam werden sollte, bleibt hier eine postmortale Erwartung. Der Tod enthält deshalb ein Versprechen und wird als Hochzeit des göttlichen Paares, zugleich aber auch als Rückkehr zur heimatlichen Erde und zur Mutter beschrieben. So viel ich weiß, ist es im Bereich der griechischen Kultur Sokrates, bei dem zum ersten Mal das Problem der Individuation aus der Stufe auftauchte, auf die Bilder völlig in die mythische Welt oder in die Natur projiziert waren, und dem individuellen Menschen nun merklich näher gebracht wurden – angekündigt im Symptom jenes tiefen Leidens und der schmerzhaften Spaltung, die das christliche Zeitalter bestimmen sollten.

Der Traum im *Kriton* enthüllt jedoch mit seiner An-

---

70 D. h. Sokrates.

spielung auf das Bild des antiken Heros Achilles und seiner Mutter sozusagen die verborgene individuelle Konstellation des Problems, das die Persönlichkeit des Sokrates so bedeutungsvoll und zugleich so schwierig zu verstehen macht. Deshalb scheint mir, wir haben doch das Recht, diesem „eigentümlichen Zwischenspiel", wie Gigon es nennt, eine tiefere historische Bedeutung zuzuschreiben.

DIE TRÄUME VON THEMISTOKLES
UND HANNIBAL

Es mag ziemlich gewagt scheinen, eine Deutung von Träumen zu versuchen, die weit in der Vergangenheit zurückliegen, weil wir dem Träumer keine Fragen stellen können. Selbstverständlich kann daher die Deutung solcher historischer Träume höchstens annäherungsweise sein. Andererseits haben Träume bekanntlich eine kompensierende Funktion, und unter diesem Gesichtspunkt kann es interessant sein, die bewußte Situation früherer Zeiten durch das Studium zeitgenössischer Träume zu rekonstruieren. Wir können daraus in bezug auf die uns bekannte historische Situation neue Schlüsse ziehen und sind so in der Lage, bestimmte Fragen zu beantworten, die die Historiker, die nur das bewußte Material vor sich hatten, nicht lösen konnten. Auch wir sind unfähig, unsere heutige eigene bewußte Einstellung an sich zu erkennen, weil wir viel zu sehr involviert und in ihr gefangen sind. Objektiv können wir unsere Bewußtseinseinstellung nur durch die Reaktion der Umwelt wahrnehmen, indem wir sehen, wie unser Bewußtsein im Spiegel des Unbewußten erscheint. In ähnlicher Weise können wir die bewußte Einstellung früherer Zeiten nur im Spiegel der Reaktionen des Unbewußten jener Zeiten sehen. Indem wir nicht nur das bewußte Material selbst, sondern auch seine Widerspiegelung im Unbewußten kennen, werden wir vielleicht ein vollständigeres Bild dieser früheren Geschichtsepochen erhalten können.

87

Ein dritter Grund, historische Träume zu untersuchen, liegt darin, daß sich die menschliche Natur in ihren tieferen Grundstrukturen innerhalb weniger Jahrhunderte nicht sehr verändert, so daß wir solche Träume immer noch als wertvolles Fallmaterial betrachten können, durch das es möglich ist, einige typische tiefere Reaktionen der menschlichen Psyche zu erforschen.

Die meisten der aus der Antike überlieferten Träume enthalten nur archetypisches Material.[1] Wir haben kaum gewöhnliche, alltägliche Träume aus früheren Zeiten, und außerdem stammen die meisten Träume von berühmten Menschen. Die einzigen Träume eines gewöhnlichen Mannes finden wir im Tagebuch des Ptolemäos, von einem Katochos im Serapion von Memphis. Sie bilden außer den vier großen Träumen der christlichen Märtyrerin Perpetua[2] die einzige Traumserie dieser Art, die uns zur Verfügung steht. Auch besitzen wir von den heiligen Orten der Inkubation eine Sammlung von Heilungsträumen.[3]

„Die Primitiven", sagt Jung,[4] „glauben an zwei Arten von Träumen: *ota,* die große Vision, gewaltig, bedeutungsvoll und von kollektiver Wichtigkeit; und *vudota,* den gewöhnlichen kleinen Traum. Normalerweise leugnen sie, gewöhnliche Träume zu haben, oder wenn, dann geben sie deren Vorkommen erst nach langem Beharren unsererseits zu und sagen: ‚Das ist nichts. Jeder hat das!' Große und wesentliche Träume sind sehr selten, und nur

---

1 Die Quellen sind hauptsächlich: Artemidoros, Oneirokritika; Cicero, De Divinatione; Synesius, De Insomniis; außerdem liefern Plutarchs und Suetonius' „Leben" das meiste Quellenmaterial von Träumen aus griechischer und römischer Zeit.

2 Diese Serie von Visionen habe ich vollständig in *Die Passio Perpetuae,* Neuauflage Daimon, Zürich, 1983, behandelt.

3 Siehe C. A. Meier: *Der Traum als Medizin,* Antike Inkubation und moderne Psychotherapie, Neuaufl. Daimon, Zürich, 1985.

4 Englisches Traum-Seminar, Band 1, Herbst 1928, p. 2.

ein großer Mann hat große Träume – Häuptlinge, Medizinmänner, mit Mana erfüllte Personen ... Unser übliches Vorurteil gegen Träume – daß sie nichts bedeuten – beruht wahrscheinlich auf der alten primitiven Auffassung, daß gewöhnliche Träume nicht der Rede wert seien ..."

„Vielleicht sind die letzten Spuren solcher Träume von öffentlichem Interesse in römischer Zeit zu finden. Die Tochter eines Senators träumte, wie ihr eine Göttin erschien und sie dafür tadelte, daß ihr Tempel durch Vernachlässigung verfalle, und bat sie darum, ihn neu aufzubauen. Also ging sie zum Senat und erzählte den Traum, und die Senatoren beschlossen, den Tempel neu zu errichten."

„Ein anderes Beispiel stammt aus Athen, wo ein berühmter Dichter[5] träumte, ein bestimmter Mann habe ein kostbares goldenes Gefäß aus dem Tempel des Hermes gestohlen und an einem gewissen Ort versteckt. Er glaubte nicht an Träume, und als der Traum zum ersten Mal kam, verwarf er ihn. Als er ihn zum zweiten und zum dritten Male träumte, dachte er, daß die Götter darauf beharren und alles wahr sein könnte. So ging er zum Areopag, dem Gegenstück des römischen Senats, und verkündete seinen Traum. Als man auf die Suche ging, wurde der Dieb gefunden und das Gefäß zurückgebracht."

„Die afrikanischen Eingeborenen sind nun von den Weisungen der Engländer abhängig, nicht mehr vom Traum ihres Medizinmannes. Es ist allgemeine Tatsache, daß die Medizinmänner oder Häuptlinge keine solchen Träume mehr haben, seit die Engländer im Lande sind. Sie sagen, der Verwalter wisse heute alles – die Kriegsgrenzen, die Grenzen der Felder, wer die Schafe getötet habe, usw. ... Darin zeigt sich, daß der Traum

---

5 Sophokles.

früher eine soziale und politische Funktion hatte, indem der Stammesführer seine Gedanken geradewegs vom Himmel bekam und sein Volk direkt aus seinem Unbewußten leitete."

Die Antike hatte zu den Träumen dieselbe Einstellung wie die Primitiven und nahm nur von großen oder von prophetischen Träumen Notiz, wenn sie sich buchstäblich erfüllt hatten. Das rührt ohne Zweifel vom speziellen Interesse für sie her, aber auch davon, daß die Menschen jener Zeit nicht fähig waren, die Dinge bewußt wahrzunehmen, und deshalb ihr Schicksalsmuster naiv lebten. Es gibt noch moderne Beispiele dafür; so ist etwa das Leben des Piloten und Schriftstellers St. Exupéry die naive Erfüllung der archetypischen Tragödie des puer aeternus; denn wo die Bewußtheit fehlt, gibt es keine Freiheit vom inneren Schicksal.

Erinnern wir uns kurz an das Leben des Themistokles (514–449 v. Chr.). Er war teilweise von thrakischer Abstammung, da nur sein Vater Athener war; daher war er in der attischen Kultur ein *parvenu*, ein Mann von geringer Bildung. Trotzdem war er ein Genie, von Natur aus eine Persönlichkeit; aber er war auch sehr ehrgeizig und hatte einen starken Machtkomplex. Nach der Schlacht bei Marathon soll er aus reiner Wut über den Ruhm des Miltiades geweint haben. Sein großer Rivale war der Aristokrat Aristides.

Wie bekannt ist, war Themistokles für die Erweiterung der Athenischen Flotte (als Gegensatz zur Phalanx der Infanterie) verantwortlich: er überredete die Athener, mit dem Geld aus den Silberminen von Laurion zweihundert Schiffe zu bauen. Gleicherweise verstärkte er die Häfen von Piräus gegen die drohende Invasion der Perser während des großen Krieges zwischen Hellas und Persien. Die griechische Flotte, die gegen die Perser kämpfte, wurde von einem spartanischen Admiral kommandiert, aber durch die schlaue Entsendung eines Boten zu Xerxes veranlaßte Themistokles letzteren, dort anzugreifen, wo es den Griechen paßte, nämlich bei Salamis, und dank dieser List wurde die Schlacht gewonnen. Durch seine weitherzige Politik in Athen, zum Beispiel durch die Aufhebung der Fremdensteuer, trug er viel dazu bei, die Macht der Stadt zu vergrößern.

Nach dem Sieg von Salamis verfiel Themistokles jedoch einer Inflation. Er ließ neben seinem eigenen Haus der *Artemis Euboulé* (vom guten Rat) einen Tempel bauen, mit dem Ergebnis, daß das Volk, welches er vor dem Angriff der Perser gerettet hatte, den Ostrazismus über ihn verhängte. Er wurde der Bestechung und des Verrats angeklagt. Er floh nach Argos, wurde von den Spartanern verfolgt, flüchtete wieder nach Korfu und von dort nach Kleinasien. Hierauf reiste Themistokles ohne Verzug zum persischen König (zu Xerxes oder seinem Sohn Artaxerxes) und ergab sich ihm. Aber der Zauber seiner Persönlichkeit war derart, daß dieser ihm die Stadt Magnesia sowie zwei weitere mit einem hübschen Einkommen schenkte, und er lebte dort mit seiner Familie bis zum Alter von 65 Jahren. Nach seinem Tode wurde ihm ein Denkmal errichtet, und er wurde als Gott verehrt. Auf den Münzen, die zu seinem Gedächtnis geprägt wurden, ist er mit einer Schüssel dargestellt, die er über einen geschlachteten Stier hält. Es scheint daher, als habe er priesterliche Funktionen ausgeübt; nach der späteren Legende soll er jedoch in Wirklichkeit das Blut eines Stieres getrunken und auf diese Weise Selbstmord begangen haben, weil er den Persern nicht gegen die Griechen beistehen wollte.

Unser Interesse führt uns in die Zeit zurück, da Themistokles von Korfu nach Kleinasien floh, immer noch unsicher, ob er es wagen sollte, direkt in das Lager seines ehemaligen Feindes zu gehen oder nicht. Er weilte als

Gast im Hause eines reichen Molosser-Häuptlings, der ein Freund der Perser war. Der Hauspriester Olbios sagte zu Themistokles, nachdem er das Abendopfer dargebracht hatte: „Laß die Nacht sprechen." Und es war in dieser verzweifelten, ausweglosen Lage, als Themistokles den folgenden Traum hatte:

„Eine Schlange wand sich seinen Körper hinauf und hatte seine Kehle erreicht. Genau in diesem Moment wurde sie zu einem Adler, der ihn auf seinen Flügeln davontrug und ihn auf einem goldenen Heroldsstab niedersetzte, und er war von seiner Furcht befreit."

Ohne zu zögern begab sich Themistokles als Frau verkleidet sogleich an den Hof des Perserkönigs. Er berichtete den Traum sowie ein Orakel des Zeus, die ihn zu diesem Schritt ermutigt hatten. Xerxes bot ihm 200 Talente an, – den Preis, der auf seinen Kopf gesetzt war, und schenkte ihm dann die drei Städte und die großzügigen Mittel zum Leben, die schon erwähnt wurden. Der persische Hof war über eine solche Geste natürlich aufgebracht, aber Xerxes hielt an seiner Entscheidung fest, seinen früheren Feind zu unterstützen.

Die Deutung des Traumes

Der Traum zeigt die typische Struktur des Dramas,[6] und das erste Hauptmotiv ist die Schlange, die den Träumer angreift.

Da es zur Schlange weitläufiges Amplifikationsmaterial gibt, möchte ich das Material in einige typische

---

6 a: Raum und Zeit: die Gegenwart.
 b: Dramatis personae: Themistokles, Schlange, Adler, Stab.
 c: Exposition: die Schlange windet sich zu seiner Kehle hoch.
 d: Peripetie: der Adler trägt ihn fort – Gefühl der Furcht.
 e: Lysis: er wird auf dem goldenen Heroldsstab niedergesetzt – seine Furcht schwindet.

Funktionen der Schlange unterteilen. In der Antike wurde die Schlange:

1. als ein Erdgeist angesehen (z. B. die Midgard-Schlange, Feindin der höheren Götter in der germanischen Mythologie).

2. als Seele des verstorbenen Helden, als Grab-Dämon (die Schlange kommt aus dem Kopf des Toten wie ein Wurm; Schlangendarstellungen auf Grabmälern mit einem Ei als Symbol der Wiedergeburt[7]).

3. als *genius loci* (Kekrops, der als *genius loci* von Athen auf der Akropolis lebt; ebenfalls der König Erechtheus, der als Säugling in einer Kiste gefunden wurde, die von einer Schlange umwunden war; und König Kychreus auf der Insel Salamis, der halb Schlange war und nach der Legende erschien, um die Griechen bei der Schlacht von Salamis zu ermutigen).

4. als positiver Heilungs-Dämon (die Schlange des Aeskulap,[8] Aarons Stab).

5. als Orakeltier, das die Seher inspiriert (im Märchen befähigt das Essen einer Schlange die Menschen, die Zukunft zu wissen und die Sprache der Tiere und Vögel zu verstehen. Der Seher Melampos hatte eine Schlange auf seinem Wappenschild).

6. als negativer Aspekt der Mutter (die Schlange des weiblichen Erddämons Hekate; ebenso Python, Gegnerin von Apollon, der Echidna, halb Frau, halb Schlange, oder Gaia, die Feindin des Herakles).

7. als Symbol des Geistes (Philo von Alexandrien sagt von der Schlange, sie sei „das am meisten geistige Tier, das man sich vorstellen kann, weil sie so schnell sei wie das pneuma, weder Hände noch Füße hat, lange lebt und ihre Haut wechselt, d. h. sich selbst er-

---

7 Siehe E. Küster, Die Schlange in der griechischen Kunst und Religion, Gießen 1913, p. 36 ff.

8 Siehe C. A. Meier, *Der Traum als Medizin,* Antike Inkubation und Moderne Psychotherapie, Daimon, 1985.

neuert"). In der alchemistischen Symbolik wie auch in den Osiris- und Sabazios-Mysterien war sie ein Symbol der Selbsterneuerung.

Die Schlange ist ein so paradoxes Symbol, weil sie als Feindin der höheren Götter und als Erddämon die Instinkte repräsentiert, während sie als „höchstes vorstellbares geistiges Tier" den Geist verkörpert. Ich möchte zum besseren Verständnis auf C. G. Jungs Aufsatz „Theoretische Überlegungen zum Wesen des Psychischen" verweisen, wo er das psychische Leben zwischen zwei Polen beschreibt:[9] dem Instinkt und den archetypischen Bildern und Bedeutungen des Instinkts, welche die Elemente des Geistes sind. Das archetypische Bild und der Instinkt sind getrennt, wenn wir sie theoretisch betrachten, aber sie sind im Strom des Lebens vereint. Es ist dieses Paradox, das die Schlange darstellt; sie ist Instinkt und die geistige Bedeutung des Instinkts zugleich. Wenn die Pole vereint sind, wird das oft durch die geflügelte Schlange dargestellt, aber es gibt auch das weitverbreitete Motiv der Feindschaft zwischen Schlange und Adler. Diese wird wunderbar von einem sumerischen Mythos illustriert:

Der Adler und die Schlange schließen vor Schamasch, dem Sonnengott, ein Bündnis der Zusammenarbeit, um gemeinsam für ihre Jungen zu jagen ... Der Adler jedoch beschließt, die Brut der Schlange zu essen, als er sie sieht, und darauf die Schlange zu vernichten, und er zerreißt die Jungen mit seinen Klauen. Darauf wendet sich die Schlange an Schamasch, und dem Rat des Gottes folgend fängt sie den Adler, indem sie sich in einem Ochsenkadaver versteckt und, ihm die Flügel und Klauen abreißend, ihn in eine Grube wirft. Der Adler wiederum bittet Schamasch, sein Leben zu retten, und

---

9 „Theoretische Überlegungen zum Wesen des Psychischen", in Ges. W. Bd. 8, p. 185 ff.

ein Mann namens Etana, der eine Heilpflanze für seine Frau sucht, wird herabgeschickt und nimmt den Adler aus der Grube, nachdem dieser versprochen hat, ihm zu helfen. Da fragt Etana ihn nach der Pflanze, und der Adler fliegt mit ihm zum Himmel hinauf. Als er das Himmelstor erreicht, kann er jedoch nicht weiter und besteht darauf, wieder hinabzufliegen; auf dem Weg nach unten stirbt Etana. (Der Mythos wurde später auf Alexander den Großen bezogen, der zwei riesige Vögel vor einen Korb gespannt und dazu gebracht haben soll, ihn hinaufzutragen, damit er das Himmelsgewölbe untersuchen konnte. ... Auf dem Weg hinauf traf er einen Vogelmann, der zu ihm sagte: „Du bist unwissend über die irdischen Dinge, warum wünschst du, die des Himmels zu verstehen? Kehre schnell zur Erde zurück, sonst wirst du die Beute dieser Vögel!").

Diese Feindschaft zwischen Schlange und Adler bedeutet, daß die Gegensätze von Geist und Instinkt auseinanderfallen können, was immer ein Zeichen für die Notwendigkeit ist, einen höheren Bewußtseinsstand zu erlangen. In Themistokles' Traum erscheinen die Gegenspieler Schlange und Vogel nacheinander in der Form einer typischen Enantiodromie.

Im Falle von Themistokles müssen wir den Aspekt der Schlange als *genius loci* betonen; er hat eine Berufung für sein Land, er wird vom Schicksal, vom Genius Athens „gerufen"; dies ist das Motiv der überpersönlichen Aufgabe. Eine kollektive geistige Macht ergreift sein individuelles Leben und treibt ihn in eine kollektive Rolle. Wie die Schlange sich an ihm hochwindet, so wird er von seinem Genius getrieben, er ist nicht länger sein eigener Herr, daher seine Inflation; er ist unmenschlich geworden. Wäre er in der Umklammerung der Schlange geblieben, so wäre er vielleicht geisteskrank oder kriminell geworden. Aber als die Schlange seinen Kopf berührt, verwandelt sie sich in einen Adler. Der Adler hat wie die Schlange ebenfalls viele Aspekte. Als Luftwesen ist er ein Symbol des Geistes. In einem melanesischen Mythos z. B. sendet der Zauberer seine Seele in Gestalt eines Adlers auf Erkundigung aus. Die Apachen glauben, daß göttliche Geister im Adler wohnen. Adlerfedern sind für rituelle Zwecke hochgeschätzt. Bei uns ist es der Vogel des Evangelisten Johannes, weil er, wie die Kirchenväter sagen, die Fähigkeit besaß, die Herrlichkeit Gottes zu schauen.

Der Adler personifiziert oft die Sonne und wie die Schlange auch das Prinzip der Selbsterneuerung. In einem alten sumerischen Mythos ist der Adler die Sonne selbst beim Aufgang oder in ihrem höchsten Stand. Nach antiken Mythen fliegt er zur Sonne hinauf. Als seine Federn verbrennen und abfallen, stürzt er zur Erde hinab, es wachsen ihm neue Federn, und er wird wieder verjüngt wie der Phoenix.

Er ist Heilsbote und Heilsbringer. In einem iranischen Mythos bringt der Adler die Gabe des Feuers und ist Mittler zwischen den Menschen und den höheren Mächten. Die Indianer glauben, daß der Adler als Schamane hinabgesandt wird, um bösen Taten und üblen Geistern entgegenzuwirken. In Griechenland ist er der Bote des Zeus.

Er ist auch ein Symbol von Macht und Führertum. Der Adler ist oft Führer von indianischen Stämmen. Im Wanderungsmythos der Azteken gründeten diese dort eine Stadt, wo sie ein Adlernest fanden. Der römische Imperator trug ein Szepter, auf dessen Spitze ein Adler stand. Jung sagt: „... der Adler schwingt sich hoch hinauf, er ist der Sonne nahe, er ist die Sonne, wunderbar, der Vogel des Lichtes, er ist der allerhöchste Gedanke, die große Begeisterung. Als z. B. Ganymed, der Bote des Zeus, vom Adler zu olympischen Höhen erhoben wird, ist es der Genius und die Begeisterung der Jugend, die ihn ergreift und zu den Höhen der Götter emporträgt. So

könnte man sagen, es war eine geistige, erhebende
Macht. ... Das ist es, was der Geist bewirken kann –
geistge Erregung, spirituelle Begeisterung; plötzlich,
nachdem er eine Zeitlang über eine Menge ge-
schwebt hat, pickt der Geist jemanden heraus und hebt
ihn hoch hinauf. Und die Schlange wäre *,la force
terrestre'.*" [10]

Im Traum von Themistokles wird die Schlange genau
dann zum Adler, als sie sein Gesicht berührt. Das Gesicht ist der wichtigste Teil des Kopfes, und der Kopf ist
der Sitz der geistigen Funktionen, der Sitz des Bewußtseins. Die Sinnesfunktionen sind zumeist im Gesicht lokalisiert: Sehen, Riechen, Hören und Schmek-
ken. Nach Auffassung der Alchemisten stellt der Kopf
im Mikrokosmos des Menschen die Himmelssphäre dar.
Wenn die Schlange, die bis dahin Symbol der instinktiven Triebkräfte war, die von unten kommen, das Gesicht
berührt, und besonders das Kinn, dann bedeutet dies,
daß diese blinden Triebkräfte nun bewußt geworden
sind und ins Feld des Bewußtseins einbrechen. Es bedeutet auch, daß ihre Dynamik sich durch den Mund
ausdrückt, vielleicht eine Anspielung auf Themistokles'
demagogische Macht. Doch auch so ist Themistokles
immer noch besessen, der Adler trägt ihn weit fort. Die
Umwandlung der Schlange in einen Adler weist wohl
auf seine „großen Pläne" hin, seinen Machttrieb und die
Begeisterung, die ihn trägt. Er selbst ist jedoch dabei als
menschliches Wesen völlig hilflos, daher sein Gefühl
des Entsetzens. In Wirklichkeit war er in einer äußerst
schwierigen Lage: er hatte innerlich jeden Kontakt mit
der Erde, und tatsächlich auch seine Stadt, seinen eigenen Boden, verloren; er war immer unter Fremden, immer in Gefahr. Jede große Inflation verursacht einen

---

10 Englisches Seminar über Nietzsches Zarathustra, Teil 1, Frühjahr
1934, p. 19.

solchen Realitätsverlust; Themistokles ignorierte zu
sehr die Psyche seiner Gefährten.

Nun kommen wir zur Lysis des Traumes mit der Erscheinung des goldenen Stabes. Der Stab bedeutet die
Abgrenzung eines Temenos sowie die objektive Führung, die bei einem Urteilsspruch maßgebend sein kann;
er ist ein Instrument der Ordnung; zum Ordnen der
Viehherde wird ein Stab gebraucht, und in diesem Sinne
halten auch Könige ein Szepter und tragen Medizinmänner einen Stab. Honorius von Autun nannte den Bi-
schofsstab die „auctoritas doctrinae". Als Szepter des
Königs und als römische *fasces* ist er ein Symbol der
Macht, das Urteil, das über Leben und Tod der Bürger
entscheidet. Um ein Stammesfest anzukündigen, sand-
ten die Eskimos Herolde mit gefiederten Stäben aus: sie
waren dadurch als geistige „Hirten" gekennzeichnet.
Der Stock oder Stab des Hermes war das Instrument,
mit dem er die Menschen in den Schlaf lullte oder sie
aufweckte, und das er auch gebrauchte, um die Toten zu
führen. Der Heroldsstab bedeutet auch bestimmte Gesetze, die über Widerstreit erhaben sind, „au-dessus de
la mêlée". Der Herold ist der Mittler zwischen den Ge-
gensätzen und birgt den Keim der Vereinigung in sich.
Deshalb waren in der Antike die Herolde mit ihren Stäben sakrosankt.

Die Lösung des Traumes besteht darin, daß Themistokles plötzlich auf dem Stab steht, einem gewandelten
Aspekt seines früheren Macht-Genius und Machttrie-
bes. Er ist dessen letzte und massivste Form. Im Symbol
des Stabes ist der Machttrieb verinnerlicht und zu einer
geistigen Autorität geworden; nun wird Themistokles
von seiner inneren Persönlichkeit *zwischen* den Gegen-
sätzen getragen. Er muß sich auf die innere Führung verlassen und seinem eigenen Feind, der ihn bedroht,
trauen. Themistokles hat das in der Außenwelt wirklich
getan, als er dem Perserkönig die Stimme seines Trau-

98

mes vortrug. Er mußte sich vollkommen der anderen Seite, d. h. dem Unbewußten, ergeben – deshalb halfen ihm die Götter.

Der Stab ist die dritte Erscheinungsform der Schlange und des Adlers. In der Alchemie ist die Schlange als Ouroboros, Drache usw. die erste Form der Wandlungssubstanz. Dann kommen der Adler und andere Vögel als erste sublimierte Form derselben Substanz, und am Ende haben wir das Gold als unvergängliches Ziel. Wenn wir diese alchemistischen Parallelen betrachten, können wir annehmen, daß der Stab mit Schlange und Adler identisch ist, aber was vorher Besessenheit durch Leidenschaft und Machttrieb war, hat sich nun zu innerer Festigkeit kristallisiert. Wir können daher sagen, daß der Traum Themistokles mitteilt: „Zuerst bist du gefangen und wirst vom Boden weggetragen. Aber stehe auf dem, was du bist, auf deiner eigenen inneren Basis, dann wirst du sicher sein." Aber wir müssen realisieren, daß ein Heroldsstab eine sehr kleine Basis ist, und tatsächlich hat Themistokles im Alter von 35 Jahren den ganzen Bereich äußerer kollektiver Aktivität verloren! Das war ein unglaublicher Wechsel in seinem Leben: von nun an hatte er ein zurückgezogenes Dasein mit Frau und drei Söhnen zu führen, wobei er vermutlich in seiner neuen Heimat gewisse religiöse Funktionen als Priester übernahm.

Ich möchte dieses Drama in Themistokles' Leben mit einer ähnlichen Situation vergleichen, die jedoch eine tragische Wende nahm und nicht zu einer solch positiven Lösung führte. Es handelt sich um den berühmten Traum Hannibals, des großen Führers von Karthago gegen die Römer. Er war ein Militärgenie und bei seinen Legionen außerordentlich beliebt. Zuerst möchte ich kurz an sein Leben erinnern:

Hannibal ist in der Atmosphäre des Hasses aufgewachsen, den sein Vater Hamilcar gegen die Römer hegte. Als er neun Jahre alt war, ließ sein Vater ihn im Baalstempel einen feierlichen Eid gegen die Römer schwören; und in frühem Alter nahm er ihn auf seine Feldzüge nach Spanien mit und trennte ihn so von seiner Mutter.

Zu der Zeit gab es zwischen den beiden Großmächten von Karthago und Rom einen Pakt, nach dem keine von beiden die Besitztümer und „socii" der anderen südlich bzw. nördlich des Ebro angreifen würde. Die Stadt Saguntum wurde darin jedoch nicht erwähnt. Dennoch war Hannibal durch seinen Angriff auf Saguntum moralisch dafür verantwortlich, den Krieg begonnen zu haben, ganz gemäß dem Eid, den er seinem Vater geschworen hatte. Seine berühmte Überquerung der Alpen mit Elefanten ist bekannt. Auf dem Weg über den Apennin verlor er beim Durchqueren eines Sumpfgebietes eine große Zahl von Männern und zog sich eine Augenkrankheit zu, durch die er die Sehfähigkeit eines Auges praktisch verlor. Nach seinem Überraschungssieg von Cannae versäumte er es, Rom sofort anzugreifen, wie es ihm sein Reiterführer Maharbal dringend riet, sondern er zog es vor, haltzumachen und sich umzugruppieren, wobei er seine Chance vergab. Rom erhielt nun Zeit, seine Verteidigung zu verstärken, und das Glück kehrte sich gegen ihn. Scipio ging nach Afrika, und Hannibal wurde in der Schlacht von Zama geschlagen. Trotz seiner Niederlage wurde er Suffete von Karthago, aber er wurde des Intrigierens angeklagt, floh zu Antiochos IV. von Syrien und zog erneut gegen Rom in den Krieg. Hannibal wurde wieder geschlagen und floh abermals, diesmal zu König Prusias von Bithynien. Dort wurde er wiederum verraten und beging kurz vor seiner Verhaftung Selbstmord, indem er Gift einnahm.

Nun berichtet Cicero in seiner Schrift „De Divinatione" folgenden Traum von Hannibal:

Hannibals Traum [11]

„Coelius [12] erzählte, daß Hannibal, als er Saguntum ein-
genommen hatte, träumte, er sei zu einem Rat der Götter
vorgeladen worden; als er dort ankam, habe Jupiter ihm
befohlen, den Krieg nach Italien zu tragen, und eine der
Gottheiten im Rat wurde ihm bei dieser Unternehmung
zum Führer bestimmt. Er begann daher seinen Marsch
unter der Führung seines göttlichen Beschützers, der
ihm einschärfte, nicht rückwärts zu schauen. Hannibal
konnte diesen Gehorsam nicht lange durchhalten und
gab seinem großen Verlangen zurückzuschauen nach.
Sogleich erblickte er ein riesiges, entsetzliches Ungeheuer, eine Art Schlange, die beim Vorrücken alle
Bäume und Sträucher und Gebäude zerstörte. In seiner
Verwunderung fragte er den Gott, was dieses Ungeheuer
bedeuten könnte, und der Gott antwortete ihm, daß es
die Verwüstung Italiens anzeige, und befahl ihm, ohne
Aufschub vorzurücken und sich nicht um das Böse zu
kümmern, das hinter seinem Rücken liege."
Später hatte Hannibal auf seinem Feldzug einen zweiten, weniger wichtigen Traum. In Ciceros Text ist zu lesen: „Coelius berichtet, daß Hannibal vom Tempel der
Juno Lacinia eine goldene Säule entfernen wollte, und
da er nicht wußte, ob sie aus reinem Gold oder nur ver-
goldet war, bohrte er ein Loch hinein; und als er sie aus
massivem Gold fand, beschloß er, sie mitzunehmen. In
der folgenden Nacht erschien ihm Juno und warnte ihn
davor, drohte ihm, daß er das eine Auge, auf dem er

---

11 Die Quellen, die ich benutzt habe, sind Cicero, De Divinatione
I 24.
12 Für diesen Gegenstand ist Coelius Ciceros Quelle.

noch sehen konnte, auch verlieren würde, wenn er das
täte. ... Daraufhin ersetzte er das Gold, das er der Säule
entzogen hatte, als er sie angebohrt hatte."

Was im ersten Traum zunächst auffällt, ist die Tatsache, daß der *römische* Göttervater Jupiter Hannibal in
den Rat der Götter bestellt. Es ist nicht, wie man erwarten würde, sein eigener phönizischer Gott Baal. Es
scheint daher eine Falle zu sein. Götter sind bekanntlich
Personifikationen von Archetypen. Wenn ihm also *römische* Götter einen Rat erteilen, heißt dies, daß er unbewußt eher sie als die eigenen Götter anerkennt, als seine
ihm angestammten. Seine unbewußte Persönlichkeit
verehrt die römischen Götter, bzw. die wirklichen Archetypen erscheinen ihm in der römischen Umgebung,
im Lager des Feindes.

Daß es sich beim Namen Jupiter nicht bloß um eine
„interpretatio romana" handelt, (d. h. daß Jupiter für
Baal gebraucht wird), ist dadurch erwiesen, daß im Text
von einem Götterrat gesprochen wird. Der karthagische
Baal war dagegen der Prinzgemahl Ishtars und nicht ein
Mitglied des Rates der Götter. Außerdem war ein chtho-
nischer Fruchtbarkeitsgott, sein Name wäre auf lateinisch eher mit Pluto, dem römischen Unterweltsgott,
übersetzt worden, mit dem er die größte Ähnlichkeit hat.
Zudem führt der zweite Traum die römische Muttergöttin Juno ein, was durch ihren Übernamen Lacinia (=
Lucina) bekräftigt wird. Dies bestätigt die Tatsache, daß
die Archetypen bzw. das Unbewußte Hannibals in römischer Einkleidung auftreten. Sein Unbewußtes war auf
die Römer projiziert. In diesem Sinne hatte Hannibal
wirklich seine Wurzeln verloren: er hatte Karthago mit
neun Jahren verlassen – und Karthago selbst war eine
Weltstadt mit sehr gemischter Bevölkerung. Außerdem
wurde er von seiner Mutter getrennt, und es ist im allgemeinen die Mutter, die ihren Kindern die Tradition des
Landes vermittelt.

102

Der erste Satz des Traumes zeigt schon die kommende Katastrophe an: „Trage den Krieg nach Italien". Das war ein großes Risiko. Die Stärke der Karthager lag in ihrer Flotte. Hannibals unglaubliche Strategie war eine griechische Tradition, die er, wie die Römer auch, übernommen hatte. Er wurde dazu verleitet, die Römer mit ihren eigenen Waffen zu bekämpfen, statt auf einem Seekrieg zu bestehen, wo die Römer schwach waren. Er hatte unbewußt seine höchsten Werte projiziert und in Italien investiert, daher war er so von diesem Land fasziniert. Vor dem zweiten Weltkrieg war es interessant, dasselbe Phänomen in den Träumen von Engländern und Deutschen zu beobachten, die beide vom Feind fasziniert waren.

Hannibal hatte sein eigenes Volk nicht hinter sich (Karthago war eine unabhängige Kolonie, nicht das „Reich"). Reine Rache war sein Ziel. Er kannte nichts anderes; er wurde von diesem kollektiven Ziel fortgetragen. Später beanspruchte er, der Verteidiger der griechischen Kultur zu sein. Aber da er keine Wurzeln hatte, weder in sich selbst noch in seiner Nation, war er zum Untergang verdammt.

Wer, müssen wir nun fragen, ist der „strahlende Jüngling" (wie er in Livius' Text genannt wird), der Hannibal führte? Er gehört zum selben Typ wie Merkurius oder der *puer aeternus,* eine typische Psychopompos-, d.h. Seelenführerfigur. Man könnte ihn auch Hannibals Genius nennen. Der römische Genius wurde immer außen erfahren; der inspirierende Faktor war projiziert und autonom. In der Antike war das Ichbewußtsein des Menschen noch zu schwach, um die inneren Faktoren direkt wahrzunehmen; er sah sie wie die Primitiven nach außen projiziert. So bedeutete der Genius den Kern der lebendigen unbewußten Persönlichkeit.

Der Genius sagte zu Hannibal, er dürfe nicht zurückschauen. Dies ist dasselbe Motiv wie im Mythologem von Orpheus, der Eurydike aus dem Hades führt, und von Lots Frau bei der Flucht aus der Stätte der Zerstörung. In Lots Fall durfte die Frau nicht zurückschauen, weil sie den Anblick von Gottes dunkler, rächender Seite nicht hätte aushalten können. Orpheus dagegen ist in einem Zustand, wo ihn Eurydike, seine Anima, die vergiftet worden ist, auch vergiften, d. h. ihn anlocken und ins Totenreich ziehen könnte. Ein weiterer Grund für dieses Tabu kann auch darin liegen, daß das Licht des Bewußtseins innere Entwicklungsprozesse unterbrechen kann.[13]

Die Schlange ist hier die negative Seite des Hermes-Genius und auch Hannibals eigener Schatten. Wahrscheinlich darf er ihn wegen seiner Schwäche nicht sehen. Er ist unfähig, seinen Doppelaspekt zu sehen, und wäre bei seinem Anblick zusammengebrochen.

Im Falle von Themistokles kam die dunkle Seite zuerst, wie wir uns erinnern; er lebte als junger Mann ein wildes Leben, und seine helle Seite entwickelte sich organisch aus den dunklen Wurzeln, während Hannibal in früher Jugend schon von seiner dunklen, erdhaften Seite abgeschnitten wurde.

Hannibals natürliche Neugier ließ ihn sich umdrehen, und er erblickte das riesige, schreckliche Ungeheuer. Die Schlange ist nach Jung auch die innere dunkle Massenseele. Hannibal wurde von einem politischen, kollektiven Ziel getragen, daher bestand die Gefahr, daß er lediglich zum Instrument einer kollektiven Tendenz wurde. Das enthüllt eine gewisse Schwäche seiner Per-

---

13 Dies ist das Motiv von Psyche, die in Nichtachtung seines Wunsches das Kerzenlicht auf ihren göttlichen Gemahl Amor richtet. Hier wird das Bewußtsein ausgeschlossen, weil es zu hell ist. In der Analyse bemühen wir uns, ein Konzept zu finden, durch das das Unbewußte passend ausgedrückt werden kann, aber manchmal wird dadurch das Wachstum in der Psyche abgetötet, indem etwas hervorgeholt wird, das noch nicht reif ist für das Licht.

sönlichkeit. Hitler z. B. war ebenfalls völlig von kollektiven Zielen und Mitteln getragen. Von einer privaten Person war nichts übriggeblieben. Das war die Schattenseite des Genius von Hannibal – und die einzige Heilung wäre freiwillige Einsamkeit gewesen. Aber Hannibal hatte sich nie wie Themistokles zurückgezogen und nie innegehalten, um nach der Bedeutung seines Traumes zu fragen. Der „strahlende Jüngling" prophezeite den Untergang Italiens, und das erwies sich als objektiv wahr: der Süden Italiens wurde verwüstet; dreihunderttausend Mann verloren durch den Krieg ihr Leben, vierhundert Städte und Dörfer wurden zerstört, es gab keine Bauern mehr, die Römer verloren das Reservoir der ländlichen Bevölkerung. Aber warum erlaubt der „lichte Jüngling" wohl Hannibal nicht, das Ungeheuer zu sehen? Hannibal war unbewußt ins römische Reich verliebt, bzw. von ihm fasziniert. Es lag kein Sinn darin, es zu zerstören; es wäre viel besser gewesen, es zu erobern. Da vom Unbewußten gezeigt wurde, daß göttliche römische Kräfte führend daran beteiligt waren, ist es klar, daß Hannibal dies nicht bewußt realisierte. Er war in einer Illusion befangen: von einer ritterlichen Idee des Krieges (so wie auch Napoleon von sich selbst als dem größten Kämpfer für die Sache des Friedens sprach!).

Der strahlende Jüngling ist nach Jung [14] eine Variante des Archetyps vom Hirten, wie etwa Orpheus, Poimandres oder wie der indische Gott Krishna. Er ist ein Gott, der die Herde der Menschheit führt. Von ihm fasziniert zu sein bedeutet für Hannibal, daß er sich danach sehnt, ein Gott zu sein, aber wenn er das tut, konstelliert er auch den Schatten dieses Gottes, die Schlange, ein großes zerstörerisches Ungeheuer. Wir können daraus schließen, meint Jung, daß er eine sehr hohe Meinung

---

14 Seminar über Zarathustra, Vol. IX, S. 75, Frühjahr 1938. Siehe auch Vol. X, p. 112.

von sich selbst hatte, vielleicht als eine Art Retter seines Volkes, und daß er nicht realisierte, welch schreckliches Monstrum er auch war. Aber das geschieht oft Menschen, die ihren Schatten nicht sehen. Sie denken, sie wollen nur das Beste für ihr Land oder für die ganze Welt, und rechnen nie mit dem, was sie tatsächlich bewirken! ... Das Ungeheuer steht auch für die innere Masse, das kollektive Unbewußte, die Massenseele des Menschen,[15] gegen die man sich nur behaupten kann, wenn man seine Seele nicht an eine Organisation verkauft und den Mut hat, ganz allein zu stehen. Hannibal konnte das von diesem Traum her gesehen offensichtlich nicht, aber der goldene Stab in Themistokles' Traum bedeutet gerade dies – die persönliche Einsamkeit.

In Hannibals zweitem Traum von der goldenen Säule droht ihm nun Juno mit dem Verlust des einen ihm noch verbliebenen Auges. Das Unbewußte spricht in diesem Traum als römische Göttin, und er gehorcht sofort. Normalerweise war er es nicht gewohnt, zu gehorchen. Als er z. B. am Hof von Antiochos IV. war, wurde ein Opfer dargebracht, und der Haruspex (Seher) erklärte, daß die Innereien des Kalbes eine Niederlage anzeigten. Hannibal, weit entfernt davon, sich dem zu unterwerfen, rief aus: „Traust du den Innereien eines Kalbes mehr als meinem eigenen Können?" Da war er einer Inflation erlegen. Dies zeigt, welche Bedeutung es für ihn hatte, Juno zu gehorchen, und es bestätigt nochmals, daß seine inneren Werte auf die römischen Götter projiziert waren. Als er mit seiner Armee den Apennin überquerte, stieß Hannibal in der Arno-Ebene auf einen Sumpf, in dem er seinen letzten Elefanten.verlor; dort zog er sich auch eine Augenentzündung zu und verlor ein Auge. Juno muß mit der Zerstörung des ersten Auges ebenfalls etwas zu tun gehabt haben. Die Schlange ist unter ande-

---

15 Ebda.

rem auch eine Personifikation des Sumpfes, so daß Juno sogar irgendwie mit der riesigen Schlange des ersten Traumes verbunden ist.

Das *eine* Auge ist das Motiv eines einseitigen Gesichtspunktes. Solche Unfälle sind, wie wir wissen, symbolisch für die Einstellung des Opfers; etwa verstümmelte Hände, wobei die rechte Hand das Handeln vom Standpunkt des Bewußtseins aus symbolisiert. Das Schlangenmotiv hat auch einen Bezug zur weiblichen Seite, von der Hannibal mit 9 Jahren widernatürlich getrennt wurde. Die Spanierin, die er heiratete, scheint in seinem Leben keine große Bedeutung gehabt zu haben. Er lebte ganz und gar für seine militärischen Aufgaben und war von seinem Ziel besessen. Deshalb war das weibliche Prinzip bei ihm mit dem kollektiven Unbewußten (Schlange) verschmolzen. Er wurde von Juno Lacinia, der Beschützerin der Geburt, bedroht. Lacinia leitet sich von lux = Licht ab: sie half dem Kind ans Licht – und war die Beschützerin der Augenbrauen. Hannibal kam mit der Anima, dem weiblichen Prinzip in ihm, nicht zurecht. Themistokles hatte dagegen, wie wir wissen, eine Frau, die ihm ins Exil folgte, und er lebte ein persönliches Leben. Er war fähig, die „andere" Seite und damit die weibliche Seite zu integrieren. Im Leben sehr maskuliner mächtiger Männer besteht die kritische Gefahr, daß sie die Kurve verfehlen, wenn sie diese Wandlung und Integration leisten müssen. Einige Indianerstämme versuchen, dabei zu helfen, indem sie einen solchen Mann in der zweiten Lebenshälfte Frauenkleider tragen lassen. Es bedeutet auch eine Abwendung von Aktivität zur Weisheit, von Führertum zu Zurückgezogenheit, Abgeschiedenheit und zu einer religiösen Einstellung zum Leben.

Das Gold des Stabes bedeutet den unzerstörbaren, unverderblichen, d. h. magischen Wert. Gold steht in Beziehung zum Sonnenprinzip, zum Bewußtsein jenseits von Zerstörung. Daß Themistokles auf dem Stab und nicht auf der Erde steht, bedeutet, daß er die Erde nicht außen entdeckt (dies wäre nur eine Enantiodromie, während es sich bei ihm um eine echte Wandlung handelt, die die Gegensätze übersteigt); die Macht, die ihn ergriff, wandelte sich in eine innere Erde, eine innere Basis, aber außen kann er sich nicht mehr viel bewegen. Er verstand diese innere Aufgabe und gab alle äußere Macht und Aktivität auf.

Es könnte interessant sein, die beiden Arten der Traumdeutung zu vergleichen, nämlich wie die Menschen in der Vergangenheit die Träume betrachteten, und wie wir sie jetzt sehen.

In der Antike wäre die Schlange als Dämon oder Gott von Athen gedeutet worden, der den Träumer ergreift, – als eine göttliche Macht also. Der Adler wäre vermutlich als Symbol der höheren Karriere und der goldene Stab als das Geld und die Sicherheit gesehen worden, die Themistokles am Ende seines Lebens bekommen hat.

Heute würden wir dagegen eher sagen, daß ein instinktiver Impuls den Träumer in eine kollektive Rolle trägt und zu einer Inflation und geistigen Erregung führt, die sein menschliches Leben gefährdet, aber sie kann noch in wachsendes Bewußtsein umgewandelt und zum Prinzip der Individuation werden.

Wir betonen die psychische Funktion der Träume, die Griechen die prophetische. Man sieht daran, wie wenig die Menschen der Antike sich ihrer Seele bewußt waren. Unsere Entwicklung über das Christentum war nötig, um uns den psychischen Faktor sehen zu lassen, und daher können wir erst jetzt diese Träume als inneren Prozeß verstehen. Sie illustrieren, wie mir scheint, einen sehr typischen und wichtigen Wendepunkt im Leben dieser beiden großen Männer und werfen außerdem ein Licht auf einige klassische Aspekte des Individuationsprozesses, wie wir ihn auch heute kennen.

DER TRAUM VON MONICA, DER
MUTTER DES AUGUSTINUS

Während Augustinus den beharrlichen und drängenden
Bitten seiner Mutter, sein liederliches Leben aufzugeben
und sich taufen zu lassen, widerstand – ihre Streitereien
waren derart, daß sie nicht mehr am selben Tisch essen
konnten –, hatte die Mutter Monica folgenden Traum,
den Augustinus in seinen *Confessiones III, 11* berichtet:

„Da sah sie im Traum sich auf einem Richtholz stehen, gramvoll, von Gram gebrochen, und da kam ein
lichter Jüngling auf sie zu und lächelte sie fröhlich an. Er
fragte sie nach dem Grunde ihres Trauerns, ihres Wei-
nens Tag für Tag, so wie man eben fragt, um aufzurichten, nicht um bloß Bescheid zu erfahren. Sie sagte, sie
härme sich über mein Verderben. Da hieß er sie getrost
sein, sie brauche ja nur schärfer zuzusehen, so werde
sie's gewahr: da, wo sie sei, da sei auch ich. Und als sie
nun schärfer zusah, erblickte sie mich, wie ich an ihrer
Seite auf demselben Richtscheit stand."

Augustinus fährt fort: „... Als sie mir dieses Gesicht
erzählte und ich's ihr so verdeuten wollte, daß vielmehr
gerade sie nicht daran verzweifeln dürfe, dereinst zu
sein, was ich schon war, gab sie mir schlagfertig zur Antwort: ‚Nein'. Es hieß nicht: Wo er, da auch du. Es hieß:
Wo du, da auch er.'"[1] Und Augustinus fügt hinzu, daß
jene Antwort ihn schon damals tiefer bewegt habe als
das Traumgesicht selbst.

---

1 Augustinus, *Bekenntnisse*, übersetzt von Joseph Bernhart, Fischer
Bücherei 1964, S. 48 f.

Das Leben des Augustinus (354–430 n. Chr.)

Augustinus wurde in Tagaste in der Provinz Numidien geboren. Sein Vater Patricius war ein Heide, der sich später zum Christentum bekehrt haben soll. Zu der Zeit, als Augustinus noch zuhause lebte, war sein Vater als sehr temperamentvoller Mann ein fanatischer Heide.

Augustinus wuchs also in einem geteilten Haushalt auf. Er hatte die leidenschaftliche Natur seines Vaters geerbt. Im Alter von zwölf Jahren ging er auf das Gymnasium in Madaura und fünf Jahre später nach Karthago. Dort wurde er Lehrer für Rhetorik und schrieb Lateinisch im rhetorischen Stil. Mit neunzehn Jahren las er den Hortensius von Cicero und gewann mehr und mehr Interesse an philosophischen und religiösen Fragen. Er wurde Anhänger (sogar „Auditor") der Manichäer, dank dem Einfluß ihres eleganten Rhetorikers und Meisters Faustus. Später kehrte er nach Hause zurück und wirkte als Lehrer in Tagaste. Seine Mutter machte ihm das Leben unerträglich, weil er nichts davon hören wollte, sich bekehren zu lassen; sie machte ihm so schreckliche Szenen, daß sogar der Bischof sie ermahnte. Dies ist die Zeit von Monicas Traum, der schon etwa neun Jahre später seine Erfüllung erfahren sollte. Damals war Augustinus noch nicht konvertiert, sondern ging nach Rom, wo ihn die manichäischen Lehren immer mehr enttäuschten. Er war deshalb froh, als man ihn im Jahre 384 als Lehrer nach Mailand berief und ihn so von den Manichäern trennte. In dieser Periode studierte er hauptsächlich die neuplatonischen Schriften.

Der Manichäismus ist ein dualistisches System. Sein Gründer Mani kam aus einer persischen Familie. Es wird von ihm auch gesagt, er sei der Sohn oder sogar der Sklave einer Witwe gewesen, von der er die Bücher der Weisheit stahl. Der Manichäismus hat Verbindungen zum Buddhismus. Er enthält in seiner Lehre indische, zoroastrische, babylonische und syrische Elemente. Die Sekte hat sich sogar bis nach Indien und China ausgebreitet.

Der Manichäismus lehrte die Existenz zweier Götter mit zwei Reichen, einem hellen und einem dunklen Kosmos, die völlig voneinander getrennt sind. Der gute Gott hatte verschiedene Boten, zu denen auch Christus gehörte, aber der Haupterlöser war Mani. Der Sohn der Dunkelheit war Ahriman. Der erste Mensch, Adam, fiel in die Dunkelheit, statt sie zu bekämpfen, und ließ seine Rüstung dort (die aus seinen fünf Söhnen bestand). So wurden Licht und Dunkelheit vermischt. Dann erschuf Gott die wirkliche Welt als eine Maschine, die die lichten Funken erretten sollte (das Zodiakalrad). Der individuelle Mensch wurde vom Teufel betrogen, aber es waren Lichtfunken in ihm, und er hatte die Aufgabe, sie zu befreien. Die Lösung bestand in der Wiederherstellung der Lichtfunken und in der völligen Trennung des Lichtes vom Dunkel. Dann würde die Welt verbrennen.

Wie in den meisten gnostischen Systemen hängt die Erlösung im Manichäismus von der Gnosis ab. Das Wort Gnosis bedeutet nicht eigentlich „Erkenntnis", sondern eine erlebte Erfahrung Gottes. Die Manichäer vergleichen sie mit dem Erwachen in der Dunkelheit: der Erlöser ruft, und die Seele antwortet; die Seele kann nur in einem selbst erlöst werden. Deshalb ist die Erlösung nicht so sehr von einem Ritual abhängig, obwohl dieses auch eine gewisse Rolle spielte; das hauptsächliche innere Erlebnis ist die Gnosis. Der Manichäismus ist eine Religion der Selbstbeherrschung und des Kampfes. Die Manichäer waren Vegetarier und betrachteten Pflanzen und Gemüse, darunter Melonen und Gurken, als besonders günstige Diät.

Diese dualistische Gottesanschauung befriedigt in gewisser Weise den Intellekt, weil sie die Existenz des Bösen erklärt. Aber für das Gefühl ist diese Lehre sehr deprimierend: sie ist zu pessimistisch mit ihrer absoluten Verdammung der Welt; außerdem widerstrebt die Idee der zwei Götter dem Gefühl, das Gott als eine letzte Einheit oder Vereinigung erfahren möchte. Es sind wahrscheinlich diese Tatsachen, die Augustins Enttäuschung über den Manichäismus zugrunde liegen.

Der eben erwähnte Gedanke des „Einen Gottes" wurde ihm durch den Neuplatonismus nahegebracht, welcher der christlichen theologischen Lehre schon nähersteht; er lehrte nämlich die Existenz des „einen guten Gottes", leugnet aber die Existenz des Bösen (das nach Augustins späterer Formulierung des Problems lediglich eine „*privatio boni*" ist), und betont so nur die helle Seite Gottes. Als sich Augustinus dem Neuplatonismus zuwandte, bewegte er sich jedoch immer noch in seiner psychischen Hauptfunktion, dem intellektuellen Denken, obwohl er eine Weltanschauung annahm, die es der minderwertigen Funktion schon eher ermöglichte, durchzubrechen.

Obwohl Augustinus sich dem christlichen Standpunkt durch das Akzeptieren des Neuplatonismus intellektuell angenähert hatte, war er immer noch deprimiert und unzufrieden. Ein Durchbruch seiner minderwertigen Funktion war nötig – ein Erlebnis, das geschieht, aber nicht willentlich herbeigeführt werden kann. Ein innerseelisches Ereignis ist erforderlich dafür. Augustinus begegnete nur dem großen Staatsmann und Bischof Ambrosius und studierte mit seinem Freund Alypius die Bibel. Er konnte die Heilige Schrift jedoch nicht akzeptieren, weil sie von seinem immer noch sehr intellektuellen Standpunkt aus aller Vernunft zuwiderlief. Aber Ambrosius lehrte ihn die Methode der allegorischen Deutung und öffnete ihm so die Tür zur Möglichkeit, die Bibel mit Verstand zu lesen.

Trotz der Tatsache, daß Augustinus der christlichen Lehre verstandesmäßig nun ganz allmählich näherkam,

112

gab es noch so etwas wie eine unbewußte Barriere in ihm, Christ zu werden. Laut Jung bestand die Bekehrung zum Christentum – bei diesen wenigen herausragenden Menschen, die wirklich danach strebten, Christus nachzufolgen – in der Opferung ihrer Hauptfunktion. Jung erklärt dies an den Beispielen von Origenes und Tertullian und erwähnt, daß Augustinus' Fall letzterem ähnlich war.[2] Auch er mußte seinen Intellekt opfern. Wir müssen uns deshalb fragen, wo Augustinus' Gefühle blockiert waren. Wahrscheinlich waren sie noch an seine Mutter gebunden. Deswegen hatte er wohl auch nie eine ernsthafte Beziehung zu einer Frau.

In Karthago hatte Augustinus das normale sinnliche Leben geführt und einen unehelichen Sohn gezeugt, den er Adeodatus nannte, und nach dessen Geburt er die Mutter entließ. Doch er las eine andere weibliche Begleitung von derselben Art auf. Das Problem der Keuschheit beunruhigte ihn aber immer mehr (d. h. psychologisch wollte er dem Mutterbild treu bleiben), aber er konnte sich nicht dazu entschließen, sein Leben mit „niedrigen" Frauen aufzugeben.

Die innere Spannung zwischen seinem Impuls und seinem stolzen Intellekt, der ihn ersterem widerstehen ließ, wurde jedoch zusehends drängender, bis er die innere Stimme nicht mehr abweisen konnte: Er hatte mit Alypius zusammengesessen, der den bitteren Konflikt kannte, der sich in Augustinus abspielte, als ein plötzlicher Tränenausbruch letzteren aus der Gegenwart seines Freundes forttrieb, worauf er sich im Garten schluchzend unter einen Feigenbaum niederwarf. Da hörte er die Stimme eines Kindes sagen: *„Tolle lege, tolle lege!"* (Nimm es, lies es, nimm es, lies es!) Alypius las gerade die Paulus-Briefe. Augustinus rannte zu ihm zurück, nahm die Bibel und öffnete sie bei Römer 13, 13 f. und

---

2 C. G. Jung, *Psychologische Typen*, ges. W. Bd. 6, p. 13, 21 f.

las schweigend: „... nicht in Fressen und Saufen, nicht in Wollust und Unzucht, nicht in Hader und Neid; sondern ziehet an den Herrn Jesus Christus und pfleget den Leib nicht so, daß ihr seinen Begierden verfallt." In der Beschreibung der Szene in seinen *Confessiones* sagt er: „Kaum war dieser Satz zu Ende, strömte mir Gewißheit als ein Licht ins kummervolle Herz, daß alle Nacht des Zweifelns hin und her verschwand." Und er fügt hinzu: „Denn du hast mich gewandelt hin zu Dir ...; nun stand ich fest mit ihr auf jenem Richtscheit des Glaubens, auf dem du mich vor so vielen Jahren ihr im Gesichte gezeigt hattest".[3]

Da er zu jener Zeit an Brustbeschwerden litt, die ihn arbeitsunfähig machten, gab er seinen Posten vor Beginn der Ferien auf und zog sich mit einigen Freunden auf den Landsitz Cassiciacum bei Mailand zurück, den ein Freund ihm überließ. Am folgenden Osterfest wurde er zusammen mit seinem Sohn und Alypius getauft. Seine Mutter hatte sich ihm angeschlossen und freute sich über die Erfüllung ihrer Gebete. Sie starb in Ostia, als sie sich nach Afrika einschiffen wollten.

Augustinus beschloß daraufhin, in Rom zu bleiben. Im Jahre 388 kehrte er nach Afrika zurück, wo sein Sohn vermutlich bald danach starb. Er führte in der Gemeinde Hippo (im Prokonsulat Afrika) ein mönchisches Leben und wurde im Jahre 395 ihr Bischof. Er verbrachte sein Leben in Kampf und Auseinandersetzung, vor allem mit den Manichäern, den Dogmatikern und mit *Pelagius,* einem Vertreter der „Erbsünde". Augustinus schrieb dann *De Civitate Dei.* Eines seiner letzten Werke war *De Trinitate,* das psychologisch hochinteressant ist, weil er darin die Hypostasen der Trinität mit psychischen Phänomenen und Prozessen vergleicht. Seine Auslegung der Genesis (in *Hexameron*) ist symbo-

---

3 *Bekenntnisse* VIII, 12, a. a. O. S. 148 f.

lisch von größter Bedeutung. Es ist, als hätte in dieser letzten Phase seines Lebens seine kämpferische Haltung schließlich einem reifen und vollen Verstehen der christlichen Wahrheit Platz gemacht.

Augustinus starb im Jahre 430 im Alter von 76 Jahren, als die Vandalen Hippo belagerten.

Die Deutung des Traumes

Wenden wir uns zuerst der Tatsache zu, daß *Augustins Mutter auf dem Richtholz des Zimmermannes,* steht: Das Richtholz (regula) wird meistens gebraucht, um eine einfache Linie oder ein Rechteck zu ziehen. Es erinnert an Josephs Beruf – in der Mythologie eines der ältesten Gewerbe. Das Handwerk stellt den ersten Versuch der Menschheit dar, die Natur zu überwinden, daher steht es allgemein symbolisch für eine wesentliche Aktivität, indem es zu höherer Bewußtheit führt. Da Schöpfungsmythen eine symbolische Darstellung vom Ursprung des menschlichen Bewußtseins sind, ist es nicht verwunderlich, wenn in ihnen oft bestimmte Handwerkskünste erwähnt werden; so machte in Ägypten der Töpfer-Gott die Welt, in Indien der Schmied-Gott, und der Zimmermann erscheint in Indien auch in der Rolle des Demiurgen (Rigveda). Während der Heilige Geist der spirituelle Vater Jesu ist, ist Joseph sozusagen sein dunkler, demiurgischer Vater. Das Richtholz ist das Instrument, mit dem er die Dinge gerade macht. So ist z. B. in den Kommentaren zum *I Ging* zu lesen: „Der Weg des Himmels ist rund, der Weg der Erde aber ist rechteckig und gerade." Auf Lateinisch bedeutet *regula* auch „Kanon", d. h. die Bücher der rechten Lehre im Gegensatz zu den Apokryphen.

In unserem Traum gibt es aber einen ungewöhnlichen Faktor: statt dieses Instrument in der Hand zu halten, *steht* Monica darauf. Sie gebraucht es in der falschen Weise. Das Richtholz stellt wahrscheinlich ihre christliche Animus-Überzeugung dar; diese ist zwar eine richtige Erkenntnis, die Monica aber nicht handhaben kann, wie eine Frau es tun würde, die ihren Animus bewußt einsetzt, z. B. zum Zwecke schöpferischer Arbeit. Wenn Monica andere überzeugen wollte, benutzte sie ihn in der falschen Weise, nämlich hartnäckig und eigensinnig. Der Bischof sah das und erkannte ihre unchristliche rigide Haltung, die es unmöglich machte, mit ihr zu diskutieren. Monica hätte wohl daran arbeiten müssen, ihren eigenen Standpunkt besser zu realisieren; sie hätte ihn dann anderen erklären können, statt ihn einfach ihnen aufzuzwingen. Ihre Überzeugung war eine Animus-Besessenheit, die aus dem kollektiven Unbewußten kam. Frauen nehmen oft den neuen Zeitgeist mit ihrem Animus auf, der ein *logos spermatikos* ist, – schneller als die Männer, weil häufig weniger skeptisch. Deshalb sind sie oft Trägerinnen neuer religiöser Bewegungen (vgl. die Dionysos-Mysterien, die Hl. Perpetua usw.[4]). Aber dann ist es oft eine Art unerklärliche fanatische Überzeugung, die sie ergreift. Wir müssen Monicas Situation betrachten: Sie war in ihrer Familie die einzige Christin. Es gab dort keine instinktive, intime Atmosphäre, die ihren Glauben unterstützte. Ihre Beziehung zu ihrem Gatten half nicht. Wenn eine Ehe so unglücklich wie die ihre ist, ist es für die Mutter natürlich, wenn sie sich ganz unwillkürlich zu sehr auf ihren Sohn konzentriert. Augustinus war aber kein schwächlicher Muttersohn; er leistete ihr Widerstand – und so empfing sie im Traum die scharfe Verwarnung, sich nicht um ihn zu sorgen, weil sie ihn sonst geistig kastriert hätte. Dies zeigt das Animus-Problem von Müttern, die darauf bestehen, ihre Meinung ihren Söhnen aufzuzwingen.

---

4 vgl. *Die Passio Perpetuae,* Daimon Verlag, Zürich, 1983

Dann fragt der lichte Jüngling sie: Warum jammerst du? Er sagt das, damit sie innehält, nachdenkt und sieht, was sie tut. Der Jüngling ist gewissermaßen der Bote Gottes. Psychologisch muß er auch eine innere Figur in Monica sein und deutet wohl, da er jung ist, auf einen neuen geistigen Aufschwung hin. In diesem Sinne ist er das Doppel ihres Sohnes, welches er ihrem Wunsch gemäß werden soll; sie möchte ihrem Sohn diesen Animus auferlegen. Daß diese Figur von ihrem Sohn getrennt erscheint, soll sie dessen bewußt machen, was sie projiziert. Er ist *hell,* d. h. er hat die Funktion der *Erleuchtung.* Wo eine a priori-Überzeugung herrscht, ist sie nicht assimiliert; eine lange stufenweise Entwicklung ist deshalb nötig, bevor sie auf menschliche Art verwirklicht werden kann. Das ist der Zweck der Erscheinung des Jünglings: er lehrt die richtige und menschliche Haltung. Darauf wurde schon im Motiv des Richtholzes angespielt, das als menschliches Instrument und nicht als Naturprodukt anzusehen ist. Der Geist hätte ja z. B. ebenso gut als Wind oder als Adler symbolisiert sein können.

Das Richtholz hat mit Messen zu tun, auch das ist eine menschliche Funktion (*anthropos panton metron* = der Mensch ist das Maß aller Dinge). Wir finden die Idee eines christlichen Maßes auch im Epheserbrief IV, 13 wieder: „bis daß wir alle hinankommen zur Einheit des Glaubens und der Erkenntnis des Sohnes Gottes, zur Reife des Mannesalters, zum vollen *Maß* der Fülle Christi." So wird hier der Leib Christi als Idealmaß für den Menschen (er ist die Gemeinschaft der Gläubigen) betrachtet.

Der Gedanke des Maßes erscheint in der Schrift auch in den Sprüchen Salomos, wo vom Schöpfer gesagt wird: „... aber du hast alle Dinge nach Maß, Zahl und Gewicht geordnet." Augustinus selbst schreibt im Kommentar zu diesem Vers, das bedeutet „in Gott selbst ...

117

Er, der die Zahl ohne Zahl ist, das Gewicht ohne Gewicht, das Maß ohne Maß ... etc."[5] Alanus ab Insulis
sagt, daß Zahlen die Ideen oder Modelle in Gottes Geist
seien.[6] Die Archetypen, die auch Zahlen sind, sind in der
Sapientia Dei, der Weisheit Gottes enthalten. Es gibt
auch interessante alchemistische Spekulationen, die sich
mit Wiegen und Messen befassen. Albertus Magnus sagt
in *Paradisus Animae,* daß Gott das Maß zugeordnet sei,
dem Sohn die Zahl und dem Heiligen Geist das Gewicht, und deshalb müßten wir unser Leben nach dem
richtigen Maß leben.

Das Problem von „Gewicht und Maß" taucht auch in
der psychologischen Arbeit auf. Dieses Motiv spielt oft
auf ein schwieriges Problem der Analyse an, nämlich bis
zu welchem Grade ein Traum-Motiv konkret oder eher
symbolisch genommen werden soll. Es gibt dafür keine
Regel. Wenn z. B. eine Person träumt, daß sie von jeman-
dem beleidigt wird oder jemand anderen beleidigt, der
den Schatten verkörpert, weiß man nicht, inwieweit dieser den inneren Schatten darstellt oder inwieweit der
Träumer, konkret genommen, auch die reale Person
meiden sollte. Dies ist eben ein Problem des Gewichtes
und des Maßes. Jung sagt, man müsse seinen Weg *erfüh-
len,* es sei eine Sache des *Fühlens,* das eine abwägende
und bewertende Funktion sei, eine gefühlsmäßige Verteilung von Gewicht und Maß. Der Sinn eines Traumes
wird nie durch Logik allein gefunden.

Ein arabischer alchemistischer Text sagt, daß Zahlen
das Band zwischen Körper und Seele sind; das spielt
wiederum auf das erwähnte Problem des konkreten und
des symbolischen (d. h. psychischen) Aspektes jedes Bildes an.

All dies paßt zu Monicas Situation: sie hat in ihrem

---

5 in *De Genesi* ad. litt. I, IV C. 3 & 8, Migne P. L. 34, col. 299
6 Migne, P. L., 210

Eifer, ihren Sohn zu bekehren, jedes Maß verloren. Der „lichte Jüngling" sagt: „Verhalte dich ruhig, sei aufmerksam und beachte, wo du bist, und du wirst sehen, daß dein Sohn auch dort sein wird." Er lenkt sie zu einer introvertierteren, bewußteren Haltung hin und will damit sagen: „Höre auf mit dem Streiten, durch das du nur Libido verlierst, deine Energie läuft einfach davon. Du mußt in deinem eigenen Interesse damit aufhören, wenn du deinen Sohn nicht verlieren willst. Deshalb betont der Engel, daß er dir schon nahe ist, was bedeutet: du würdest ihn nur wegstoßen, wenn du dich zuviel bemühst."

Der Traum zeigt ihr, daß ihr Sohn neben ihr steht: *das ist die Lysis des Traumes*. Sie ist das direkte Gegenteil der Tatsachen, die sie in der Realität kennt. Da es im Unbewußten keine Zeit gibt, kann man auch sagen, es ist, als habe seine Bekehrung schon stattgefunden. Dann wäre der Traum einfach prophetisch (d. h. eben wahr). Aber ich neige nicht dazu, zu glauben, daß dieses Motiv lediglich das zukünftige Ereignis von Augustins Bekehrung voraussagt. Vielmehr zeigt es dessen tiefere Ursachen und Verbindungen. Um sie zu entdecken, muß ich auf das zurückkommen, was ich schon angedeutet habe, nämlich daß die Bekehrung zum Christentum eine besondere psychische Wandlung war. Am Beispiel von Tertullian und Origenes sehen wir, daß sie das *Opfern der Hauptfunktion* einschließt. Tertullian opferte seinen Intellekt und gewann die Tiefe des Gefühls, durch die er zu seiner berühmten paradoxen Auffassung von Christus kam. Origenes dagegen opferte durch seine Selbstkastration seine Extraversion, seine Beziehung zur Außenwelt, und gewann den Reichtum des gnostischen Denkens.[7] Augustinus war dem Typ nach Tertullian ähnlich; bis zur Zeit seiner Bekehrung war er ein Denk-

---

7 vgl. dazu C. G. Jung, *Psychologische Typen*, a. a. O.

typ. Die Minderwertigkeit seines Gefühls zeigt sich in seinem bis dahin zügellosen Leben. Sein Gefühl war im Dunkel, bis es mit dem heftigen Durchbruch seiner minderwertigen Funktion hervorkam. Sein echtes Gefühl, das bis dahin an seine Mutter gebunden war, wandte sich nun Christus und der Kirche zu. Da Augustinus introvertiert war, hatte seine vierte Funktion notwendigerweise extravertierten Charakter und ging deshalb auf die äußeren Objekte zu, d. h. zur sichtbaren römisch-katholischen Kirche. Dies erklärt rückblickend auch, warum er die manichäische Verleugnung der Welt nicht mochte. Zur gleichen Zeit bot die römisch-katholische Kirche der unentwickelten Fühlfunktion ein monistisches System an. Nur das differenzierte Denken und Fühlen kann das Paradox aushalten, das minderwertige Gefühl jedoch möchte absolute Liebe oder absoluten Glauben finden. Die Gegensätze können daher durch letzteres nicht bewußt akzeptiert werden. Die ganze römisch-katholische Lehre ist dem Manichäismus entgegengesetzt, denn sie verneint den Dualismus und erklärt Gott zum *„summum bonum",* zum höchsten Guten. Aber woher kommt dann das Böse? Das ist die schwierige Frage, die der Manichäismus besser beantworten kann. Denn wenn Gott das höchste Gute ist, wo ist dann das Böse? Dieses wird manchmal durch den Ungehorsam des Menschen, den Aufstand der Engel oder Satans Fall erklärt. Daher hielten Augustinus und Basilius Magnus unter anderen das Böse für substanzlos, für eine bloße *„privatio boni".* Bei Augustinus war die Lösung eine Gefühlslösung: betont wird die Aufgabe des Menschen, dem Guten zu folgen. Das ist typisch für den Optimismus des frühen Christentums. Es war der Impuls einer Bewegung, die den Menschen über die dunkle Welt der Antike hinausheben wollte. Bei Augustinus war der Durchbruch der Fühlfunktion die Lösung. Die minderwertige Funktion, was immer sie auch sei, enthält den höchsten Wert, obwohl sie als das größte Handicap empfunden wird.

Augustins neue Gefühlshaltung der christlichen Kirche gegenüber steht im Gegensatz zur Tatsache, daß er zuerst ein fanatischer Gegner der Kirche war. Für einen intellektuellen Introvertierten wie er es war, bedeutete dies zunächst eine völlige Kehrtwendung. Das ist seine „imitatio Christi". Nach Ambrosius' allegorischer Belehrung begann die ruhelose Phase, bis die minderwertige Funktion mit großer Emotion durchbrach; das Gefühl überwältigte ihn durch die neue Funktion. Bis dahin war sein Gefühl, wie wir gesehen haben, in der Mutter verborgen; das ist typisch für einen Muttersohn, und wenn das Gefühl bei der Mutter untergebracht ist, steht jede andere Frau nur für eine niedere biologische Affaire! Sein Intellekt rennt allein umher. Es ist interessant, daß Augustins Mutter so schnell nach seiner Bekehrung starb; war sie für ihn nun überflüssig geworden, da sein Gefühl ein höheres Mutterbild gefunden hatte – die Ekklesia?

Wir sehen den Faden des Mutterkomplexes durch das Leben vieler bedeutender Männer laufen. Er gab ihnen eine innere weibliche Einstellung, die sie den Inhalten des Unbewußten gegenüber offen machte. Ein solcher Mann ist ein Gefäß für neue Ideen, er kann sich einer geistigen Bewegung anschließen. Wir sehen daran, daß der Mutterkomplex an sich nichts Krankhaftes ist – Dante wurde im Paradies von Beatrice als Mutterfigur geleitet! –, er bedeutet vielmehr eine innere Struktur, die auf positive oder negative Weise gelebt werden kann.

DIE TRÄUME DER MUTTER VON BERNHARD VON CLAIRVAUX UND DER MUTTER DES HL. DOMINIKUS

Als Aleth, die Mutter des Hl. Bernhard, schwanger war, träumte sie, sie habe einen kleinen weißen Hund mit rötlicher Färbung auf dem Rücken geboren, der sehr laut bellte.

Die Mutter des Hl. Dominikus träumte in derselben Situation, sie habe einen kleinen Hund geboren, der eine leuchtende Fackel im Maul trug.

Diese Träume erwecken den Anschein, als seien sie erfunden – nicht nur, weil sie so gut in die Situation passen, sondern auch deshalb, weil Hunde damals ein gängiges allegorisches Bild für Heilige und Weise waren. Aber sogar wenn ein Traum erfunden ist, drückt er, wie Jung sagt, trotzdem oft die unbewußte Lage aus. Der Erfinder hätte dann die passende Symbolik für diese beiden Männer gefunden, so daß der „Traum" dennoch vom Unbewußten inspiriert ist. Es ist wie wenn die Person, die den Einfall hat, mit einem unbewußten Faktor schwanger geht. Ich bin jedoch der Ansicht, daß diese Träume echt sind.

Bevor wir die verschiedenen Motive in diesen beiden Träumen diskutieren, sollten wir etwas über das Leben der beiden Heiligen wissen.

Das Leben des Bernhard von Clairvaux (1092–1153)

Der Hl. Bernhard wurde in Fontaines bei Dijon geboren. Sein Vater, ein Ritter namens Tecelin, kam auf einem Kreuzzug ums Leben. Seine Mutter Aleth, eine Tochter aus dem Adelsgeschlecht von Mon-Bar, war durch ihre Frömmigkeit bekannt und starb, als er noch ein Junge war. Da das Kind von schwacher Konstitution war, hatte sie beschlossen, ihn Mönch werden zu lassen, und er trat trotz einigen Widerwillens in die Gemeinschaft ein, die Robert von Molesmes 1098 in Cîteaux (Cistercium) gegründet hatte. Im Jahre 1115 wurde er zum Abt des Klosters von Clairvaux ernannt, das später das Hauptkloster der Zisterzienser wurde. Hier erwies Bernhard sich als wirkungsvoller Lehrer und Heiliger, der durch Berühren heilen konnte. Seine Wunder waren weitherum bekannt und die Pilger strömten massenhaft zu ihm.

Der Hl. Bernhard kümmerte sich um die Angelegenheiten der großen Welt und nahm an den wichtigsten kirchlichen Auseinandersetzungen teil. Auf der Synode von Troyes (1128) trug er dazu bei, die Anerkennung des neuen Ordens der Tempelritter durchzusetzen, der zum Kampf gegen die Mohammedaner gegründet worden war und später von Irrlehren und arabischer Alchemie infiziert wurde. Auf diese Weise wurden arabische alchemistische Geheimlehren nach Europa gebracht, wo sie sich bis ins 16. Jahrhundert erhielten. Nach dem Tode von Papst Honorius II. unterstützte Bernhard erfolgreich die Ansprüche von Innozenz II. gegen jene von Anakletus II. (dem „Antichrist"). Der Papst reiste mit dem mächtigen Abt an seiner Seite von Ort zu Ort. Dank ihm wurde die Spaltung der Kirche schließlich behoben.

Der Hl. Norbert hatte prophezeit, daß die Zeit des Antichrist nahe sei, nachdem es ihm in einem Traum offenbart worden war. Aber Bernhard glaubte nicht daran. Erst als später Anakletus (Petrus von Leone) auftrat, akzeptierte er Norberts Offenbarung.

Wie groß Bernhards Einfluß war, wird am Ausgang

124

seines Kampfes mit Abaelard deutlich. Obwohl moralisch stark, war er dem großen Gelehrten nicht gewachsen; als Fühltyp konnte er dessen subtilen Argumenten
nicht folgen – und doch reichte sein Wort aus, um dessen Verdammung durchzusetzen.

Als nächstes verwandte Bernhard seine Energie darauf, im Languedoc die Albigenser zu bekämpfen. Aber
der Kreuzzug, den er dort veranstaltete, verfehlte seine
Wirkung und verminderte seinen Einfluß in der Kirche.
Dies machte seinen Impuls, die Albigenser zu bekehren,
wieder zunichte, und er schrieb die Standhaftigkeit jener
„Hunde" angesichts des Todes der Macht des Teufels
zu![1]

Von Natur aus war Bernhard jedoch weder blindgläu-
big noch ein Verfolger und hatte, abgesehen von seinem
Fanatismus, einen edlen Charakter und eine konziliante,
diplomatische Haltung. Gebrochen durch die Härte gegen sich selbst und die unaufhörliche Arbeit starb er am
20. August 1153.

Das Leben des Hl. Dominikus (1170–1221)

Der Hl. Dominikus, Gründer des Dominikaner-Predi-
ger-Ordens, wurde 1170 in Calaroga im alten Kastilien
geboren. Er verbrachte 10 oder 12 Jahre in Valencia, wo
er hauptsächlich Theologie studierte. Er wurde im Jahr
1195 zum Kanonikus der Hauptkathedrale von Osma or-
diniert, seiner Heimatdiözese. Im Jahre 1203 begleitete
er den Bischof auf einer Gesandtschaft im Namen des
Königs von Kastilien wahrscheinlich nach Frankreich
oder Italien, wo seine bemerkenswerten diplomatischen
Fähigkeiten zum Zuge kamen.

Papst Innozenz III. beorderte ihn, unter den Albigen-

---

1 Sermo LXVI über das Hohelied II, 15.

sern im Languedoc zu predigen, und zehn Jahre lang war dies seine Lebensaufgabe (1205–15).

Die Albigenser des Languedoc stehen zu den Bogumilen von Bulgarien, den Patarenern der Lombardei, den Katharern usw. in Beziehung, deren Lehre der sogenannte Neo-Manichäismus war. Die Bogumilen lehrten z. B. die Existenz von zwei Göttern, Gott und Satan, wobei die materielle Welt das Reich des satanischen Herrn dieser Welt war. Deshalb lehnten sie die Welt vollkommen ab und waren große Asketen, die alle irdischen Besitztümer verweigerten. Sie empfahlen sogar Selbstmord durch freiwilliges Verhungern.

Dominikus kämpfte zwar an der Seite Simons von Montfort, aber er nahm nicht direkt am Kreuzzug teil und war kein Inquisitor. Seine Methode war es, mit den Albigensern zu reden und zu diskutieren, und er suchte sie durch die Predigt zu überzeugen. Nur wenn die Ergebnisse nicht seinen Hoffnungen entsprachen, nahm er Zuflucht zu Drohungen. In seiner letzten Predigt im Languedoc rief er bitter aus: „Viele Jahre lang habe ich euch mit Sanftheit ermahnt, durch Predigen, Beten und Weinen. Aber … wo Segnen nichts nützt, können Schläge helfen!"

Der Dominikanerorden bildete sich aus der kleinen Gruppe von Freiwilligen, die sich Dominikus bei seiner Mission unter den Albigensern angeschlossen hatten. Die volle Erlaubnis, den Dominikaner-Prediger-Orden zu gründen, erhielt er im Jahre 1218 von Honorius III. Es könnte scheinen, als habe Dominikus in seiner Enttäuschung über den Fehlschlag bei den Albigensern die Idee bekommen, selbst zu den Tataren am Dnjepr und an der Wolga zu gehen, um ihnen zu predigen. Das sollte aber nicht sein, und er starb durch unablässige Mühen und Strapazen neben der Härte seines arbeitsreichen Lebens erschöpft am 6. August 1221 in seinem Kloster in Bologna.

Die Deutung der Träume

Die Antike hat uns mit einer reichen Traum-Sammlung von Müttern berühmter Männer versehen. Deshalb können wir die Möglichkeit ins Auge fassen, daß die Träume dieser Frauen das Schicksal und die Bedeutung des Kindes enthüllen. Uns sind nicht viele moderne Parallelen bekannt. Jung war der Meinung, daß eine Frau während der Schwangerschaft im allgemeinen nicht gestört werden sollte, weil dies eine Zeit brütender Introversion sei. In alter Zeit wurde geglaubt, daß alles, was die Mutter beeindruckt, einen Einfluß auf die Seele des Kindes hatte. Man kann diese Träume daher von zwei Seiten sehen: als vorausschauende Darstellung des Schicksals des Kindes, oder als Enthüllung eines Problems der Seele der Mutter selbst.

Wir wollen die Träume zunächst vom ersten, naiven Blickwinkel her untersuchen, daß sie nämlich wirklich auf das Schicksal des Kindes hindeuten.

Die Symbolik des Hundes

Der Hund hat als Symbol viele Aspekte: In der Antike war er mit der dunklen Seite des Mondes verknüpft, verbunden mit der Göttin Selene (Mond), auch mit Artemis, der Göttin der Geburt, die Aktaion von Hunden in Stücke reißen ließ, als er sie beim Baden sah. Hekate konnte man bei Nacht wie ein Rudel Hunde heulen hören. Der dreiköpfige Wachhund des Hades, Zerberos, ist das Kind von Echidna (halb Schlange, halb Frau, Tochter von Gaia, der Erde) und von Typhon. Die anderen Kinder sind Chimaira, Skylla, Gorgo, der nemeische Löwe, der Adler des Prometheus, sowie Orthros, der Hund des Ungeheuers Geryon, den Herkules tötete.

Durch diesen Hund, ihren Sohn Orthros, brachte Echidna die Sphinx hervor.[2]

Der Hund im Motiv von Tod und Wiedergeburt

Sirius, der Haupt-Stern im Sternbild des Großen Hundes, das mit der Sonne auf- und untergeht, ist mit der Zeit der größten Hitze, der Sommersonnenwende, verbunden. Der Hund erscheint in den Mithras-Mysterien als eines der Tiere, die den sterbenden Stier anspringen. Der Tod des Mithras als Stier ist der Augenblick der größten Fruchtbarkeit. Hunde wurden zur Zeit der größten Hitze der Hekate geopfert, wenn die Pest drohte (Sirius-Periode). Isis, die ägyptische Göttin, reitet auf einem Hund. Es gab in der Antike ein Wortspiel mit Kyon und den Genitiv Kynos = der Hund, wobei Kyon, Kyontis ‚schwanger sein' bedeutete. Deshalb war Kyon, der Hund, mit der Schwangerschaft verbunden; der Hund gehörte zur Muttergöttin.

Das Heilungs-Motiv des Hundes und seine Rolle als Psychopompos

Hunde waren auch ein Attribut des Aeskulap; sie waren seine theriomorphe Erscheinung. Wegen ihrer Witterung wurde den Hunden Opfer gebracht. In Ägypten hilft der schakalköpfige Hund Anubis der Isis, die Glieder von Osiris einzusammeln, von denen alle außer dem Phallus gefunden wurden, der vom Fisch Oxyrynchos verschluckt worden war. Der Hund spielt deshalb auch die Hauptrolle beim Totenritual: Hunde sind die Priester des Anubis, deren Amt es ist, aus den Leichen Mu-

---

2 Zur Symbolik des Hundes vgl. C. G. Jung, *Symbole der Wandlung*, Ges. W. Bd. 5, p. 302 ff.

mien zu machen. Im alten Persien wurden die Leichen den Hunden zum Fraß vorgeworfen; auch wurde ein Hund ans Bett eines Sterbenden geführt, der ihm einen Bissen gab, damit die Hunde seinen Leib verschonten, genau wie bei Herkulus, der dem Zerberos auf seiner Reise in die Unterwelt Honigkuchen gab. Auf Grabmälern sind oft Figuren von kleinen Hunden zu sehen, denn die Hunde zeigen den Weg ins Jenseits. In der Mythologie der Azteken führt ein kleiner gelber Hund die Menschen in die jenseitige Welt.

Wir finden das Hund-Motiv auch in den gnostischen Systemen. Hippolytos sagt in seiner „Widerlegung aller Irrlehren",[3] wo er über den Stern des Hundes und vom Kleinen Bären als eigentlich einem Hund spricht, folgendes: „Der Große Bär ist die erste Schöpfung, sein Weg ist der einer Schnecke oder eines Rades und läuft rückwärts. Der Kleine Bär ist eine Nachahmung und die zweite Schöpfung, die enge Pforte zur Erlösung, weil er zum Sternbild des Hundes gehört. Der *Logos* ist ein Hund, er schützt die Schafe vor den Wölfen, er erschafft den Kosmos, d. h. die Ordnung. Wenn das Sternbild des Hundes aufgeht, verdorren alle Pflanzen, die noch keine tiefen Wurzeln geschlagen haben, also ist der Hunde-Stern ihr Richter. Auf dieselbe Weise richtet der Hund als *Logos* die Seelen, wenn sie ihre tieferen Wurzeln noch nicht gefunden haben." In einem gnostischen Text lesen wir auch von einer blauen, hundegestaltigen Frau, die von einem ityphallischen Mann verfolgt wird; sie ist daher die Mond-Gefährtin in einer dunklen *coniunctio* (Vereinigung).[4] Die *Logos*-Form des Hundes wird auch in der christlichen Symbolik betont, d. h. er ist ein Bild Christi: milde gegen die, die ihn annehmen, und gefährlich für seine Gegner. Der Hl. Gregor nannte fromme

---

3 Elenchos IV, XLVIII, 10 ff.
4 Elenchos V, 20.6.

und gelehrte Männer Hunde. Paulus wurde mit einem indischen Hund verglichen, der halb in der Erde und halb im Wasser lebt.

In der alchemistischen Symbolik zeigt der Hund den Beginn der Wandlung an, er ist ein Symbol der *prima materia*. So schreibt Ventura, der Arnaldus zitiert, vor: „Brich die kleine Hündin in Stücke *(frange caniculam)*", wobei die Hündin wie auch der Hund ein Symbol der *prima materia* sind, die zerstört werden muß, um gewandelt zu werden. Ein Hermes-Zitat bei Calid sagt, daß man „den koraszenischen Hund und eine armenische Hündin" nehmen muß, die „einen Hund so blau wie der Himmel hervorbringen werden, ... der dich und deinen Freund vor deinem Feind beschützen und dir überall helfen und immer bei dir sein wird, in dieser Welt und in der anderen."[5]

Der realistische Aspekt des Hund-Bildes

Cuvier sagte einmal: „Der Hund ist eine der größten Eroberungen des Menschen!" Er wird bei der Jagd und als Beschützer gebraucht. Er ist zugleich reine Natur und doch am meisten auf den Menschen bezogen; psychologisch stellt er den idealen Kontakt des Menschen zum Instinkt dar. In der Volkskunde ist er bekannt wegen seinem unglaublichen Spürsinn und man sagt, er sehe die Zukunft voraus. Hunde wissen es, wenn Leute sterben, und manchmal verhungern sie am Grab ihres Herrn. Sie sind so sehr der Spiegel des Menschen, daß sie wirklich unser *alter ego* darstellen. Beispiele dieser engen Gemeinschaft sind reichlich vorhanden; man denke nur an Friedrich den Großen und seine „Bichette".

---

5 Siehe auch das „Rosarium" und das Zitat in C. G. Jung, „Die Psychologie der Übertragung", in Ges. W. Bd. 16, p. 178.

Wir wollen nun die Symbolik des Hundes auf die beiden Träume anwenden:

Der Hund hat seine Unabhängigkeit verloren und ist von uns abhängig geworden. Jene beiden Heiligen waren auch die Diener eines Meisters: Christus. Dies ist das Motiv der Katochē.[6] Sie sind Gefangene eines besonderen Schicksals: jeder Impuls, ihr eigenes Leben zu leben, wird kontrolliert, sie sind wirklich die Hunde Christi[7], dienend in dieser Welt und als Hunde zur Hoffnung der anderen Welt führend. Sie halten auch die Herde zusammen, wobei die Häretiker die Wölfe oder „die kleinen Füchse sind, die die Reben verderben."[8]

Diese „Hunde" haben jedoch auch einen negativen Aspekt, denn sie dienten nur einem Standpunkt; sie befaßten sich nicht mit dem Problem der Zeit. Bernhard war nicht fähig, mit Abaelard zu diskutieren, er „bellte" ihn nur an! – und Dominikus „bellte" die Albigenser an. Wir dürfen nicht vergessen, daß dies die Zeit der beginnenden Inquisition war, die durch reine Machtmittel alle häretischen Bewegungen auszumerzen versuchte. Dadurch wurde jedoch die religiöse Auseinandersetzung immer fanatischer. Eine solche Konfliktlösung ist keine Lösung; aber zu jener Zeit war der Mensch nicht fähig, sich mit dem Problem in einer individuellen und humanen Art zu beschäftigen.

Diese beiden Männer waren Fühltypen, keine scholastischen Meister, sondern durchdrungen von der Treue zu ihrem Gefühl. Bernhard konnte durch Berührung heilen. Das erinnert an das Motiv vom Hund des Aeskulap und auch an Anubis. In gewissem Sinn heilte Bernhard auch die Kirchenspaltung. Wenn ein Mann auf diese Weise einer inneren Linie folgt, die nicht seine bewußt

---

6 siehe *Passio Perpetuae*, Daimon Verlag, 1983, p. 71 f.

7 In einem Wortspiel nannten sich die Dominikaner selber „Domini canes" = Hunde des Herrn.

8 Das Hohelied II, 15.

erworbene Weltanschauung zu sein scheint, heißt das
vermutlich, daß seine instinktiven Überzeugungen von
der Mutter kommen: sie hat ihre gefühlsmäßigen Ansichten ihrem Sohn eingepflanzt, wie etwa im Falle Augustins; aber dann wird der Sohn einfach von einem
ungeprüften Impuls getragen, er umgeht den inneren
Konflikt des religiösen Zweifels und bekämpft den
Zweifel folglich in der *Außenwelt*. Abaelard versuchte,
den Aristotelismus mit dem theologischen Denken seiner Zeit zu versöhnen, den Realismus und den Nomina-
lismus in seinem Konzeptualismus zu vereinen; er
versuchte, in Paradoxien zu denken und gleichzeitig den
Konflikt im wirklichen Leben auszuhalten. Unsere beiden Heiligen wurden durch innere Versuchungen und
Zweifel nicht beunruhigt, die Wölfe und Füchse waren
draußen, und sie bellten sie an. Sie waren unbewußt
vom Instinkt getragen. Bei ihnen war die christliche
Überlieferung zu einer instinktiven Haltung geworden,
durch die sie immer von unten her gestützt wurden –
aber das bewirkt auch, daß man zu träge wird, die Dinge
zu hinterfragen und selbst durchzuarbeiten.

Wir müssen auch, wie schon gesagt, den wirklich negativen Aspekt des Hundes betrachten: als dunkle Mutter Hekate, als Tod und als Bringer des Wahnsinns.
Wenn wir diesen Aspekt im Hinblick auf die beiden
Männer untersuchen, sehen wir, daß sich die fromme,
eifrige Haltung ohne jede Menschlichkeit zu jener Zeit
sehr negativ auswirkte. Die „Fackel im Maul des Hundes" wurde damals als „Licht-Bringen in die Welt" gedeutet. Das stimmt einerseits, denn der Dominikanerorden war die Geburtsstätte der thomistischen Philosophie und des scholastischen Geistes in der römisch-katholischen Kirche. Die Meinung derselben war nicht,
zur Inquisition Zuflucht zu nehmen, sondern bessere Argumente zu gebrauchen, und auf diese Weise schuf die
geistliche Philosophie eine neue Form des europäischen

Denkens, die von höchster Bedeutung war. Aber man wird natürlich von dem, was man bekämpft, infiziert, und deshalb schlich sich der Aristotelismus und ein guter Teil antiker Magie (d. h. Naturwissenschaft) in diese neue philosophische Lehre ein – selbst 17 „sententiae" von Thomas von Aquin wurden verdammt! Als Ergebnis dieser scholastischen Bewegung wurde die intellektuelle Seite des Dogmas entwickelt, jedoch ging die naive Gefühlserfahrung des frühen Christentums teilweise verloren und wurde durch die Geburt mystischer Bewegungen (Meister Eckhart, Richard, Hugo und Adam von St. Viktor usw.) kompensiert. Die Versteifung gegen häretische Bewegungen verursachte auch eine gewisse Starrheit in der dogmatischen Haltung, die allmählich zur späteren bedauernswerten Kirchenspaltung führte. Daher sollten wir das Motiv der Fackel nicht nur als Erleuchtung, sondern auch als Zeichen einer zukünftigen großen Feuersbrunst deuten: sie wird die Welt in Brand setzen. Feuer ist an sich eine Anhäufung von Energie, von Affekten und Emotionen, die wirkliche Zerstörungen verursachen, aber auch Erleuchtung bringen. Es ist der Träger einer neuen Aufklärung, ohne welche niemals ein höheres Bewußtsein erreicht werden könnte. Diese Fackel brachte einen schwierigen Konflikt mit sich, aber sie war auch Geburtshelferin für einen neuen europäischen Geist, in dem wir heute zum Teil noch leben. Im Traum bringt das Unbewußte das Motiv ohne jeden Kommentar, sozusagen einfach als Schnappschuß der augenblicklichen Situation.

Wenn wir die Hunde in den beiden Träumen vergleichen, sehen wir, daß Bernhards Hund ein ganz gewöhnlicher war, der von Dominikus mit der Fackel im Maul hingegen nicht. Die Primitiven würden letzteren einen „Arzt-Hund" nennen, den verborgenen Träger eines Geistwesens. Das gibt diesem Hund einen übernatürlichen Hintergrund, er ist eine Art Geist in verschleierter

Gestalt. Wir müssen nun generell die Frage stellen, wie dieses Motiv eines hinter dem Menschen stehenden Tieres gedeutet werden soll. Es weist auf eine Möglichkeit hin, auf eine Tendenz, seine Bedeutung ins Bewußtsein zu heben, und zeigt zugleich, daß es im Bewußtsein eine Unvereinbarkeit gibt: aufgrund gewisser Vorurteile erlauben wir den Inhalten nicht, über die bewußte menschliche Schwelle zu kommen.

Bernhards Hund stellt ein anderes Motiv dar: er ist zwar ein Hund, aber er ist weiß und rot. Diese Farben gehören zu den Farbstufen des alchemistischen Prozesses: zuerst kommt die *nigredo* (Schwärze) (manchmal vom Hahnenschwanz oder der grünen Farbe gefolgt); dann die *albedo* (Weiße), danach die *rubedo* (Röte) und mit ihr bzw. als vierte Stufe die gelbe oder goldene Farbe.

Die *nigredo* zeigt einen Zustand von Depression und Traurigkeit an, eine Situation des Getriebenseins von instinktiven Impulsen, Leidenschaften (das Auftauchen wilder Tiere), Emotionen usw. Schatten und Animus oder Anima erscheinen auf dieser Stufe in destruktiver Form. Die *albedo* wird deshalb durch Waschen und Reinigen hervorgebracht. Die *albedo* stellt den Zustand der Erleuchtung dar, neue Zusammenhänge werden klar, man wird unbeschwerter, objektiver im Hinblick auf die eigenen inneren Impulse, man steht über seinen Emotionen. Das ist die Zeit, da „der weiße Schnee plötzlich fliegen gesehen wird".[9] Aber auf dieser Stufe ist man auch vom Leben abgeschnitten, zu einsam, zu abgesondert, zu passiv. Dann kommt die *rubedo* oder *Rötung:* das Leben kehrt zurück, es wird nicht mehr vom Ich beherrscht, sondern vom Selbst; die Beziehung ist wieder da, aber auf unpersönliche Art.

---

9 R. Wilhelm und C. G. Jung, Das Geheimnis der Goldenen Blüte, p. 59 ff.

Die alchemistische Symbolik steht nicht im Gegensatz zur christlichen Weltanschauung, sie ergänzt sie sozusagen, sie strebt danach, die schwarzen Stufen wieder einzufügen, die fehlen, und das Christentum so in seiner Beziehung zur Realität und zum wirklichen Menschen zu vervollständigen.

Um das Jahr 1000 n. Chr. kam das Christentum in eine Krise, und diese beiden Heiligen wie auch die Alchemie versuchten, sie auf ihre Weise zu heilen: die Heiligen bellten die Wölfe an, während es das Ziel der Alchemie war, dem Menschen zum Wachstum zu verhelfen.

Lassen Sie uns nun den Traum vom Standpunkt der Mutter her deuten. In den Märchen finden wir das Motiv der bösen Stiefmutter oder Schwiegermutter, die die junge Mutter verleumdet und ihrem Sohn verkündet, seine Frau habe Hunde geboren, was Sodomie bedeutet. Es gibt Frauen, die vor der Niederkunft ähnliche Phantasien haben.

Was bedeutet der Traum psychologisch? Die Absicht ist, die Frau dazu zu bringen, daß sie etwas realisiert, damit der Sohn zu seinem eigenen Schicksal befreit wird. Aleth wurde durch dieses Motiv beunruhigt und fürchtete, daß sie kein normales Kind haben würde. Sie war Französin aus guter Familie und wurde mit einem schwierigen Problem konfrontiert: ihr Mann war ständig fort, sie konnte ihre Instinkte nicht ohne zu sündigen leben. Im alten Griechenland war „Hund" ein vulgäres Wort für den Penis und repräsentierte die gewöhnliche Sexualität; so praktizierten die sogenannten „Hunde-Philosophen" der kynischen Schule z. B. öffentlich den Beischlaf, um ihre Verachtung für alle Konventionen zu zeigen. Aleth war in ihrem geistigen Leben gleichermaßen frustriert, denn eine Frau braucht menschliche Gemeinschaft ebenso wie den Eros, um sich zu entwickeln. Wenn sie ihren Eros in der Realität nicht leben kann, wird das Unbewußte überladen; wenn der Instinkt leidet, kann sie sich einen Geisthund als Geliebten erwerben. Bei einer solchen Frau ist das Unbewußte übermäßig konstelliert, und das erhöht die Phantasien, die sie über ihren Sohn hat. Wenn eine Frau allein bleibt, fällt sie in den Animus. Die Araber sagen von einer Frau, die ein einsames Leben führt, ein Dschinn habe sie in der Wüste gefangen!

Obwohl vielleicht viele Frauen ähnliche Träume gehabt haben, werden sie nicht immer auf dieselbe Art gelebt. Diese Träume offenbaren nur das Muster, und es hängt von der menschlichen Eigenart von Mutter und Sohn ab, auf welcher Ebene dieses Muster gelebt wird. Bernhard und Dominikus lebten das Muster eines Mutterkomplexes, aber in einer hohen und bewundernswerten Form. In einem solchen Fall wäre es das Ziel der Analyse, zu entdecken, wie ein so mächtiger Mutterkomplex *gelebt* werden kann, der sich nicht ändern läßt. Solche Faktoren sind zu tief, um durchbrochen zu werden. Es handelt sich um ein grundlegendes archetypisches Muster. Es kann nicht aufgehalten werden, es kann nur auf menschliche und annehmbare Weise gelebt werden, die mit den persönlichen Werten des Menschen vereinbar ist, dessen Seele es enthält. Bei den Heiligen resultiert daraus, daß sie das Opfer ihrer persönlichen Werte bringen, und die Kirche hat recht, sie heilig zu sprechen. Ein anderer Mann würde vielleicht das Leben eines wirklichen Hundes auf einer gewöhnlichen Stufe leben. Wenn eine Mutter ihr Instinktleben unterdrückt, ist es wahrscheinlich, daß der Sohn es bis zum Exzeß auslebt. Aber er kann das nur, wenn er es schafft, auszubrechen. Öfter jedoch wird er den Wunsch seiner Mutter leben, *überhaupt nicht* mit der Welt in Berührung zu kommen.

Diese beiden Männer haben nie auszubrechen versucht, sie lebten innerhalb ihres Rahmens, sie nahmen das Opfer ihres persönlichen Lebens auf sich – aber sie projizierten die Dunkelheit auf ihre Feinde.

DER TRAUM DES DESCARTES

a) Einleitung

Der sogenannte „große" Traum des jungen René Descartes hat von jeher immer wieder Beachtung gefunden, da der Philosoph selber ihm eine übernatürliche Bedeutung zugemessen hat. Er erachtete ihn der Publikation würdig und versuchte ihn selber zu deuten. Auch scheint erwiesen, daß dieser Traum eine entscheidende Rolle in der Entwicklung Descartes' spielte. Leider ist er uns aber nicht in seiner Originalform, sondern nur in einer unzulänglichen Wiedergabe des Abbé Adrien Baillet erhalten.[1]

Von der Psychologie des Unbewußten her gesehen ist der Traum bisher meines Wissens nicht oft beachtet worden. Sigmund Freud hat sich darüber zu Maxim Leroy dahin geäußert[2], daß er zu den Träumen „von oben" gehöre, d. h. daß er sehr nahe an der Bewußtseinsschwelle läge, und daß er daher fast nur Inhalte enthalte, die auch im Wachen hätten reproduziert werden können. Seither sind im „International Journal of Psychoanalysis" 1939 und 1947 zwei Arbeiten über Descartes' Traum erschie-

---

1 Deutsch in: I. Ježower. Das Buch der Träume, Berlin 1928.
2 Vgl. J. Maritain: „Le songe de Descartes", Paris ed Corrèa. 1932, p. 292, Anm. 5 und den Brief (an M. Leroy). Gesammelte Schriften, Wien 1934, Bd. XII, p. 403 f. Maxim Leroys Werk: „Descartes, le philosophe au masque", Paris 1929, war mir leider nicht zugänglich.

nen[3], die ihn im Sinne der Freudschen Theorie erklären; auf diese Deutungen soll weiter unten eingegangen werden.

Obwohl zweifellos – wie in den letztgenannten Arbeiten betont ist – der Traum uns einen Einblick in die persönliche Problematik von Descartes erlaubt, so enthält er doch weit darüber hinaus eine *symbolische Darstellung der geistigen Situation seiner Zeit* (anfangs des 17. Jahrhunderts), und zwar in einer Form, die mir auch heute noch für den modernen Menschen beachtenswert erscheint.[4] Daß der Traum ein überpersönliches Zeitproblem widerspiegelt, ergibt sich schon dadurch, daß er in der Terminologie C. G. Jungs als *archetypischer* Traum zu bezeichnen ist. Seine wichtigsten Motive: der Sturm, die runde Frucht, die Feuerfunken und das „Zauberspiel" im letzten Teil sind alles *archetypische Bilder* von kollektiver Bedeutung, welche anzeigen, daß das, was sich im Unbewußten von Descartes ereignete und nach oben ans Licht drängte, mit den religiösen und geistigen Problemen seiner Zeit wie in einem Wurzelgeflecht weithin verknüpft war. Trotzdem ist natürlich auch der persönliche Rahmen des Problems zu berücksichtigen.

---

3 Ich verdanke die Kenntnis dieser Artikel der Freundlichkeit von Dr. E. A. Bennet und Dr. F. Beyme, wobei ersterer sich die Mühe nahm, mir diese schwer erhältlichen Artikel zu verschaffen. Hierfür möchte ich ihm hier meinen besten Dank aussprechen.

4 Vgl. S. Gagnebin, La réforme cartésienne et son fondement géométrique. „Gesnerus" Vierteljahrschr. herausgegeben v. d. Schweizer Gesellschaft für Geschichte der Medizin und Naturwissenschaften, Vol. 7, Heft 3–4, 1950, p. 119: „A la réflexion on en viendrait … à conclure que ce qui reste vivant du cartésianisme, *c'est l'analogie de notre situation actuelle et de celle dans laquelle il s'est formé* … La chose la plus curieuse c'est que, peut-être, la géométrie sera de nouveau au centre de la nouvelle réforme. C'est la géométrie qui est à la base de la relativité généralisée … Ich verdanke die Kenntnis dieses Artikels der Freundlichkeit von Frau Dr. L. Hösli.

b) Das Leben

René Descartes ist als drittes (lebendes) Kind eines Parlamentsrates von Rennes in La Haye (Touraine) am 31. März 1596 geboren.[5] Seine Mutter Jeanne Brochard starb ein Jahr später an der Geburt eines fünften Kindes, das auch nicht lebte.[6] Sein Vater heiratete ein zweites Mal. Descartes sagt, er habe von der Mutter das blasse Aussehen und den ständigen Husten geerbt.[7] Mit acht Jahren tat man ihn in das Jesuitenkollegium „La Flèche" in Anjou, wo er verständnisvolle Patres, Père Etienne Charlet und Père Dinet, fand, die ihm erlaubten, seine schwache Gesundheit zu schonen. Da er ein eigenes Zimmer hatte, wo er oft lange im Bett blieb, hieß er bei den Kameraden „le chambriste".[8] Sein Vater, Joachim des Cartes[9], hielt nicht viel von dem schwächlichen, stets in seine Bücher und Gedanken vertieften Knaben.[10] Guten Kontakt hatte er hingegen mit seiner Schwester, der späteren Madame de Crévy und ihrem Sohn. Mit sechzehn Jahren verließ er „La Flèche" und lebte in Paris in engem Kontakt mit Freunden, Mydorge und anderen (evtl. Mersenne?), mit denen er sich der Mathematik und Musik widmete; von philosophischen Autoren las er hauptsächlich Skeptiker, wie Montaigne, Charron usw. Er führte das typische Leben eines gentilhomme, Degenfechten, Reiten, Musik, jeu de paume;

---

5 Er trug später den Titel „gentilhomme de Poitou". Seine Familie gehörte zur „petite noblesse". Sein Großvater und einer seiner Urgroßväter waren Ärzte.

6 Näheres s. Ch. Adam: Descartes, sa vie et ses œuvres, Paris 1910, p. 9. Auch der erste Sohn Pierre lebte nicht, so daß nur drei Kinder übrig blieben. Ebenda p. 9.

7 Ebenda p. 15.

8 Ebenda p. 20.

9 Ursprünglich de Quartis.

10 Ebenda p. 7. Er sagte einmal von ihm „qu'il n'était bon qu'à se faire relier en veau" (ebenda Fußnote p. 7).

Frauen ging er aber höflich aus dem Wege.[11] Auch hier lag er fast den ganzen Morgen im Bett und zog sich weiter mehr und mehr in Abgeschiedenheit zurück. Dann nahm er als Freiwilliger an dem Feldzug des (protestantischen, aber mit Frankreich befreundeten) Moritz von Nassau gegen die Spanier in den Niederlanden[12] teil und genoß wiederum, während der stagnierenden Belagerung von Breda, eine philosophische Mußezeit, in der er sich mit dem Dordrechter Physiker und Arzt Isaak Beeckmann anfreundete, mit dem er hauptsächlich die Anwendung der Mathematik auf die Physik diskutierte.[13] 1619 nahm er an der Krönung Ferdinands II. von Österreich in Frankfurt teil und bezog dann ein Quartier in der Nähe von Ulm, wo er den ganzen Winter in der warmen Stube eines deutschen Bürgerhauses eine Art von geistiger Inkubationszeit durchmachte. In diese Zeit fällt seine sogenannte Erleuchtung, seine große methodische oder mathematische Entdeckung und der auf sie folgende Traum, um den es sich hier handelt. Er war damals also 23 Jahre alt. Wir wissen über diese uns wichtige Lebenszeit leider nur noch, daß er vielleicht schon dann mit einem Rosenkreutzer Joh. Faulhaber in Kontakt stand[14], und von der Bewegung beeindruckt war.[15] Ob er aber der Geheimgesellschaft beigetreten ist, ist unsicher, ja eher unwahrscheinlich.[16] Er bekennt zwar im

11 Er sagte einmal: „Une belle femme se rencontre trop rarement, aussi rarement qu'un bon livre et un parfait prédicateur." Adam: Descartes, p. 70.
12 Näheres s. Adam: Descartes, p. 41.
13 Ch.-Adam – P. Tannery: Oeuvres de Descartes, Paris 1908 vol. X., p. 52, später zitiert als A-T. Vgl. auch E. Gilson: L'innéisme Cartésien et la Théologie. Revue de Métaphysique et de Morale Vol. 22, 1914, p. 465.
14 S. Adam: Descartes, p. 47 und 49. Näheres s. A-T. Vol. X. l. c., p. 252.
15 A-T. X, p. 193: „il se sentit ébranlé."
16 Näheres s. Maritain, Le songe l. c., p. 13f. und A-T. tom. X,

„Discours de la méthode", alchemistische und magische Bücher gelesen zu haben, distanziert sich aber davon.[17] Sicher ist, daß er den Agrippa von Nettesheim und die Ars Magna des Raymundus Lullus[18], Athanasius Kirchers De magnete[19] und die „Magia Naturalis" des Joh. Baptista Porta kannte. Als er noch in „La Flèche" weilte, lernte er auch Galileis Werke (der erst später verurteilt wurde) kennen. Besonders auch Raymundus Lullus und das Problem der Astrologie haben ihn lange verfolgt[20] (hanté). Ferner hat er ziemlich sicher die alchemistische Schrift „Physika kai Mystica" des Ps.-Demokritos gekannt und nach ihr seine verlorene Schrift „Democritica" benannt.[21] Nach mannigfachen Irrfahrten und einer relativ passiven Teilnahme an der Schlacht am Weißen Berge bei Prag gegen den Winterkönig Friedrich von der Pfalz kehrte er nach Paris zurück und unternahm 1623 eine Pilgerfahrt zur Madonna von Loretto bei Venedig[22], wie er es anläßlich seines Traumes gelobt hatte. Er nahm dann auch noch an einer kirchlichen Feier in Rom teil.

---

p. 193 ff. Immerhin hat er seine Initialen R. C. im Siegel genau wie das der Rosenkreutzer geformt, A-T, l. c., p. 48).

17 A-T: Œuvres l. c. Vol. X, p. 63. Im „Discours de la méthode" sagt er (selbe Ausgabe) A-T. VI, p. 9: Et enfin pour les mauvaises doctrines ie pensois desia connoitre assés ce qu'elles valoient pour n'estre plus suiet a estre trompé, ny par les promesses d'un Alchemiste, ny par les prédictions d'un Astrologue, ny par les impostures d'un Magicien, ny par les artifices ou la venterie d'aucun de ceux qui font profession de sçavoir plus qu'ils sçavent. Einzelheiten s. J. Sirven, Les années d'apprentissage de Descartes (1596–1628), Paris 1925, p. 50/51 und die dort angegebene weitere Literatur.

18 Adam, Descartes, l. c., p. 31.

19 A-T. Œuvres X, p. 9.

20 Sirven, l. c., p. 51 und 113 und Fußnoten.

21 Sirven, l. c., p. 69, Fußnote 2. Descartes hat sich auch mit dem Problem der Traumdeutung und des „charactère divin" der Träume beschäftigt, l. c., p. 69 und A-T. XI, p. 468.

22 Über sein Verhältnis zur Jungfrau Maria s. Adam, Descartes, p. 27.

Die Konflikte zwischen den Freidenkern (Vanini u. a.) mit der Kirche machten ihm ein Leben in Frankreich unmöglich, obwohl er, durch den Jesuiten Cardinal de Berulle aufgefordert, in einer Disputation gegen den Freidenker Chandoux obsiegte.[23]

Er ließ sich daher von 1628 an in Holland, dessen Außenhandel und Kolonialpolitik damals in Blüte standen[24] (Zeit von Rembrandt, Frans Hals), nieder, wechselte aber etwa 24mal seinen Wohnort und hielt seine Adresse möglichst geheim. Meistens suchte er auf dem Lande zu leben, da er die Natur sehr liebte. Er hatte jeweils zwei Räume: einen *salon de réception* und dahinter ein unzugängliches Laboratorium, worin er Tiersektionen (sogar Vivisektionen von Kaninchen[25]), das Schleifen von Teleskoplinsen und andere naturwissenschaftliche Arbeiten vornahm.[26] Er schrieb damals an einer Arbeit „Le monde", einer Art Enzyklopädie aller naturwissenschaftlichen Kenntnisse, wagte sie aber nach der Verurteilung Galileis (da er eine der seinen verwandte Theorie vertrat[27]) nicht zu publizieren.[28] Die Arbeit wurde stückweise auf andere Werke verteilt und zum

23 Vgl. Cay v. Brockdorff: Descartes und die Fortbildung der Cartesianischen Lehre, München 1923, p. 15f. und Adam, Vie de Descartes l. c., p. 95 und 64ff. und 73.
24 Letzterer porträtierte ihn. Vgl. Adam, l. c., p. 101.
25 Brief an Plempius, A-T. I., p. 527. Er glaubte, die Tiere seien Automaten (vgl. Sirven, l. c. p. 321).
26 Adam l. c., p. 161 und p. 193 und 233. Er hatte auch einen botanischen Versuchsgarten (vgl. ebenda p. 495).
27 Vgl. zur Wirbeltheorie Descartes' J. O. Fleckenstein: Cartesische Erkenntnis und mathematische Physik des 17. Jahrhunderts. „Gesnerus" 1950, Vol. 7. Heft 3–4, p. 120ff.: Aus den Kügelchen der vier Urelemente entstehen Wirbel, die zur Entstehung des Kosmos führen.
28 Näheres s. von Brockdorff, l. c., p. 16. Vgl. ferner Gagnebin, l. c., p. 109 (bzw. den Brief Descartes' an Mersenne vom Dezember 1640). Über seine angebliche Unaufrichtigkeit und Feigheit s. Maritain l. c., p. 50/52.

Teil erst nach seinem Tode veröffentlicht. In diese Zeit fallen die ersten Auseinandersetzungen mit philosophischen Gegnern, die ihn der Untergrabung der Religion bezichtigten, und er suchte und fand auch Schutz bei seinem alten Lehrer Pater Dinet in „La Flèche" und in diplomatisch-politischer Protektion durch die französische Gesandtschaft. Er stellte sich nämlich philosophischen Kämpfen nur ungern und ging ihnen friedfertig diplomatisch aus dem Wege.[29] Damals entstanden auch seine „Principia" und sein Briefwechsel mit Elisabeth von der Pfalz über das Verhältnis von Körper und Seele, woraus später sein Traktat „Über die Leidenschaft der Seele" hervorging.[30]

In jenem Lebensabschnitt ging er eine außereheliche Liaison mit einer einfachen holländischen Magd, Helena Jans, ein, die ihm ein Kind, Francine, schenkte. Doch das Töchterchen starb mit zirka fünf Jahren[31], und von der Mutter hört man später nichts mehr. Descartes spricht davon als einem „dangereux engagement, dont Dieu l'a retiré", und betont später, „que Dieu par une continuation de la même grâce l'avoit préservé jusque-là de la récidive". In einem Brief beteuert er noch, er habe in seiner Jugend eine leichte Zuneigung zu einem Mädchen verspürt, welches etwas schielte. Das sind, soviel man weiß, seine einzigen Beziehungen zu Frauen gewesen. Dieselbe merkwürdige Gefühlskälte, oder auch Scheu, sein Gefühl anzunehmen, äußert sich in einem Ausspruch beim fast gleichzeitigen Tode seiner Schwester und seines Vaters, nämlich, daß er darüber ein ziemliches „déplaisir" empfunden habe.[32]

---

29 Von Brockdorff: p. 24 ff. und Adam, Descartes p. 331, 341 und 366.
30 Brockdorff, l. c., p. 19–21.
31 Adam: Descartes, p. 230 ff. und 287 ff. und Anmerkung p. 575: La mort de Francine lui causa „le plus grand regret, qu'il eût jamais senti de sa vie". Vgl. auch p. 337 f.
32 Adam, Descartes l. c., p. 16. Man macht in gewissen Biographien

Descartes sieht auf den Bildern unendlich skeptisch aus, seine Augen sind ganz erloschen, mißtrauisch und nach innen gekehrt. Er war von kleiner, zarter Statur und kleidete sich meist in Schwarz und peinlich sauber. Das Haar trug er lang über der Stirn, so daß es wie ein Vorhang bis zu den Augen herabreichte.

Durch Vermittlung seines Freundes, des französischen Gesandten in Schweden, Pierre Chanut, erhielt er 1649 den Ruf als Philosophielehrer zu der erst 20jährigen Königin Christina von Schweden[33], die der arme „chambriste" in frühen Morgenstunden unterrichten mußte[34], und die ihn in ihrer männlich-aktiven Art und mit ihrer Energie zwang, eine Studienreform in Schweden zu organisieren. Aber bei der aufopfernden Pflege des an einer Lungenentzündung erkrankten Chanut steckte er sich selber an und starb am 11. Februar 1650 an derselben Krankheit in seinem 54. Altersjahr.

Die unmittelbaren Ereignisse vor dem nun folgenden Traum sind uns nicht genau bekannt. Doch wissen wir, daß ihn der junge Descartes damals mitten in Deutschland in dem ersten Jahr der Katastrophe des 30jährigen Krieges träumte, und er ihn selbst so tief beeindruckte, daß er ihn als eine eigene Schrift „Olympica"[35] publizierte. Mit diesem Titel deutete er an, daß er ihn als „von oben kommend" empfand – aber offenbar nicht vom Gott der Christenheit. Leibniz hat sich über den „chimärischen" Charakter dieser Schrift lustig gemacht.[36] Der

---

viel Aufhebens wegen seines Duells für eine Dame während seiner Studentenzeit, doch scheint mir dieses Ereignis eine rein gesellschaftliche Angelegenheit ohne irgendwelche tiefere Bedeutung.

33 Adam, Descartes, p. 512 ff.

34 Adam, Descartes, p. 549.

35 Adam, Descartes, p. 49.

36 Vgl. für diese Periode seines Lebens die grundlegende Arbeit von Sirven, l. c. und die dort angegebene Literatur. Vgl. bes. p. 141 Fußnote und p. 152.

Inhalt des an sich verlorenen Textes ist, wie erwähnt, in Adrien Baillets „Vie de Monsieur Descartes" erzählt.[37]

c) Der Traum

Descartes begann seinen Bericht über den Traum mit den Worten: „Am 10. November 1619, als ich voll Enthusiasmus war und die Fundamente der wunderbaren Wissenschaft fand"[38], und am Rand stand: „Am 11. November 1620 begann ich die Grundlagen der herrlichen Erfindung zu verstehen."[39] Offenbar handelt es sich also um eine Inspiration oder unbewußte Erleuchtung, die er selber erst nachträglich (ein Jahr später) bewußt zu verstehen oder anwenden zu können begann.[40] Er befand sich zur Zeit des Traumes in einem Zustand schwerer Übermüdung, welche davon resultierte, daß er sich leidenschaftlich bemüht hatte, seinen Geist von allen Vorurteilen zu befreien, um ihn völlig rein zu erleben und durch ihn dann die Wahrheit zu finden – sein einziges Lebensziel.[41] Er wandte sich, wie er im „Discours de la méthode" erzählt[42], völlig nach innen: „Après que j'eus employé quelques années à étudier ainsi dans le livre du monde et à tâcher d'acquérir quelque expérience, je pris un jour résolution d'étudier *aussi en moi-même* et d'em-

---

37 1691 tom I., p. 50/51 und p. 39ff. cit. aus A-T. Œuvres, l. c. tom. X, p. 179ff.
38 X Novembris 1619 cum plenus forem Enthousiasmo et mirabilis scientiae fundamenta reperirem usw.
39 XI Novembris 1620 coepi intelligere fundamentum Inventi mirabilis.
40 Vgl. Sirven l. c., p. 122.
41 Er deutete Langes-im-Bett-Liegen als „tristitia" und sagt in den „Cogitationes privatae" A-T. X, p. 215: Adverto me si tristis sim aut in periculo verser et tristia occupent negotia, altum dormire et comedere avidissime, si vero laetitia distendar, nec edo nec dormio.
42 Sirven, l. c., p. 114.

ployer toutes les forces de mon esprit à choisir les chemins que je devais suivre; ce qui me réussit beaucoup mieux, ce me semble, que si je ne me fusse éloigné ni de mon pays ni de mes livres." Was dieses „Exil" betrifft, in welchem er den großen Traum erlebte, so ist vielleicht hervorzuheben, daß Deutschland für die Franzosen oft die „Seelenlandschaft" darstellt, auf welche sie ihr Unbewußtes und ihren Schatten, ihre eigene romantische Seite, die Maßlosigkeit, das ungebundene Denken usw. projizieren. Descartes beschreibt sein neues Experiment wie eine Wanderung im Dunkeln.[43] „Mais comme un homme qui marche seul et dans les ténèbres, je me résolus d'aller si lentement et d'user de tant de circonspection en toutes choses, que si je n'avais que fort peu, je me gardais bien, au moins de tomber." Damit geriet er ganz nahe an die Schwelle des Unbewußten und hatte sogar eine Vorahnung, daß er in der Nacht einen bedeutenden Traum erleben werde.[44] Er sagt nämlich, daß der Geist (le génie), der ihm den Enthusiasmus eingeflößt habe, ihm auch schon beim Zubettgehen den Traum vorausgekündet habe und daß der menschliche Geist an diesem Traum nicht teilhatte.[45] G. Cohen, der Descartes für die Rosencreutzer in Anspruch nimmt, hebt außerdem folgende bedeutsame Zeitrhythmen in dessen Leben hervor: 10. November 1618: Begegnung mit Isaak Beeckmann, seinem „geistigen Erwecker", wie er ihn nannte, 10. November 1619: der große Traum, 11. November 1620: das Finden der „scientia mirabilis" bzw. ihrer Anwendungsmöglichkeiten.[46]

---

43 A-T. VI, p. 16/17. Vgl. auch Sirven l. c., p. 115.
44 Im Gegensatz zur Sirven (l. c., p. 116) glaube ich, daß Maritain durchaus recht hat, dieses „exercitium" von Descartes mit der „via purgativa" der Mystiker zu vergleichen, doch ist es eben auf einen intellektuellen Plan verschoben.
45 A-T. X, p. 186.
46 Vgl. Sirven, l. c., p. 121 und 298. Leider war mir G. Cohens Werk

Die „wunderbare Erfindung", die er, wie er andeutet, am Vorabend des Traumes machte, ist nicht sicher identifizierbar.[47] Sie könnte erstens in der Entdeckung bestehen, daß die vier Fächer des Quadrivium: Mathematik, Geometrie, Arithmetik und Astronomie mit der Musik[48] alle auf eine „mathématique universelle", deren Grundprinzipien die Serialität der Zahl und ihre proportionale Relationen sind, reduziert werden können[49], zweitens, daß die Algebra durch die Buchstaben des Alphabets ausgedrückt werden könne und die Quadrat- und Kubikzahlen usw. durch darübergeschriebene kleine Zahlen statt der sogenannten cossischen Zeichen, drittens daß Quantitäten in Linien ausdrückbar seien und umgekehrt, wodurch Geometrie, Algebra und Mathematik zu *einer* Wissenschaft, der analytischen Geometrie, verschmelzen.[50] G. Milhaud hat nun aber wahrscheinlich gemacht[51], daß diese Entdeckungen tatsächlich erst *nach* dem Traum ausgearbeitet wurden, so daß meines Erachtens zu vermuten ist, daß er diese Zusammenhänge damals nur intuitiv gesehen und erst später in die oben erwähnten Einzelformulierungen ausgearbeitet hat.

Ich möchte dies durch die Ausführungen H. Poincarés illustrieren, welcher eine psychologisch äußerst interessante Studie über die Entstehung mathematischer

---

selber: Ecrivains français en Hollande de la première moitié du XVIIᵉ siècle, Paris 1920, nicht zugänglich.

47 Näheres s. Adam, Descartes, p. 50 und Sirven passim.

48 Später kamen noch dazu Optik und Mechanik.

49 Regulae usw. A-T. X, p. 451: Sciendum est omnes habitudines quae inter entia eiusdem generis esse possunt, ad duo capita esse referendas: nempe ordinem et mensuram. Vgl. zur Bedeutung dieser Erkenntnis Léon Brunschwigg, Descartes et Pascal, Lecteurs de Montaigne. Neuchâtel 1945, p. 102 ff.

50 Adam: Descartes, l. c., p. 55.

51 Descartes savant. Paris 1921. Cit. nach J. Maritain, Le songe usw., l. c., p. 255.

Erfindungen geschrieben hat.[52] Er geht von der Tatsache aus, daß nicht alle denkbegabten Menschen auch mathematisch begabt seien, und kommt zu dem Schluß: „Ein mathematischer Beweis ist nicht eine einfache Aufeinanderfolge von Syllogismen, sondern es handelt sich dabei um Syllogismen, *die in eine gewisse Ordnung gebracht sind,* und die Ordnung, in welcher die einzelnen Elemente hier erscheinen, ist viel wichtiger als diese Elemente selbst."[53] Die mathematische Begabung ist nach Poincaré ein intuitives Gefühl für mathematische Ordnung.[54] Es findet dabei ein vorbewußtes Auswählen aus der Vielfalt gegebener Kombinationsmöglichkeiten statt. Poincaré erzählt dann, wie er selber eine solche Erfindung machte: „Seit 14 Tagen mühte ich mich ab zu beweisen, daß es keine derartigen Funktionen gibt, wie doch diejenigen sind, die ich später *Fuchs*sche Funktionen genannt habe; ich war damals sehr unwissend, täglich setzte ich mich an meinen Schreibtisch, verbrachte dort ein oder zwei Stunden und versuchte eine große Anzahl von Kombinationen, ohne zu einem Resultat zu kommen. Eines Abends trank ich, entgegen meiner Gewohnheit, schwarzen Kaffee und ich konnte nicht einschlafen; die Gedanken überstürzten sich förmlich; ich fühlte ordentlich, wie sie sich stießen und drängten, bis sich endlich zwei von ihnen aneinander klammerten und eine feste Kombination bildeten. Bis zum Morgen hatte ich die Existenz einer Klasse von *Fuchs*schen Funktionen bewiesen, und zwar derjenigen, welche aus der hypergeometrischen Reihe ableitbar sind; ich brauchte nur noch die Resultate zu redigieren, was in einigen Stunden erledigt war."[55] Hierauf erzählt Poin-

---

52 H. Poincaré, Wissenschaft und Methode, Leipzig – Berlin, 1914, p. 35 ff. Kap.: Die mathematische Erfindung.
53 Cit. ebda., p. 38.
54 Ebda. p. 39.
55 Ebda. p. 41/42.

caré von einer weiteren ähnlichen Erfindung, die ihm als plötzlicher Gedanke mit unmittelbarer Gewißheit eines Tages beim Spaziergang vor Augen stand. Er sagt später: „Das Auftreten dieser plötzlichen Erleuchtung ist sehr überraschend, wir sehen darin ein sicheres Zeichen für eine vorausgegangene, lange fortgesetzte unbewußte Arbeit; die Wichtigkeit solch unbewußter Arbeit für die mathematische Erfindung ist unbestreitbar ... Wenn man an einer schwierigen Frage arbeitet, so kommt man oft bei Beginn der Arbeit nicht recht vorwärts; dann gönnt man sich eine kürzere oder längere Ruhepause und setzt sich darauf wieder an seinen Arbeitstisch. In der ersten halben Stunde findet man auch jetzt nichts, und dann stellt sich plötzlich der entscheidende Gedanke ein ... Es ist wahrscheinlich, daß die Zeit der Ruhe durch unbewußte Arbeit ausgefüllt wurde und daß das Resultat dieser Arbeit sich dem Mathematiker später enthüllte ... Nur tritt eine solche Offenbarung nicht gerade während eines Spazierganges oder einer Reise ein, sondern sie macht sich auch während einer Periode bewußter Arbeit geltend, aber dann unabhängig von dieser Arbeit, und letztere wirkt höchstens wie eine Auslösung, sie ist gleichsam der Sporn, welcher die während der Ruhe erworbenen, aber unbewußt gebliebenen Resultate antreibt, die bewußte Form anzunehmen ...“ [56] Die zwar oft unfruchtbaren bewußten Bemühungen um das Problem bringen gleichsam die Maschine der unbewußten Arbeit in Schwung, und deren Resultate treten als plötzliche Inspirationen ins Bewußtsein: „Die bevorzugten unbewußten Erscheinungen, welche befähigt sind, ins Bewußtsein zu treten, sind diejenigen, welche unsere Sensibilität direkt oder indirekt am tiefsten beeinflussen. Mit Verwunderung wird man bemerken, daß hier bei Gelegenheit mathematischer Beweise, die doch

---

56 Ebda. p. 44/45.

nur von der Intelligenz abhängig zu sein scheinen, die Sensibilität in Betracht kommen soll. Aber man wird es verstehen, wenn man sich das Gefühl für die mathematische Schönheit vergegenwärtigt. Das Gefühl für die Harmonie der Zahlen und Formen, für die geometrische Eleganz ... bietet unseren ästhetischen Bedürfnissen Befriedigung und ist zugleich eine Hilfe für unseren Geist, den sie unterstützt und leitet. Indem sie vor unseren Augen ein wohlgeordnetes Ganzes ausbreitet, läßt sie uns ein mathematisches Gesetz vorausahnen." [57]

Ich glaube, daß diese Beobachtung Poincarés geeignet sind, uns eine Vorstellung zu geben, was Descartes am Vorabend seines Traumes zugestoßen ist. Er muß eine solche mathematische „Erleuchtung" oder ein intuitives Sehen gewisser Kombinationen oder Ordnungen erlebt haben und daraus sogar eventuell den (etwas voreiligen) Schluß gezogen haben, daß er damit eine Art Universalwissenschaft bzw. ihre Gesetze entdeckt habe.

Nach J. Sirven[58] hätte Descartes damals sogar schon überhaupt seine ganze „méthode", d. h. seine Denkmethode, intuitiv erschaut, und die erwähnten mathematischen Entdeckungen wären bereits deren erste spätere Frucht. Die „méthode" aber basiere, wie Sirven meint, auf der noch generelleren Idee der Einheit aller Wissenschaften (l'unité des sciences). Ihr erstes Erzeugnis sei die Idee einer „mathématique universelle" gewesen. Wie E. Gilson nämlich betont [59], ist für Descartes „tout ce qui est susceptible de connaissance vraie ... par définition susceptible de connaissance mathématique. L'idée de l'unité du corps des sciences[60] ... est donc inséparable,

57 Ebda. p. 47/48.
58 Les années d'apprentissage, l. c., p. 17 und passim.
59 René Descartes „Discours de la méthode". Texte et Commentaire. Paris, l. c., p. 60, 157 und 214, cit. nach Sirven l. c., p. 123/4 und 167.
60 Meine Fußnote: Auch J. Maritain „Le songe ..." l. c., p. 18 nimmt

chronologiquement et logiquement, de l'extension de la méthode mathématique à la totalité du domaine de la connaissance."[61] Dies war für Descartes um so leichter zu glauben, als er die mathematischen Erkenntnisse noch für „absolute Wahrheiten" hielt.[62] Die heutigen Mathematiker hingegen sind sich, wie F. Gonseth dargelegt hat[63], bewußt geworden, daß das mathematische Denken in einem Bewußtseinsfeld zwischen zwei komplementären Polen verläuft, der Welt der sogenannten äußeren Wirklichkeit und der der sogenannten inneren Wirklichkeit, welche beide bewußtseinstranszendent sind.[64] Diese zwei Bereiche hat Descartes als in ihrer Ge-

---

dies an, betont aber hauptsächlich, daß Descartes auch überhaupt an eine Reform der Wissenschaften durch *einen* Mann glaubte und sich dazu berufen fühlte.

61 Descartes sagt unter anderem: „Ces longues chaînes de raisons toutes simples et faciles dont les géomètres ont coutume de se servir ... m'avaient donné occasion de m'imaginer que toutes les choses qui peuvent tomber sous la conaissance des hommes s'entresuivent en même façon." Cit. nach J. Laporte. Le rationalisme de Descartes. Paris 1945, p. 13.

62 Belege s. Laporte: Le rationalisme, l. c., p. 7 Anm. Die Begriffe: Ausdehnung, Größe, Zahl, Ort und Zeit sind für ihn konstituierende Begriffe der reinen Erkenntnis, sie stehen jenseits der Zweifel, ob man sie wach oder träumend sähe: atqui Arithmeticam, Geometricam ... quae nonnisi de simplicissimis et maxime generalibus rebus tractant, atque utrum eae sint in rerum natura necne parum curant aliquid certi atque indubitati continere. Nam sive vigilem, sive dormiam duo et tria simul iuncta sunt quinque usw. A-T. VII 20,20, cit. aus H. Barth, Descartes' Begründung der Erkenntnis, Diss. Bern 1913, l. c., p. 33. Vgl. auch zu diesem Problem F. Gonseth, Les mathématiques et la réalité. Alcan Paris 1936, p. 55ff.

63 Les mathématiques usw., l. c., p. 58ff. Vgl. ferner p. 79ff. und 376ff.

64 Prof. Gonseth hatte die Freundlichkeit, mir folgendes brieflich mitzuteilen: „Les mathématiques se situent dans un champ de connaissance placé entre deux pôles complémentaires, l'un étant le monde des réalités dites extérieures, l'autre le monde des réalités dites intérieures. Ces deux mondes sont tous les deux transcon-

setzmäßigkeit coïnzident angesehen und sich um ihre bewußtseinstranszendente, „transmathematische" Natur nicht gekümmert[65]; er glaubte vielmehr noch daran, ihr Geheimnis restlos mathematisch erfassen zu können. Ich halte es für wahrscheinlich, daß das, was ihm vorschwebte, *die immanente Gesetzmäßigkeit der durch die Archetypen* (seine „Zahlen" und „veritates innatae") *ausgelösten und angeordneten Denkvorgänge* waren[66] und damit die *Idee eines „absoluten Wissens".*[67] Und er glaubte offenbar, dieses am besten durch die Grundbegriffe der Mathematik oder auch allgemeiner durch eine universelle wissenschaftliche Methode und Symbolsprache formulieren zu können.[68] Nicht vergeblich hat ihn meines Erachtens die *Ars Magna* des Raymundus Lullus so lange „verfolgt", stellt sie doch einen ähnlichen Versuch dar, ein „absolutes Wissen" symbolisch „einzufangen". G. Milhaud meint, Descartes hätte „des choses d'en haut, des choses divines ou célestes" gefunden und deshalb seinen Traktat „Olympica" getauft[69], so wie er

---

scientiels. Ils ne sont ni l'un ni l'autre donnés tels quels, mais seulement par leur traces dans le champ conscientiel. Les mathématiques portent cette double trace."

65 Vgl. die Kritik an dieser Ansicht Descartes', daß die Materie und das Bewußtsein objektive, statische entia seien, in A. N. Whitehead, Science and the Modern World. New York 1948, p. 201 ff. Whitehead bietet überhaupt eine lesenswerte Skizze von Descartes' Ansichten und ihren Auswirkungen.

66 Er sagt von der Arithmetik und Geometrie: „haec enim prima rationis humanae continere et ad veritates ex quavis subiecto eliciendas se extendere debet" A-T. X, p. 374, 7, cit. nach Barth l. c., p. 9. Die reinen zahlensymbolischen Spielereien lehnte er hingegen ab (s. ebenda).

67 Über diesen Begriff siehe C. G. Jung, „Synchronizität als ein Prinzip akausaler Zusammenhänge"; (1952), in Ges. W. Bd. 8, p. 457 ff.

68 Vgl. auch die Ausführungen von Sirven, l. c., p. 126/7: er habe „les fondements consistant une méthode générale" gefunden.

69 G. Milhaud, Descartes savant. Paris, Alcan 1921, p. 56, cit. nach Sirven, l. c., p. 55/56 und p. 135.

den in seinem Traum vorkommenden Sturm als den „Geist" und den Blitz als „Geist der Wahrheit" gedeutet habe.[70] Milhaud denkt also mehr an die *Universalsprache einer Symbolinterpretation,* die sogar über das rein Mathematische hinausgeht. Auf jeden Fall scheint es mir wahrscheinlich, daß Descartes von archetypischen Bildern des Unbewußten angerührt war und nach ihrer denkerischen Erfassung suchte. Die Zahlen sind letztlich archetypische Vorstellungen, und es ist nicht zu vergessen, daß 1619 der Rosenkreutzer Joh. Faulhaber, mit dem er wahrscheinlich in jener Zeit verkehrte, ein Buch: „Numerus figuratus sive Arithmetica arte mirabili[71] inaudita nova constans" über Zahlen*symbolik* publiziert hatte.[72] Descartes selber plante zu jener Zeit ein Werk mit dem Titel „Trésor mathématique de Polybe le Cosmopolite" zu schreiben. Vielleicht suchte er aus der Gegebenheit der Zahlen abgeleitete, allgemeine Denkprinzipien aufzustellen, wie sie sich z. B. aus den Proportionsverhältnissen der Zahlen ergeben?[73] Wie dem auch sei, auf jeden Fall suchte er wohl damals nach einer mathematisch-symbolischen Universalwissenschaft und

---

70 Sirven, l. c., p. 151 sagt: „Ces diverses remarques (scil. Descartes' Deutungen des Sturmes als Geist usw.) nous permettent d'expliquer sans peine comment Descartes est passé des „spiritualia" aux „Olympica", des choses de l'exprit aux choses de Dieu. Il est parti du symbolisme mathématique *pour former un symbolisme intellectuel* et s'en est tenu d'abord aux exemples du vent et de la lumière, que lui avait légués la tradition scolaire. Mais la lecture de *St. Augustin* lui permit de passer aux choses divines et d'exprimer par de nouveaux exemples l'action de Dieu dans le monde."
71 Man beachte den Ausdruck „arte mirabili"!
72 Vgl. Sirven, l. c., p. 279 und 298.
73 Vgl. „Cogitationes privatae". A-T. X, p. 215: Larvatae sunt scientiae, quae larvis sublatis pulcherrime apparent. *Catenam scientiarum pervidere non difficilius videbitur, eas animo retinere quam seriem numerorum.* Vgl. Sirven l. c., p. 226/7.

glaubte, ihre Prinzipien und „Sprache" erahnt zu haben.[74]

Nun folgt Adrien Baillets Wiedergabe seines Berichtes über den Traum.[75]

Descartes teilt mit, daß, als er sich am 10. November 1619 schlafen legte, er noch ganz erfüllt war von seiner Begeisterung und beschäftigt mit dem Gedanken, an diesem Tag die Grundlagen der herrlichen Wissenschaft gefunden zu haben. In dieser Nacht hatte er drei aufeinanderfolgende Träume, von denen er glaubte, daß sie nur von einer höheren Macht eingegeben sein konnten. Nachdem er eingeschlafen war, glaubte *er irgendwelche Phantome* zu sehen und fühlte sich durch diese Erscheinung erschreckt. *Er glaubte durch Straßen zu gehen* und war über die Erscheinung so entsetzt, daß er sich *auf die linke Seite niederbeugen*[76] *mußte,* um an den Ort zu gelangen, wohin er zu gehen beabsichtigte. Denn *an der rechten Seite fühlte er eine große Schwäche* und konnte sich *nicht aufrecht* halten. Beschämt, auf diese Weise gehen zu müssen, machte er eine Anstrengung, um sich aufzurichten, doch *da fühlte er einen heftigen Wind.* Wie ein *Wirbelsturm* packte ihn der Wind, so daß er sich drei- oder viermal auf seinem linken Fuß im Kreise herumdrehte. Das war es eigentlich noch nicht, was ihn er-

---

74 Mit Recht hebt Sirven das „reperirem" (Imperf.) hervor, d. h. daß er erst *im Begriff war,* die scientia mirabilis zu finden – sie also noch nicht hatte. (l. c., p. 123/4), ebenso Gilson. Vgl. auch A-T. X, p. 360: Erste Regula: Scientiae omnes nihil aliud sunt quam humana sapientia quae una et eadem manet quantumvis differentibus subiectis applicata.

75 Im Prinzip folgt meine Wiedergabe der deutschen Übersetzung von J. Ježower: „Das Buch der Träume", p. 90 ff. Ich habe jedoch einige Worte geändert: „collège" statt „Seminar" und „exotisch" statt „fremd", „niederbeugen" statt „niederwerfen", um näher am französischen Text zu bleiben.

76 Se renverser – Ježower übersetzt es mit „niederwerfen", doch hätte er ja dann nicht weiterlaufen können.

schreckte. So schwierig war es vorwärtszukommen, daß er bei jedem Schritt glaubte hinzufallen. Endlich bemerkte er auf seinem Weg ein „collège", das offen stand, und er trat ein, *um dort Zuflucht zu finden* und Hilfe gegen seine Bedrängnis. Er versuchte *die Kirche des „collège"* zu erreichen und sein erster Gedanke war, ein Gebet zu verrichten, aber er bemerkte, *daß er an einem Bekannten, ohne zu grüßen, vorbeigegangen war* und wollte wieder umkehren, um sich gegen ihn höflich zu zeigen. Doch er wurde *von dem Wind, der in der Richtung, wo sich die Kirche befand, wehte,* mit Gewalt *zurückgehalten.* Im selben Augenblick sah er inmitten des *Schulhofes* wiederum *einen anderen Mann,* dieser rief Descartes höflich und zuvorkommend beim Namen und sagte ihm, daß, wenn er Herrn N. aufsuchen wolle, er ihm etwas mitzugeben hätte. Descartes glaubte, *daß es eine Melone war, die man aus irgendeinem exotischen Land gebracht hatte.* Doch wie groß war sein Erstaunen, als er sah, daß die Leute, die sich mit diesem Mann um ihn versammelt hatten, um miteinander zu plaudern, aufrecht und fest auf ihren Füßen stehen konnten, mußte er doch an demselben Ort immer gekrümmt und schwankend gehen, obgleich der Wind, der ihn schon mehrmals umzuwerfen drohte, sehr nachgelassen hatte.

Er erwachte mit dieser Vorstellung und fühlte im selben Augenblick einen wirklichen Schmerz und befürchtete, dies *könnte das Werk böser Geister sein, die ihn verführen wollten.* Sogleich drehte er sich auf die rechte Seite, denn auf der linken Seite liegend war er eingeschlafen und hatte jenen Traum gehabt. Er betete zu Gott und flehte, er solle ihn vor den bösen Wirkungen seines Traumes schützen und ihn vor allem Unglück, das ihm als Strafe für seine Sünden drohen könnte, bewahren. Er fühlte, daß seine Sünden schwer genug waren, um den Blitz des Himmels auf sein Haupt zu ziehen, obgleich er bis jetzt in den Augen der Menschen ein makelloses Leben geführt hatte. Und *nachdem er zwei Stunden lang über das Gute und Böse dieser Welt mancherlei Gedanken gehabt hatte,* schlief er wieder ein.

Alsbald hatte er einen neuen Traum. *Er glaubte ein heftiges, starkes Geräusch* zu hören. Er hielt das Geräusch für einen Blitzschlag (coups de foudre). Darüber erschrak er und erwachte im selben Augenblick.

Als er die Augen öffnete, bemerkte er im Zimmer viele *Feuerfunken.* Schon öfters war ihm dies zu andern Zeiten widerfahren, und es war für ihn nichts Außergewöhnliches, mitten in der Nacht zu erwachen und Sehkraft genug im Auge zu haben, um die nächsten Gegenstände wahrzunehmen. Aber jetzt endlich wollte er auf Erklärungen zurückgreifen, die er der Philosophie entnahm, und indem er abwechselnd die Augen öffnete und schloß und die Dinge, die sich ihm darboten, auf ihre Beschaffenheit hin beobachtete, zog er für seine Erkenntnis günstige Schlüsse. So schwand sein Schrecken, und ganz beruhigt schlief er wieder ein.

Bald darauf hatte er einen dritten Traum, der nicht so schrecklich war wie die beiden anderen.

In diesem Traum fand er auf seinem Tisch ein Buch, ohne zu wissen, wer es dorthin gelegt hatte. Er schlug es auf, und als er sah, daß es ein *Lexikon* (Dictionnaire) war, war er darüber entzückt; denn er hoffte, daß es ihm sehr *nützlich* sein könnte. Im selben Augenblick fand sich ein *anderes Buch* unter seiner Hand, und auch dies war ihm unbekannt, und er wußte nicht, woher er es hatte. Er sah, daß es eine Sammlung von Gedichten verschiedener Autoren war, betitelt „Corpus Poetarum" usw. (Am Rande: eingeteilt in fünf Bücher, gedruckt in Lyon und Genf usw.[77]) Er war neugierig, einiges in diesem Buch zu lesen, und beim Öffnen des Buches fiel sein

---

77 Er hatte dieses Buch ziemlich sicher in La Flèche gelesen. S. Adam l. c., p. 21., Fußnote 2.

Blick auf den Vers: *„Quod vitae sectabor iter?"* usw. Im
selben Augenblick *bemerkte er einen Mann, den er nicht
kannte* und der ihm ein Gedicht überreichte, das mit
„Est et non" anfing, und ihm dieses als ein ausgezeich-
netes Stück rühmte. Descartes sagte ihm, daß er das Gedicht kenne, es sei eine der Idyllen des Ausonius, und
diese Idylle sei in der großen Gedichtsammlung enthalten (sic!), die auf seinem Tisch liege. Er wollte sie selbst
dem Mann zeigen und fing an, in dem Buch zu blättern,
dessen Ordnung und Einleitung er genau zu kennen sich
rühmte. Während er die Stelle suchte, fragte ihn der
Mann, woher er das Buch habe, und Descartes antwortete ihm, daß er ihm nicht sagen könnte, auf welche
Weise er es bekommen hätte; aber einen Augenblick
vorher *hätte er noch ein anderes Buch in der Hand gehabt, das soeben verschwunden sei,* ohne daß er wüßte,
wer es ihm gebracht, noch wer es ihm genommen habe.
Er hatte noch nicht zu Ende gesprochen, da sah er am
andern Ende des Tisches das Buch wieder zum Vorschein kommen. Aber er stellte fest, daß dieses Lexikon
nicht mehr vollständig[78] war, wie er es vorher gesehen
hatte. Inzwischen fand er die Gedichte des Ausonius in
der Dichteranthologie, die er durchblätterte, doch das
Gedicht, das mit „Est et non" anfängt, konnte er nicht
finden und sagte zu jenem Mann, daß er ein noch viel
schöneres Gedicht als dieses von demselben Dichter
kenne, welches mit „Quod vitae sectabor iter" anfange.
Der Mann bat ihn, ihm dieses Gedicht zu zeigen, und
Descartes machte sich daran, es zu suchen, da fand er in
dem Buch *verschiedene kleine Porträts in Kupfer gesto-
chen.* Daraufhin sagte er, daß dieses Buch sehr schön
wäre, doch es sei nicht derselbe Druck, den er kenne. Er
war noch bei dieser Beschäftigung, als die Bücher und
der Mann verschwanden und in seiner Vorstellung erlo-

---

78 Ježower: nicht ganz so war.

schen, ohne daß er darüber erwachte. Bemerkenswert muß es erscheinen, daß, während er noch im Zweifel war, ob das, was er soeben gesehen hatte, Traum oder Vision wäre, er nicht nur im Schlaf entschied, daß es ein Traum war, sondern noch ehe der Schlaf ihn verließ, die Auslegung des Traumes machte. Er meinte, *das Lexikon hätte nichts anderes zu bedeuten als den Zusammenhang aller Wissenschaften,* und daß die Gedichtsammlung, die „Corpus Poetarum" betitelt war, insbesondere und auf deutliche Weise *die innige Verbindung der Philosophie mit der Weisheit* bezeichnete. Denn er glaubte, daß man sich nicht darüber wundern sollte, wenn man bei Dichtern und selbst bei solchen, die nur törichte Kurzweil treiben, viel ernstere, vernünftigere und besser ausgedrückte Gedanken findet, als in den Schriften der Philosophen. *Die Göttlichkeit des Enthusiasmus und die Kraft der Imagination brächten dies Wunder hervor.* Sie lassen das *Samenkorn der Weisheit (das sich im Geist eines jeden Menschen findet wie die Feuerfunken in Kieselsteinen)*[79] viel leichter und viel üppiger sprießen, als es die Vernunft der Philosophen vermag. Während Descartes fortfuhr, seinen Traum im Schlaf auszulegen, kam er zu dem Schluß, daß das Gedicht über „welche Art des Lebens man wählen solle" und das mit den Worten „Quod vitae sactabor iter" anfängt, *den guten Rat einer weisen Person oder die Moraltheologie* selbst bedeute. Noch ungewiß, ob er träume oder meditiere, erwachte er ohne jede Erregung. Wachend setzte er die Auslegung seines Traumes und seinen Gedankengang fort.

Die in der Gedichtsammlung vereinten Dichter deu-

---

79 Derselbe Gedanke erscheint in den Cogitationes privatae A-T. X, p. 217: Mirum videri possit, quare graves sententiae in scriptis poetarum, magis quam philosophorum. Ratio est quod poetae per enthusiasmum et vim imaginationis scripsere: sunt in nobis semina scientiae, ut in silice, quae per rationem a philosophis educuntur per imaginationem a poetis excutiuntur magisque elucent.

tete er als die Offenbarung und den Enthusiasmus, die ihm zuteil geworden waren. Das Stück „Est et Non", welches das „Ja und Nein" des Pythagoras ist, verstand er als die Wahrheit und den Irrtum der menschlichen Kenntnisse und profanen Wissenschaften. Als er sah, daß die Anwendung all dieser Dinge so gut nach seinem Wunsch gelangen, wagte er es zu glauben, daß es der *Geist der Wahrheit* gewesen sei, der ihm die Schätze aller Wissenschaften durch diesen Traum offenbaren wollte. Und da er nur noch die kleinen Kupferstichporträts erklären mußte, die er im zweiten Buch gefunden hatte, suchte er deren Erklärung nicht mehr, nachdem ihn am nächsten Tag ein italienischer Maler besucht hatte.

Die Deutung des ersten Traumteiles:

Die Exposition des Traumes besteht in der etwas unklaren Erwähnung, daß sich Descartes von „irgendwelchen Phantomen" erschreckt fühlte, und er glaubte durch irgendwelche Straßen zu einem (unbekannten Ziel) zu gehen. Das Entsetzen zwang ihn, sich nach links niederzubeugen (se renverser), da er rechts eine große Schwäche fühlte.

Die Geistererscheinungen dürften sich wohl auf das Erlebnis des Vortages beziehen[80], sind sie doch die Urform des „Geistes", d. h. eine Verkörperung der autonomen bildererzeugenden Tätigkeit des Unbewußten[81], die

---

80 Seit G. Milhauds Aufsatz in der „Revue de Métaphysique et de Morale", Juli 1916, p. 610/1 ist es üblich, den „Enthuasiasmus" als mit dem Traum coïnzidierend anzusehen, doch sehe ich nicht, weshalb hier Baillets Bericht entwertet werden sollte – der Traum scheint mir viel eher eine Darstellung des „Sinnes" des Enthusiasmus zu sein.

81 Vgl. C. G. Jung, „Zur Phänomenologie des Geistes im Märchen", in Ges. W. Bd. 9 I, p. 228.

von jeher vom Primitiven als Spuk erlebt wurde.[82] Während dieses Wesen des Geistes dem primitiven Menschen gegenübersteht, gerät es, wie Jung darlegt, „mit zunehmender Entwicklung in den Bereich des menschlichen Bewußtseins und wird zu einer Funktion, welche ersterem unterstellt ist, womit sein ursprünglicher Charakter der Autonomie anscheinend verloren geht."[83] Doch sollte der Mensch nie vergessen, „was er in seine Sphäre hineinzieht und womit er sein Bewußtsein erfüllt. Er hat den Geist ja nicht erschaffen, sondern dieser macht, daß er erschafft; er gibt ihm den Antrieb und den glücklichen Einfall, die Ausdauer, die Begeisterung und die Inspiration. Aber er dringt so ins menschliche Wesen ein, daß der Mensch in schwerster Versuchung steht zu glauben, daß er selber der Erschaffer des Geistes sei und daß er ihn habe. In Wirklichkeit aber nimmt das Urphänomen des Geistes den Menschen in Besitz, und zwar genau so, wie die physische Welt zwar anscheinend das willfährige Objekt menschlicher Absichten ist, in Wirklichkeit aber die Freiheit des Menschen in tausend Bande schlägt und zur obsedierenden idée-force wird. Der Geist bedroht den naiven Menschen mit Inflation ... Die Gefahr wird um so größer, je mehr das äußere Objekt das Interesse fesselt und je mehr man vergißt, daß mit der Differenzierung unserer Beziehungen zur Natur eine solche der Beziehung zum Geiste Hand in Hand gehen sollte, um das nötige Gleichgewicht zu schaffen."[84] Zweifellos war Descartes in Gefahr, sich mit seiner wissenschaftlichen Entdeckung zu identifizieren und den autonomen Charakter ihrer Ent-

---

82 Vgl. C. G. Jung, „Zur Phänomenologie des Geistes im Märchen", in Ges. W. Bd. 9 I, p. 225.
83 Zit. aus C. G. Jung, ebenda, p. 228.
84 Zit. aus C. G. Jung, ebenda, p. 229. Descartes hoffte, die Wissenschaft würde uns zu „maîtres et possesseurs de la nature" machen. Adam, l. c., p. 229.

stehung zu übersehen (man denke nur an sein: *Je* pense
donc *je* suis!). Nach seiner Ansicht können nämlich alle
Körperreaktionen, und auch die Gefühle und Sinneswahrnehmungen, vom Ich abgetrennt werden, wie dies
z. B. im Traum geschieht, nicht aber das Denken. Er
sagt: „Cogitare? Hic invenio: cogitatio est: *haec sola a
me divelli nequit.*"[85] Denken ist somit die Bewußtseins-
funktion par excellence, die mit dem Ich – und nur aus
dem denkenden Ich besteht die Seele für Descartes[86] –
absolut verschmolzen ist[87], mit anderen Worten Descartes identifizierte sich restlos mit seiner Denkfunktion.[88]
Dadurch ist er aber in Gefahr, den „autonomen" Charakter seines Denkerlebnisses zu übersehen; deshalb
sucht ihn der „Geist" in der Nacht in seiner Urform er-
schreckend heim. In diesen Phantomen steckt auch wohl
zugleich alles, was an seiner Entdeckung sein eigenes
Erfassen vorläufig noch übersteigt[89], die archetypischen
Hintergrundsvorgänge und die Entstehung eines neuen

---

85 Nur das Denken kann von mir nicht getrennt werden. A-T. VII,
p. 27. 2 cit. nach Barth l. c., p. 56.
86 Die Seele ist die „res cogitans" (Barth p. 59 und s. auch p. 53: Brief
an Mersenne: „Pour ce qui est de l'Ame, c'est encore une chose
plus claire. Car n'étant comme j'ai démontré qu'une chose qui
pense, il est impossible que nous puissions jamais penser à une
chose que nous n'ayons en même temps l'idée de notre âme,
comme d'une chose capable de penser à tout ce que nous pensons
…" (A-T. III, p. 394, 14). Bezeichnend für den Typus von Descartes ist auch, daß er die Gefühle in die Sphäre des Körpers relegiert,
s. u. p. 166, Fußnote 5.
87 Vgl. C. G. Jung, *Psychologische Typen,* Ges. W. Bd. 6, Definitionen.
88 Seine Hauptfunktion war vermutlich introvertiertes Denken. Man
vergleiche die Bemerkung J. O. Fleckensteins (l. c., p. 133): „Frei-
lich bleibt damit die Beschreibung aller physikalischen Vorgänge
nur *ein Bild,* aber *ein Modell,* an welchem Rechenoperationen vorgenommen werden könnten."
89 Vgl. F. Gonseth: Les mathématiques l. c., p. 378: „Aussitôt quelles
ont trouvé leur expression *les pensées revêtent une certaine existence
autonome.* L'esprit qui les a conçues les reconnaît comme siennes,
mais ne les habite plus complètement." Das Ich ist somit nur eine

Zeitgeistes mit seinen gefährlichen, die menschliche Ordnung bedrohenden Impulsen, – war doch der Dreißigjährige Krieg gerade im Ausbrechen, dessen Folgen alle Kultur im Herzen Europas für lange Zeit vernichten sollten.[90]

Das Wort „Phantome" evoziert ferner den Gedanken an irgendwelche Verstorbenen, und daher ist es vielleicht nicht abwegig, daran zu erinnern, daß Descartes' Mutter so früh gestorben ist. Das Bild der Mutter ist bei ihm im Jenseitsland verblieben, und er hat aller mütterlichen Wärme und des Schutzes entbehren müssen, die ein Kind braucht, um sich von der Bilderwelt des kollektiven Unbewußten abkehren und dem Leben zuwenden zu können. Daher war wohl bei ihm eine Türe offen geblieben zum Geister- und Totenland, weshalb wohl auch später keine Projektion der Anima auf eine wirkliche Frau stattfand. Wenn die Mutter so früh stirbt, hinterläßt sie oft im Sohne viel ungestillte Sehnsucht, so daß, wie Jung sagt, keine andere Frau an das ferne und um so mächtigere Mutterbild heranreicht. „Je ferner und unwirklicher die persönliche Mutter, desto tiefer greift die Sehnsucht des Sohnes in die Tiefen der Seele und erweckt jenes urtümliche und ewige Bild der Mutter, um dessentwillen alles Umfassende, Hegende, Nährende und Hilfreiche uns Muttergestalt annimmt ..."[91] Bei Descartes waren diese Mütter wohl die Mater Ecclesia, die „Mutter Kirche", und die Scientia, die Weisheit,

---

Durchgangsstation von geistigen Inhalten, die sich vorbewußt ankündigen und auch nach ihrer Formulierung autonom weiterentwickeln.

90 Mit Recht spricht Maritain bei Descartes von einem „mythe de la science". (Vgl. Sirven l. c., p. 308, Fußnote.)

91 C. G. Jung sagt dies über Paracelsus; siehe „Paracelsus als geistige Erscheinung", in Ges. W. Bd. 13, p. 128; Henri Bergson hat Descartes' Mathematik und „Methode" auch mit Recht als eine „proles sine matre creata" bezeichnet (s. Sirven l. c., p. I, nach H. Bergson „La philosophie" in „Science française", Paris 1916).

welch letztere er öfters einer keuschen Frau vergleicht.[92]

Die Phantome einerseits mit den unrealisierten Hintergründen seiner wissenschaftlichen Entdeckung und anderseits mit dem Bild der Mutter und Anima in Verbindung zu setzen, ist nicht so widersprüchlich, wie es zunächst erscheinen möchte: Descartes' Vereinfachung der Mathematik und Erhebung derselben zum alleingültigen Darstellungsmittel physikalischer Vorgänge hat – neben Keplers, Galileis und anderer Werke[93] – entscheidend daran mitgewirkt, jenes neue, rein mechanistische Weltbild aufzubauen, das bis zum Ende des 19. Jahrhunderts gültig geblieben ist. Was aber damals verloren ging, ist, wie W. Pauli gezeigt hat[94], das Miteinbezogensein der Gegebenheiten des Beobachters und jene alte Korrespondenzlehre, in welcher dem psychischen Faktor und der Idee einer finalen Sinnanordnung im Naturgeschehen noch ein Platz einberäumt war. Descartes hat die Existenz einer „causa finalis" im Naturgeschehen ausdrücklich geleugnet.[95] Wie W. Pauli ferner anhand der Theorien Keplers nachweist, war es eigentlich u. a.

---

92 Er sagt in den Cogitationes privatae A.-T. X., p. 214: Scientia est velut mulier, quae si pudica apud virum maneat, colitur; si communis fiat, vilescit.

93 Descartes kannte das Werk des „Vitellio" (Witelo) und Keplers „Paralipomena ad Vitellionem" sowie die Werke Galileis (s. Sirven 1. c., p. 283).

94 *Der Einfluß archetypischer Vorstellungen auf die Bildung naturwissenschaftlicher Theorien bei Kepler,* in „Naturerklärung und Psyche", 1952. Herr Prof. Pauli hatte die Freundlichkeit, mir brieflich folgende Erläuterungen zu geben: „Die psychischen Gegebenheiten des Beobachters hat man auch nachher im Prinzip zu berücksichtigen versucht; das tut auch Kepler, aber mit der immer deutlicher werdenden Tendenz, sie aus der „objektiven" Naturbetrachtung zu eliminieren.

95 Vgl. Med. IV: Ich glaube, daß jene ganze Gattung von Ursachen, welche man vom Zwecke entnommen pflegt, in der Physik nicht gebraucht werden darf (cit. nach Carl Felsch: Der Kausalitätsbegriff bei Descartes, Langensalza 1891, p. 11).

das Bild einer objektiv existierenden „anima mundi", einer Weltseele, und überhaupt eines Objektiv-Psychischen, welches damals aufgegeben wurde.[96] Das Prinzip des Vierten ging wieder verloren, während das Bild der Trinität von nun an in die Stoffwelt projiziert und in ihr gesucht wurde.[97] Bei Johannes Kepler ist die Dreidimensionalität des Raumes ein Abbild der Trinität und sind die mathematischen Naturgesetze Gesetze im Geist Gottes, – bei Descartes garantiert die „véracité" und umwandelbare Stabilität Gottes die Regelmäßigkeit der physikalischen Bewegungsgesetze.[98] Das erste Naturgesetz, sagt Descartes nämlich in seinen Principia (II. 37), sei, daß jedes Ding, insofern es einfach und ungeteilt sei, soweit als möglich im selben Zustand verbleibe und nur durch äußere Ursachen sich verändere. Ein zweites Gesetz sei, daß jedes Stoffteilchen, in sich selbst genommen, sich nicht in krummen Linien (oder Kurven) zu bewegen strebe. Der Grund für letzteres Gesetz sei derselbe wie für das vorhergehende, nämlich *die Unveränderlichkeit Gottes* und die Einfachheit seines Wirkens, durch welche er die Bewegung in der Materie erhalte ... Durch diese Unveränderlichkeit seines Wirkens unterhalte Gott die Welt genau in dem Zustand, in dem er sie erschuf.

Die Kenntnis der letzten einfachen Bewegungsgesetze

---

96 Pauli sagt (im selben Brief): „Was die ‚anima' betrifft, so handelt es sich im 17. Jahrhundert um die *Entseelung der Körperwelt.* Die Tendenz war also, *die Seele mehr* und mehr *auf den individuellen Menschen zu beschränken.* Was aufgegeben wurde ... war die Idee eines Objektiv-Psychischen ... *im 17. Jahrhundert wurde die Psyche subjektiv.*

97 Dieses Fehlen des Anima-mundi-Begriffs im physikalischen Weltbild von Descartes könnte somit auch mit seinem persönlichen Problem zusammenhängen, daß er die Anima nicht integrieren konnte.

98 Meditationes VI. und Principia II. 36/7. Vgl. Hyman Stock: The Method of Descartes in the Natural Sciences. N. Y. 1931, p. 11–15.

der Materie genüge daher, um alle natürlichen Phänomene völlig zu erklären.[99] Die Möglichkeit, daß Gott
sich selber irrational oder auch nur „acausal" manife-
stieren könnte, ist für Descartes undenkbar.[100] Er ist vielmehr der Garant der Naturgesetzlichkeit und auch der
klaren und distinkten Ideen in unserem Geist, der unser
Organon bildet, um die physikalische Welt zu erforschen.[101] Er sagt: „Et généralement nous pouvons bien
assurer que Dieu peut faire tout ce que nous pouvons
comprendre, mais non pas qu'il ne peut faire ce que
nous ne pouvons pas comprendre" (Med. I). Er kann
zwar anders handeln, aber er *will* es nicht. „Gottes Wil-
lensakte decken sich", wie H. Barth es formuliert, „mit
den Gesetzen des reinen Naturbegriffs; sie fallen zusammen mit der intellektuellen Gesetzmäßigkeit."[102]

Die innere „Logik" des physikalischen Geschehens ist
dabei für Descartes ununterschieden identisch mit derjenigen unseres Denkens.[103] Wie auch bei Spinoza ist nämlich der Ablauf unseres Denkens (ordo et connexio
idearum) derselbe wie der des physikalischen Geschehens (ordo et connexio rerum sive corporum).[104] Die
Kausalketten dieser parallelen Abläufe gehen auf Gott
als „causa prima" zurück[105], und wie Felsch betont[106],
hat Descartes auch Gott, d. h. der metaphysischen Ursache ein gesetzmäßiges Wirken zugeschrieben und nur
aus theologischen Rücksichten der Freiheit Gottes
einige Konzessionen gemacht. Wir dürfen daher schließen, daß *für ihn eigentlich Gottes Aktivität identisch ist*

---

99 H. Stock 1. c., p. 12 (Principia II. 23).
100 Ebda., p. 11.
101 Ebda., p. 12 (Meditationes VI).
102 Barth 1. c., p. 87.
103 Vgl. C. Felsch 1. c., p. 9.
104 Ebda., p. 9–10.
105 Ebda., p. 8.
106 Ebda., p. 9.

mit dem Kausalitätsprinzip. Dabei war er sich bewußt, daß das Kausalitätsprinzip zu den „notiones communes" oder eingeborenen „veritates aeternae" gehöre.[107] Felsch hebt die Übereinstimmung hierin mit Kant hervor, der ebenfalls die Kausalität zu den „Kategorien der reinen Vernunft" rechnete.

Descartes war der Ansicht, daß das Wirken der Kausalität nichts mit der Zeit zu tun habe[108], und die Zeit selber bestand für ihn aus einer diskontinuierlichen Serie von Momenten (instants).[109]

Von diesem Zusammenhang aus gesehen ist es bedeutsam, daß die vorliegenden Träume ihrer Essenz nach *Spukphänomene* oder parapsychologische Ereignisse darstellen. Wenn das Unbewußte solche Phäno-

---

107 Principia phil. I., 39, 49, 75 cit. Felsch l. c., p. 14.
108 Ebda., p. 15.
109 Wie Fleckenstein betont (l. c., p. 135) blieb infolgedessen Descartes, da er nach einer völligen Eliminierung des Zeitparameters in seiner Physik strebte, die Mathematik der Funktionen des Kontinuierlichen unbekannt. Newton führt dann den Zeitparameter in der Physik ein und substantialisierte ihn in seiner privaten Metaphysik sogar zur „vita divina", entsprechend dem Raum als „sensorium dei". Vgl. auch l. c., p. 126: „Grundlage der Cartesischen Mechanik ist der Satz von der Erhaltung des Impulses – oder in der ursprünglichen Terminologie – des ‚Bewegungsquantums', unter welchem das Produkt von Masse und Geschwindigkeit verstanden wird. Da Descartes jedoch den vektoriellen Charakter der Geschwindigkeit noch nicht erfaßt hat und sie nur als skalare Größe kennt, so muß er sich bei der Herleitung der Stoßgesetze in Widersprüche verwickeln." Ebda.: „So wie Descartes die neue Methode seiner analytischen Geometrie nur innerhalb des traditionellen Rahmens der euklidischen Geometrie anwandte, so überwand er auch die antike Physik nur formell, nicht inhaltlich, indem seine Mechanik antike Statik bleibt ... Ebda., p. 127: In der Welt des Descartes gibt es nur starre Stöße, welche ds Bewegungsquantum übertragen, keine kontinuierlich wirkenden Kräfte als Ursachen von Zustandsänderungen. Das Weltgeschehen versucht er aus der geometrischen Mannigfaltigkeit der Verteilungen des Bewegungsquantums zu verstehen, statt aus dem in allen zeitli-

mene im Traum heraufbringt, so ist eigentlich anzunehmen, daß es die Existenz dieser Tatsachen dem Träumer eindrücklich vor Augen führen will. Solche Phänomene sind aber, wie C. G. Jung in seinem Aufsatz[110] über Synchronizität darlegt, akausale Ereignisse, wobei ein äußeres physikalisches Geschehen zwar sinnvoll mit einem psychisch konstellierten Inhalt koinzidiert, aber nicht damit in einem Kausalzusammenhang gesehen werden kann. Dieses Prinzip der Synchronizität hat Descartes nicht nur nicht gesehen, sondern es (bzw. die seiner Zeit entsprechenden Parallelkonzeptionen) aus seinem Denken als Möglichkeit ausgeschlossen.[111] Seine einseitige ausschließliche Anerkennung des Kausalgesetzes hat dann gewisse Unklarheiten in bezug auf das Verhältnis von Seele und Körper in seinem System erzeugt, welche einer seiner Schüler, Arnold Geulincx[112], durch die Einführung der Idee, daß diese zwei Faktoren wie zwei gleichzeitig aufgezogene Uhren parallel liefen, zu ordnen versuchte.[113]

Descartes hat geahnt, daß der Zusammenhang zwischen Seele und Körper im Erleben der „passiones" zu suchen sei[114] – man vergleiche damit, daß nach C. G.

---

chen Änderungen sich Erhaltenden zu begreifen, wie es später als Energieprinzip von Leibniz in dem Streit mit den Cartesianern über das Maß der Kräfte formuliert wurde." p. 128: „Für Descartes ist aber der Begriff der kontinuierlichen Veränderung, und erst recht jener in der Zeit unzugänglich; denn außerdem zielt er noch auf eine völlige Elimination des Zeitparameters in seiner ,Géométrisation' der Physik ab." Vgl. auch p. 132f.

110 Vgl. C. G. Jung, „Synchronizität als ein Prinzip akausaler Zusammenhänge", in Ges. W. Bd. 8.
111 Natürlich konnte D. nicht das Synchronizitätsprinzip im Jungschen Sinn erkennen, aber er verwarf dessen ältere Vorstufen, wie die Korrespondenzlehre; die Causa finalis usw.
112 Über ihn s. Brockdorff l. c., p. 152.
113 Auf diese Tatsache hat Herr Prof. W. Pauli aufmerksam gemacht.
114 Vgl. Brockdorff l. c., p. 19ff.

Jung die Synchronizitätsphänomene speziell bei der Konstellation eines archetypischen Inhaltes und bei emotionalen Spannungszuständen beim Beobachter stattzufinden pflegen – aber Descartes hat die Idee der vermittelnden Leidenschaften nicht abklären und in Beziehung zu seinem physikalischen Weltbild bringen können.[115]

In dieser erleuchtenden Schreckensnacht versucht wohl das Unbewußte eben gerade *dieses* Tatsachengebiet und Problem Descartes eindrücklich vor Augen zu stellen, doch hat er es nicht erfaßt, sondern im ersten schreckhaften Erwachen aus seinem Traum denkt er an die „Einwirkung böser Geister", aber ohne diesen Gedanken zu vertiefen. Dadurch aber hat er nicht nur die Anima, sondern auch das Problem des Bösen und Irrationalen aus seinem Weltbild ausgeschlossen.

Die Erscheinung der Phantome bewirkt die oder koinzidiert mit der Tatsache, daß Descartes glaubt durch Straßen zu gehen – er ist aus seinem ständigen introvertierten Zimmeraufenthalt vertrieben, ins Kollektivleben hinausgejagt[116] – eine kompensatorische Wirkung ge-

---

115 Er rätselte an der Funktion der Zirbeldrüse herum, in der er den „Verbindungsort" von Körper und Seele vermutete. Näheres zu diesem speziellen Problem s. Geoffroy Jefferson: „René Descartes on the Localisation of the Soul" in „The Irish Journal of Medical Science" Nr. 285, Sept. 1949, p. 1 ff. Vgl. auch die dort angegebene weitere Literatur. Ich verdanke die Kenntnis dieses Artikels der Freundlichkeit von Herrn Dr. E. A. Bennet (London).

116 Dieses Motiv deutet J. O. Wisdom in seinem Aufsatz „Three Dreams of Descartes", The Internat. Journal of Psychoanalysis, Vol. 28, 1947, Part I, p. 11 ff., als unbewußte Furcht Descartes' vor Impotenz (Kastrationskomplex), doch ist es unerfindlich, weshalb Descartes eine solche Furcht haben sollte und diese in dieser Form dargestellt sein sollte, wenn man nicht an die „Censur" der Freundschen Theorie glauben will. Es lassen sich bei Descartes keinerlei spezifisch sexuelle Störungen nachweisen, wohl aber eine Verkümmerung des Gefühlslebens. J. O. Wisdom hebt hingegen wohl mit Recht hervor, daß bei Descartes ein Konflikt zwi-

genüber seiner Scheu, sich ins Leben des gewöhnlichen Menschen zu begeben und darüber hinaus ein Impuls, zu ihm noch unbekannten kollektiven Zielen hinzustreben. Außerdem zwingt ihn die Angst, sich tief nach links zu beugen (oder niederzuwerfen?).[117] Auch dies ist in erster Linie kompensatorisch zu verstehen: das Unbewußte will ihn nach links auf die weibliche Seite hinüberdrängen, die er allzusehr übersieht und mißachtet.[118] Descartes neigt sich vor Entsetzen nach links –

schen seinem Intellekt und seinem Lebensdrang bestand (1. c., p. 28 f.). Ich möchte im übrigen an dieser Stelle dem Autor dieses Artikels meinen herzlichsten Dank für die entgegenkommende Zusendung seines Aufsatzes aussprechen.

117 se renverser.

118 Über links als weiblich und chthonisch s. Bachofen: Versuch über die Gräbersymbolik der Alten, Basel 1859, p. 171 ff.: „Die linke Hand der Isis, aequitatis manus, ist ein in der Prozession herumgetragenes Symbol." (Apuleius Met. II. und I.) „Die linke Hand ist ‚otiosior'." (Macrob. Sat. 7. 13.) „Die Knaben werden nach antiker Anschauung aus dem rechten, die Mädchen aus dem linken Hoden gezeugt." S. auch Plutarch: Symp. 8. 8. und 5. 7. Nach Plato (Leges 4) sollen den chthonischen Göttern die linke Seite und eine gerade Zahl von Opfertieren, den olympischen die rechte und eine ungerade Zahl geopfert werden. – Links ist mit dem Norden, rechts mit dem Süden assoziiert. – Totenopfer werden mit der linken Hand ausgeführt. Vgl. C. G. Jung, *Psychologie und Alchemie*, Ges. W. Bd. 12, p. 152, über die linksläufige Circumambulation: „Links (sinister) bedeutet die unbewußte Seite. Die Linksläufigkeit der Bewegung bedeutet daher soviel wie eine Bewegung in Richtung des Unbewußten, während Rechtsläufigkeit ‚correct' ist und nach der Bewußtheit zielt. Vgl. auch Jungs Kommentar zum 22. Traum in jenem Band, p. 183, worin von „Links ganz abwürgen" die Rede ist (p. 202): „Wie das ‚Rechts' des Bewußtseins dessen Welt und deren Prinzipien darstellt, so soll durch ‚Spiegelung' eine Umkehrung des Weltbildes nach links vorgenommen werden, so daß eine Entsprechung im umgekehrten Sinne entstünde. Gleichermaßen kann es auch lauten: Durch ‚Spiegelung' erscheint ‚Rechts' als eine Umkehrung von ‚Links'. ‚Links' erscheint darum als gleichberechtigt mit ‚Rechts', respektive das Unbewußte und seine größtenteils unverständliche Ordnung werden zur symmetrischen Ergänzung des Bewußtseins

merkwürdigerweise erscheinen demnach wohl die Geister nicht links (wo sie, mythologisch gesprochen, eher hingehörten), sondern rechts – offenbar weil rechts eine „schwache Stelle", eine offene Türe zu den Inhalten des Unbewußten bestand. Da ihn das Unbewußte nach links jagt, hat er selber wohl eine Tendenz, zuviel nach rechts zu vergieren, welches ebenfalls *einer Unbewußtheit* entspricht, denn das Bewußtsein ist ein Phänomen der Mitte zwischen Trieb und Geist. C. G. Jung hat in seiner Schrift „Theoretische Überlegungen zum Wesen der Psychischen"[119] das bewußte psychische Leben einem Lichtstrahl verglichen, der einer Skala entlanggleitet, deren eines Ende dasjenige des Triebes und Instinktes darstellt, nämlich die psychoiden Lebensprozesse, welche allmählich in die chemischen Körpervorgänge übergehen, – deren anderes Ende die (ebenfalls psychoiden) archetypischen Inhalte bilden, als dem Element des Geistes. Beide Pole sind letztlich bewußtseinstranszendent.[120] Man könnte in diesem Sinne sagen, daß sich Descartes durch sein angestrengtes Meditieren zu viel dem geistigen Pol angenähert hatte und damit zu unbewußt nach dieser Seite hin (d. h. besessen von archetypischen Inhalten) geworden war. Deshalb fühlte er rechts „eine große Schwäche" und sucht ihn die Traumerscheinung zu einer Korrektur nach links zu bringen. Außerdem zwingt sie ihn, sich tief zu beugen – zum Ausgleich

---

und seiner Inhalte, wobei es erst noch dunkel bleibt, was sich spiegelt und was Spiegelbild ist. Man könnte daher, um diese Schlußfolgerung fortzusetzen, den ‚Mittelpunkt' auch *als Schnittpunkt zweier entsprechender, aber im Spiegel umgekehrter Welten* betrachten."

119 C. G. Jung „Theoretische Überlegungen zum Wesen des Psychischen" in Ges. W. Bd. 8, p. 240 ff.

120 Daß der Wind der Geist ist, sagt Descartes selber in den Cogitationes privatae A-T. X., p. 218: „Ventus spiritum designat, motus cum tempore vitam, lumen cognitionem, calor amorem, activitas instantanea creationem."

seines etwas inflatorischen „Enthusiasmus" (glaubt er
doch, wie Maritain betont, *der* berufene Mann zu sein,
die ganze Wissenschaft seiner Zeit zu reformieren.[121]

Beschämt versucht er jedoch aufrecht zu gehen und
erlebt dabei, daß ein heftiger Wirbelwind ihn packt und
auf dem linken Fuß herumwirbelt. Die Geister haben
sich nun in das *pneuma* verwandelt, in einen Sturm, der
ihn bedroht. Dies erst als er sich aufrichten will: „Hütet
euch, gegen den Wind zu speien!"[122] Der Mensch der
Renaissance, der seine mittelalterliche Demut ablegt
und sich aufrichtend seinem eigenen Denken zu vertrauen beginnt – er ist es, der von dem unheilvollen
Sturm erfaßt wird, der schon vorher bedrohlich bei den
„Brüdern des freien Geistes", den „Gottesfreunden am
Rhein", den Tertiariern und andern Heilig-Geist-Bewe-
gungen zu wehen begonnen hatte.[123] Vielleicht hat dieser
Wirbelwind auch mit dem „Sturm" der Reformation zu

---

121 1. c., p. 18 ff.
122 F. Nietzsche „Also sprach Zarathustra". Ende des Kapitels „Vom
    Gesindel" (Krönersche Taschenausgabe, p. 106). J. O. Wisdom
    deutet den Wind als Vaterimago, welche befruchtend und bedro-
    hend zugleich erscheine, wenn Descartes den Sexualakt zu voll-
    ziehen versuche (1. p., p. 15 f.).
123 Wie sehr sich Descartes von einer Art „Sapientia Dei" oder dem
    Heiligen Geist ergriffen fühlte, betont Maritain 1. c., p. 25: „C'est
    ainsi, croyons nous, que Descartes aperçut, ramassée dans une
    seule intuition, l'idée vitale, le Λόγος σπερματιχὸς de sa réforme
    philosophique." Er glaubt (cit. p. 25): „... à la Science universelle
    qui élèvera notre nature à son plus haut degré de perfection." (p.
    27): „L'enthousiasme solitaire qui l'anime à une origine divine,
    l'ivresse de la nuit du 10 novembre 1619 est une ivresse sainte, elle
    est en sa personne comme une pentecôte de la raison." (p. 30). Es
    ist „la science même de Dieu et des Anges. S'il en est ainsi, c'est
    sans doute par un effet de l'idéalisme et si j'ose dire de l'angélisme
    qui caractérise en général la philosophie cartésienne". Maritain
    durchschaut sehr klar die Hybris dieses neuen wissenschaftlichen
    Denkens und glaubt aber deshalb, „que c'est le songe d'une nuit
    d'automne *excité par un malin génie* dans un cerveau de philoso-
    phe ..." (1. c., p. 31).

tun, der in Deutschland, wo Descartes gerade weilt, die alte Ordnung zu zerbrechen beginnt. In dem Sturm könnte sich offenbaren, daß auch schon die Geister des ersten Traumes zum Totenheer Wotans, zum wilden Heer, gehörten.[124] Descartes ist ein von dem neuen Geist Ergriffener – seine Entdeckungen öffnen Wege zur Bildung der Weltanschauung eines neu-anbrechenden Zeitalters, dessen Merkmal die Entwicklung des wissenschaftlichen Denkens einerseits, aber auch einer unheilvollen Bewußtseinshybris anderseits ist, für die spätere Generationen büßen müssen. Wieder ist die linke Seite als hilfreich charakterisiert – auf dem linken Fuße kann Descartes noch den Standpunkt auf der Erde halten, doch wirbelt es ihn drei- oder viermal im Kreise herum.

Dieses Herumwirbeln bewirkt, daß er, sich um seine eigene Achse drehend, abwechselnd nach allen Himmelsrichtungen blicken muß – eine Kompensation für seine einseitig orientierte Blickrichtung. Das Unbewußte beabsichtigt wohl eine Horizonterweiterung und zugleich eine Verlegung des Rotationszentrums in die eigene Sphäre, von außerhalb seiner selbst, im Kosmos. Dieses Bild vom Wirbel erscheint nämlich auch in Descartes' kosmogonische Theorie projiziert: nach ihr geht die Welt von einer kontinuierlich ausgebreiteten Gleich-

---

124 Daß hinter diesen Ausbrüchen des deutschen Geistes das archetypische Bild Wotans steht, vgl. C. G. Jungs Aufsatz „Wotan" in Ges. W. Bd. 10, p. 203 ff. Wotan (Odin) ist ein Wind- oder Sturmgott, der Führer des wuotes-Heer, d. h. der Toten, der große Zauberer, und er verkörpert, wie Jung sagt (p. 213): „die triebmäßig emotionale sowohl wie die intuitiv-inspirierende Seite des Unbewußten". Für die mythologische Phänomenologie s. M. Ninck „Wodan und germanischer Schicksalsglaube", Jena 1935, und E. Mogk „Germanische Religionsgeschichte und Mythologie", Gruyter, Berlin–Leipzig 1927, p. 64 ff. Wotan verhält sich auch wie Spukgestalten (ebda., p. 65). Er ist der Erzeuger des Enthusiasmus (ebda., p. 67), ein Betörer der Frauen (ebda., p. 74) und ein *Zauberer*.

verteilung des ausgedehnten Stoffes aus; darin gerieten die Kügelchen der vier Urelemente in Wirbelbewegung, indem sie um sich selbst und um gewisse äußere Zentralpunkte zu rotieren begannen, die heutigen Sterne.[125] Wie J. O. Fleckenstein bemerkt[126], bilden diese bizarren cartesischen Wirbel „den ersten Versuch einer Kontinuumphysik". Schöpfungsmythen sind an sich Darstellungen des Unbewußten von der Entstehung des Bewußtseins, so daß man aus Descartes' eigener Theorie rückschließend diese Wirbelbewegung im Traum als Beginn einer Bewußtwerdung deuten könnte.

Daß es Descartes im Traum gerade drei- oder viermal herumwirbelt, ist ein bemerkenswertes Detail – ist doch die problematische Relation von Drei zu Vier eben gerade *die* psychologisch bedeutsame Angelegenheit, welche schon in dem alchemistischen Axiom der Maria Prophetissa: „Die Eins wird zu Zwei, die Zwei zu Drei und aus dem Dritten wird das Eine als Viertes" ausgedrückt ist.[127] „Die Unsicherheit weist", wie C. G. Jung ausführt[128], „auf ein Sowohl-als-auch hin, d. h. die Zentralvorstellungen sind sowohl quaternarisch wie ternarisch. Der Psycholog kann nicht umhin, als auf die Tatsache verweisen, daß auch die Psychologie des Unbewußten eine ähnliche Perplexität kennt: die am wenigsten differenzierte sogenannte „minderwertige" Funktion[129] ist mit dem kollektiven Unbewußten dermaßen kontaminiert, daß sie beim Bewußtmachen neben anderen auch den Archetypus des Selbst mit sich bringt, τὸ ἓν τέταρτον, wie Maria sagt. Vier hat die Bedeutung

---

125 Nach J. O. Fleckenstein: Cartesische Erkenntnistheorie etc. 1. c., p. 122–124.
126 Ebda.
127 Vgl. C. G. Jung, *Psychologie und Alchemie,* 1. c., p. 38.
128 Ebda., p. 41 f.
129 Meine Fußnote: Vgl. C. G. Jung „Psychologische Typen", Definitionen.

des Weiblichen, Mütterlichen, Physischen, Drei die des Männlichen, Väterlichen, Geistigen. Die Unsicherheit zwischen Vier und Drei bedeutet also so viel als ein Schwanken zwischen Geistig und Physisch ..." Wie oben gesagt, liegt gerade darin *das* Problem bei Descartes, der mit seinem Kausaldenken und dementsprechend mechanistischen Weltbild das Physische und Psychische auseinanderriß, und der auch in seinem persönlichen Leben das Vierte, d.h. Weibliche, Mütterliche nicht zu integrieren vermochte. Man könnte vielleicht einwenden, daß damit zuviel in dieses Traumdetail hineingelegt sei, aber es ist eben doch – wieder einmal typischerweise! – gesagt, daß es ihn drei- oder viermal herumwirbelt und nicht mehr oder weniger. Zu erwähnen wäre wohl ferner, daß der Name „Descartes" ursprünglich „de Quartis" lautet.

Während es ihn dermaßen herumwirbelt, ist Descartes ständig von der Furcht gequält, zu fallen – die Erde, d.h. die Wirklichkeit, das Weiblich-Mütterliche, zu berühren! Da bemerkt er ein Collège, das offen steht und will in dessen Kirche durch Gebet Hilfe und Zuflucht finden. Dieses Collège dürfte, wie Maritain betont, nicht ohne Beziehung zum Jesuiten-Collège „La Flèche" sein, in welchem Descartes aufwuchs.[130] Es stellt daher wohl die geistige Schulung und kirchliche Vorstellungswelt in ihm dar, durch welche er sich – wie so viele im Zeitalter der Gegenreformation – vor dem Ergriffenwerden durch den neuen Geist zu schützen suchte. Der Sturm weht in Richtung zur Kirche hin – es kann also nicht jener Wind sein, der einst die Urkirche erfüllte, – es ist vielmehr ein Sturm, der seinen Ursprungsort nicht *in* der Kirche, sondern *außerhalb* von ihr hat. Er weht „wo er will", und die

---

130 So schließt auch J. Maritain „Le songe" l. c., p. 5–7. Leider denkt Maritain (p. 8) daß „le commerce avec les génies excitateurs des songes" den Katholiken nur suspekt vorkommen könne.

Kirche ist nicht mehr sein Gefäß, sondern je nachdem ein Hindernis auf seiner Bahn oder ein Schutzort für die, die den Wind fürchten. Mit einem treffenderen Symbol ließe sich wohl die Zeitsituation nicht darstellen! Dieses Paradox hat Descartes selber zu denken gegeben: er deutete den Wind als „le mauvais Génie qui tâchait le jetter par force dans un lieu où son dessein étoit d'aller volontairement."[131] Eine Marginalnotiz sagt noch: „A malo Spiritu ad Templum propellebar: C'est pourquoi Dieu ne permit pas qu'il avançât plus loin et qu'il se laissât emporter, même en un lieu saint, par un Esprit qu'il n'avait pas envoyé: quoy qu'il fût très-persuadé, que c'eût été l'Esprit de Dieu qui luy avoit fait faire les premiéres demarches vers cette Eglise." – Descartes ist begreiflicherweise im Zweifel, ob dieser Wind der Geist Gottes sei oder der Geist Satans, der auch als ein von Norden kommender „ventus urens" galt.[132] Diese Unsicherheit von Descartes über die moralische Bedeutung des Sturmes ließe sich mit den Zweifeln vergleichen, die Ignatius von Loyola empfand, als er in einer ihn tief beglückenden Vision eine Schlange, „die voller leuchtender Augen war, obwohl es eigentlich keine Augen waren", sah.[133] Er schloß aber später, daß es eine diabolische Erscheinung sein müsse.[134] Auch Niklaus von der Flüe mußte seine erschreckende Gottesvision später

---

131 A-T. „Œuvres X." 1. c., p. 185.
132 Vgl. Rhabanus Maurus: Migne P. L., tom. CX col. 860. Adam Scotus: P. L. tom. CXCVIII col. 760. St.Eucherius, ebda. tom L. col. 739. St. Victor Garnerius, ebda. CXCIII col. 59. Gregor Magnus LXXVI col. 1019, 1026 und 1054 u.a.m. Näheres s. C. G. Jung „Symbolik des Selbst" in „AION", Rascher, 1951, p. 151.
133 Philipp Funk: Ignatius von Loyola, Berlin 1913, p. 57 und 66. Vgl. ferner die Ausführungen von C. G. Jung in „The Process of Individuation", E. T. H. Lectures Zürich, Juni 1939 bis März 1940, p. 20 und 24 (ungedruckt), mit freundlicher Erlaubnis von Prof. Jung angeführt.
134 Ebda., p. 24.

überarbeiten, da ihn das individuelle Urerlebnis fast zersprengte.[135] Um etwas Ähnliches handelte es sich auch hier: an sich ist der Sturm ein moralisch indifferentes Bild, das spontan aus dem Unbewußten auftaucht, es symbolisiert ein Urerlebnis des Geistes, dessen Auswirkungen verschieden sein können – wer sich mitreißen ließ, stürmte gegen die Kirche, wer floh, der mußte sich in der Kirche verschanzen, Fenster und Türen schließen, und konnte sie nicht mehr ohne Gefahr verlassen und frei herumgehen. Die Demut, sich zur Erde zu beugen, fanden wohl nur wenige – Descartes jedenfalls nicht, und deshalb entschloß er sich nachträglich, den Sturm als Wirkung des bösen Geistes zu erklären.

In seinem Dahineilen bemerkt er hingegen, daß er ohne Gruß an einem Bekannten vorbeigeeilt sei und versucht zurückzukehren, um seinen Fehler gutzumachen, aber der Wind hält ihn auf. Leider besitzen wir keine Assoziationen und Angaben, wer dieser Herr N. war, so daß wir nicht sehen können, welche Rolle er in der Psyche von Descartes spielte[136], aber offenbar war es ein Mensch, zu dem Descartes eher positiv oder respektvoll eingestellt war, so daß er bereute, ihn nicht gegrüßt zu haben. Wir können daher nur so viel sagen, daß er einen Persönlichkeitsanteil darstellt, den Descartes in Gefahr ist, in seinem Enthusiasmus zu übersehen. Die außergewöhnliche Denkbegabung, ja eigentliche schöpferische Genialität des erst 23jährigen Mannes legt es ja nahe, daß er sich einseitig entwickelte, seinem eigenen Wesen teilweise weit vorauseilte, um Stücke seiner Persönlichkeit unentwickelt zurückzulassen. Seine Lebensflucht und Scheu vor Liebesabenteuern und sein Skeptizismus

135 Vgl. C. G. Jung, „Bruder Klaus" in Ges. W. Bd. 11, p. 345ff.
136 Schon Freud hat mit Recht (l. c.) das Bedauern ausgesprochen, daß uns zu einer völlig *sicheren* Deutung des Traumes die Assoziationen Descartes' fehlen, was bei diesen menschlichen Figuren besonders der Fall ist.

begünstigten eine solche einseitige Entwicklung seines introvertierten Denkens noch mehr.

Insofern wir wissen, daß in jener Zeit Descartes eine besondere Anstrengung machte, sich seines eigenen Denkens bewußt zu werden, ist anzunehmen, daß der Persönlichkeitsteil, an dem er achtlos vorbeigeht, mehr mit seiner emotionalen und gefühlsmäßigen Seite zu tun haben wird und im weiteren Sinn überhaupt mit seiner undifferenzierten vierten Funktion verbunden sei. Deshalb ist es vielleicht nicht abwegig, in dem Herrn N. eine *Schattenfigur* von Descartes zu vermuten, die jedoch für ihn eher positive Bedeutung hatte, und die von ihm nur übersehen, nicht aber abgelehnt wurde. Es wäre interessant zu wissen, was Descartes in seiner verlorenen Schrift „De genio Socratis" geschrieben hat; denn bei Sokrates liegt tatsächlich auch eine Persönlicheitsspaltung vor, wobei sein „Daimonion" ausgesprochen „kabirische" Züge trägt. Vermutlich hat sich Descartes für Sokrates interessiert, weil er sein eigenes Problem in ihn projizierte. Er spricht ja auch davon, daß „le génie" ihm den großen Traum im voraus angekündigt hätte [137], wobei es unklar bleibt, was er genau damit meinte – am ehesten, wie Sirven vermutet, eine Art „spiritus familiaris" oder ein *„cousin de l'ange gardien."* [138]

Zwar versucht Descartes im Traum den Fehler auszugleichen, aber dann kommt er gegen den Wind zu stehen. Der Ausgleichsversuch wäre nämlich ein Schritt zur inneren Ganzwerdung gewesen; aber in einem solchen Augenblick wird auch der ganze Widerstand der Kollektivbewegungen spürbar, dann kommt die Konfrontation mit dem Zeitgeist und die Auseinandersetzung und indi-

---

137 A.-T. X., p. 186: Il ajoute que le Génie qui excitait en luy l'enthousiasme dont il se sentait le cerveau échauffé depuis quelques jours, luy avoit prédit ce songe avant que de se mettre au lit et que l'esprit humain n'y avoit aucune part.

138 Vgl. Sirven l. c., p. 131–132.

viduelle Selbstbehauptung ihm gegenüber – ein Schritt, den Descartes, wie seine Biographie zeigt, nie gewagt hat. Hat er doch selber von seinem Auftreten in der Welt gesagt: „larvatus prodeo" – (nur) mit einer Maske trete ich vor die Öffentlichkeit.[139] Aber er hat es nicht nur außen nicht gewagt – auch innerlich blieb er in den entscheidenden religiösen Fragen seiner Zeit wie in seiner persönlichen Lebensgestaltung merkwürdig unentschieden. Durch das Fehlen der Mutter mangelte ihm die Vitalität und die Verwurzelung in der Erde, um sich gegen den Sturm zu behaupten.

Immerhin – schon der Versuch, den zurückgelassenen Herrn N. zu erreichen, bringt eine positive Wendung im Traum: im Schulhof des Collège ruft ihn ein anderer Mann an, er wolle ihm, falls er Herrn N. aufsuche, etwas mitgeben und Descartes meint im Traum, es sei wohl eine Melone, die man aus einem exotischen Lande gebracht habe.

Die Kirche als geistiger Schutzraum ist zwar irgendwie aus dem Gesichtskreis von Descartes im Traum gewichen, doch anstatt dessen dient ihm der Schulhof noch als mütterlich-umhegender Temenos – die strenge geistige Schulung[140], die Descartes von den Jesuitenpatres erhalten hatte und die in seiner ganzen Philosophie für immer spürbar blieb.[141] Die Leute in diesem Rahmen

139 Adam „Descartes" 1. c., p. 305 und A-T. X., p. 213 (Cogitationes privatae): „Ut comedi ne in fronte appareat pudor personam inducunt, sic ego, hoc mundi theatrum conscensurus, in quo hactenus spectator exstiti *larvatus prodeo*.

140 Wisdom deutet die Schule als „Mutter" im typisch Freudschen personalistischen Sinn; obwohl die Kirche, wie der Schulhof, vermutlich mütterliche Bedeutung für Descartes in einem weiteren Sinn tatsächlich besessen haben.

141 Vgl. Adam „Descartes" 1. c., p. 22. Näheres über das Schulprogramm und die Lehrer von Descartes s. Sirven 1. c., p. 27 ff. Besonders Aristoteles und Thomas von Aquin wurden ausführlich behandelt (ebda., p. 31 ff.). Sirven betont (1. c., p. 31 f.): „Nous sai-

können alle ruhig aufrecht stehen – nur ihn bedrängt der Wind noch weiter.

Er ist eben ein „Ergriffener", einer, der vom Zeitgeist berührt wurde – der Traum hebt in dieser Hinsicht seine individuelle Lage hervor. Der Unbekannte, den Descartes im Schulhof trifft, dürfte wohl diejenige Seite in ihm darstellen, die noch völlig im Rahmen des kirchlichen Geistes verblieben ist – eine Figur, die den traditionellen Geist bzw. *den Katholiken in ihm darstellt.* Es ist nämlich mit Recht öfters hervorgehoben worden, daß Descartes irgendwo eine Art von starrem statischem Glauben in sich hegte – ganz getrennt von seinem lebendigen geistigen Suchen, eine „fides *non* quaerens intellectum", wie Maritain es treffend formuliert.[142] Vermutlich ist *diese* Seite von Descartes in dem Mann im Schulhof verkörpert. Dieser Mann hat jetzt aber einen interessanten Auftrag an ihn: er solle Herrn N. etwas bringen – und Descartes denkt, es sei eine Melone.

Zwischen dem auf der Straße übergangenen Herrn N. und dem Mann im Schulhof besteht somit eine Beziehung, ein Tauschhandel oder Geschenkverkehr, in den Descartes instrumentell eingeschaltet werden soll. Offenbar wird diese innere „zurückgebliebene" Seite in Descartes noch weitgehend von dem traditionellen Schulgeist erhalten. Es handelt sich bei Herrn N., wie erwähnt, um einen unbewußten Persönlichkeitsanteil, der aber – und dies ist bedeutsam – nicht mit dem Katholiken in ihm zusammenfällt, sondern im Traum außerhalb

---

sissons ainsi sur le vif l'interaction des diverses influences qui se sont exercées sur son (scil. D.) esprit et que nous sommes obligés de séparer pour rendre notre exposé plus précis. Mais *l'idée primitive qui l'a orienté dans ce sens (scil. einer geistigen Denkdisziplin) lui est venue de la logique de l'Ecole dont il a simplifié peut-être à l'excès les directions générales!* (Auszeichnung von mir.)

142 1. c., p. 86. Vgl. auch die weiteren Angaben und Autorenzitate zu diesem Problem.

des kirchlichen „Rahmens", auf der Straße, d. h. im kollektiven, profanen Bereich auftritt. Er könnte daher
eventuell eine nicht-christliche Schattenfigur darstellen.
Da Descartes sich nicht um diesen unbewußten Persönlichkeitsanteil gekümmert hat, muß er von woandersher
ernährt werden, und er erhält seine Nahrung offenbar
vom Collège. Vielleicht läßt sich dies in Beziehung damit setzen, daß Descartes jedesmal, wenn er angegriffen
wurde, bei seinen alten Schulmeistern Hilfe suchte;
denn, da er als Persönlichkeit innerlich nicht geeint war
und seinen Schatten nicht bei sich hatte, fehlte ihm die
Kraft, um sich dem geistigen Kampf seiner Zeit zu stellen.

Erstaunlich ist der Gegenstand, den Descartes dem
Herrn N. überbringen soll: eine Melone, die man, wie er
vermutet, aus einem exotischen Lande gebracht hatte.

Die Melone hat im Osten wie in Südeuropa und
Afrika eine wichtige symbolische Bedeutung. Im Abendland bzw. im Mittelmeergebiet ist sie schon im Altertum
bekannt gewesen und hat sich vermutlich von Ägypten
her überallhin verbreitet. Schon im 4. Buch Mose, Kap.
II, V. 4–5, werden die Melonen unter den Früchten erwähnt, um derentwillen sich die Kinder Israel nach
Ägypten zurücksehnen: „Das Pöbelvolk aber unter ihnen war lüstern … und sie sprachen: Wer will uns
Fleisch zu essen geben? Wir gedenken der Fische, die
wir in Ägypten umsonst aßen, und der Kürbisse, *der Melonen,* des Lauchs, der Zwiebeln und des Knoblauchs[143].
Nun aber ist unsere Seele matt; denn unsere Augen sehen
nichts als das Man."[144] Diese Stelle ist insofern wichtig,

---

143 Celsius: Hierobotan. I, 356 und II, 47.
144 Num. 11.5. Recordamur piscium quos comedebamus in Aegypto
    gratis: in mentem nobis veniunt cucumeres et pepones porrique et
    cepe et allia. Anima nostra arida est, nihil aliud respiciunt oculi
    nostri nisi Man. Erat autem Man quasi semen coriandri coloris
    bdellij (Vulgata).

180

als in der patristischen Literatur der Auszug der Juden aus Ägypten als ein Aufbruch aus der polytheistischen heidnischen Unbewußtheit aufgefaßt wurde.[145] Demnach sind die Melonen die geliebte Nahrung des *heidnischen Schattens* der Juden bzw. auch der Christen. Dies ist wichtig, weil wir in bezug auf Herrn N. vermutet hatten, daß er eine nichtchristliche Schattenfigur von Descartes verkörpern könnte. Diese Bibelstelle dürfte im übrigen Descartes bekannt gewesen sein.

Im griechischen Kulturbereich heißt die Melone πέπων = reif, ausgekocht (auch ein Kosewort für Kind!). In einem Scholion ist sie auch einmal als „spermatias" bezeichnet[146], wohl um ihrer vielen Samen willen. Die runde Eßmelone wurde dann speziell zur Unterscheidung von der Wassermelone als μηλοπέπων (Quittenapfel) bezeichnet[147], um ihrer apfelförmigen (mēlon = Apfel) Form willen. Davon stammt das lateinische Wort melo, melonis und unser Wort Melone. Schon die Alten haben sich gewundert, warum gerade diese Frucht als „reif" bezeichnet wurde, da ja alle diesen Namen verdienten.[148] Sie wurde geschätzt wegen ihres Wasserreichtums und ihrer erfrischenden, abführenden Wirkung.[149] In der mittelalterlichen Volksmedizin galten ihre Samen, in Milch verkocht, als Mittel gegen Lungenschwindsucht[150], was insofern erwähnenswert ist, als Descartes schwach auf der Lunge war und an Lungenentzündung gestorben ist.

---

145 Das Material s. M.-L. von Franz, *Die Passio Perpetuae,* Daimon, 1983.
146 Pollux bei Athen. VI. 46 C.
147 Plinius: Nat. hist. XIX, 67.
148 S. Pauly-Wissowa: Realencyclop. des Altertums unter „Melone".
149 Plinius 1. c., 21,6: caro peponis mirifice refrigerat. Sie gilt als besonders ὑγρὸς - feucht.
150 S. O. v. Hovorka – A. Kronfeld: Vergleichende Volksmedizin. Stuttgart 1909. Band II p. 34.

In der chinesischen Vorstellungswelt des Orakelbuches I-Ging[151] ist die Melone durch das Zeichen Kiän, den Himmel, symbolisiert, weil Kiän rund ist. Dabei wird aber betont, daß die Melone leicht faule, und sie gehöre daher als solche dem weiblichen, dunklen Yin-Prinzip an.[152] Das Bild einer „mit Weidenblättern bedeckten Melone" wird daher gedeutet als „verborgene Linien – da fällt es einem vom Himmel herunter zu". Dies bedeutet wohl, daß *die Melone eine latente lichte Ordnung innerhalb des Dunklen darstellt, welche plötzlich und unerwartet offenbar wird.*

Das Hauptthema des ganzen Abschnittes im I-Ging bildet das unerwartete Entgegenkommen eines leichtfertigen, frechen Mädchens gegenüber fünf Männern, weshalb man sie, wie es heißt, nicht heiraten solle.[153] Es heißt dann aber im Kommentar weiter: „Was aber in der menschlichen Gesellschaft vermieden werden muß, das hat im Naturleben seine Bedeutung. Hier ist das Zusammentreffen der irdischen und himmlischen Kräfte von großer Bedeutung; denn in dem Augenblick, wenn das Irdische eintritt, während das Himmlische auf der Höhe ist ... entfalten sich die Dinge zur Höhe ihrer körperlichen Erscheinung und das Dunkle kann dem Lichten nicht schaden." Dieses dunkle Yin-Prinzip ist aber nach dem Kommentar *durch die Melone symbolisiert.* Die Melone hat hier somit mit dem Bild einer *dunklen hetärischen Anima zu tun,* die noch ein Stück unverfälschter

---

151 *I-Ging.* Das Buch der Wandlungen, ed. Rich. Wilhelm. Diederichs. Jena 1923, Vol. I, Nr. 44 „Das Entgegenkommen"; Neun auf fünftem Platz, s. Band III p. 184.

152 Auch ein spanische Sprichwort sagt von der Melone: „Por la mañana oro / a medea dia plata / porla noche mata" – Am Morgen Gold, am Mittag Silber, aber zu Nacht Tod. Ein anderes sagt: Issest du Wassermelonen zum Nachtessen, fühlt sich sogar der Nachbar schwach.

153 Ebda. Vol. III p. 182.

und unassimilierter Natur darstellt – gefährlich für die menschlichen konventionellen Ordnungen. (Man denkt unwillkürlich an Descartes' Liaison mit Helena Jans). Diese Beziehung des Symbols der *Melone zum Bild der Anima* kommt wohl daher, daß sie eine *sehr wasserreiche Frucht* ist und das Wasser ein verbreitetes Symbol für das Lebendige des seelischen Wesens ist.[154] „Die alten Alchemisten wurden nicht müde, ausdrucksvolle Synonyme dafür zu ersinnen: Sie nannten die ‚aqua nostra' auch den ‚mercurius vivus', das ‚vinum ardens', die ‚aqua vitae' den ‚succus lunariae' usw., womit sie, im Gegensatz zur obligaten Körperlosigkeit des abstrakten Geistes, ein lebendiges Wesen, dem die Stofflichkeit nicht fremd ist, charakterisieren wollten.[155] Der Ausdruck ‚succus lunariae' weist auf die Nächtlichkeit des Ursprungs, und ‚aqua nostra' wie ‚mercurius vivus' (Quecksilber) auf die Erdhaftigkeit der Quelle hin. Das ‚acetum fontis' ist ein mächtiges Scheidewasser, das einerseits alle gewordenen Dinge auflöst und dadurch andererseits zum dauerhaftesten aller Gebilde führt: nämlich zum geheimnisvollen Lapis."[156] Diese alchemistischen Amplifikationen werden sich als nicht so weit hergeholt erweisen, wie es zunächst erscheinen mag – weist doch das wäßrige Element in der Melone auf die Anima und das Problem des Bösen hin, wie sich noch deutlicher zeigen wird: In einem japanischen Märchen *„Prinzessin Melone"* wird folgendes erzählt:[157] Ein altes kinderloses Ehepaar lebt allein in den Bergen. Als die Frau am Flusse wäscht, sieht sie von dessen Oberlauf

---

154 Vgl. C. G. Jung: *Psychologie und Alchemie* l. c., p. 113 ff.

155 Man vergleiche die Spukphänomene in Descartes' drittem Traum, wo diese Subtlebody-Qualität des Psychischen auch angedeutet ist.

156 Vgl. C. G. Jung, *Psychologie und Alchemie,* Ges. W. Bd. 12, p. 94 ff.

157 Japanische Volksmärchen, ed. E. Diederichs. Jena 1938, p. 185 ff. Sammlung: „Die Märchen der Weltliteratur", ed. F. v. d. Leyen.

her eine große Melone anschwimmen und nimmt sie mit nach Hause. Wie die Alten die Frucht aufschneiden, finden sie darin ein winziges, wunderschönes Mädchen, das sie „Prinzessin Melone" nennen. Sie wächst heran zu einer klugen schönen Jungfrau. Wie die Alten einst an ein Dorffest weggehen, und sie allein das Haus hütet, kommt der böse Dämon Amanojaku, zerrt sie weg, bindet sie an einem Dattelpflaumenbaum im Garten an, nimmt durch Zauber ihre Gestalt an und setzt sich an ihre Stelle. Aber es gelingt ihr, den heimkehrenden Eltern zuzurufen, was geschehen ist, so daß sie den Dämon töten können. Nach anderen Varianten frißt der Dämon die Prinzessin, wird aber dann des Mordes überführt und getötet; sein verspritztes Blut färbt im Herbst die Hirsepflanzen so rot.

Für den vorliegenden Zusammenhang des Traumes wesentlich ist die Tatsache, daß dieser Melonengeist *aus dem Wasser stammt* (vom „Strome des Lebens und des Geschehens" herangespült) und die geheime Attraktion eines bösen Dämons bewirkt, d. h. daß sie wohl selber einen solchen dunklen Hintergrund besitzt. Diese Melonenprinzessin erinnert an ein Zentralmotiv einer Gruppe europäischer Märchen vom Typus „Die drei Zitronen" (oder Orangen)[158]: Ein Prinz sucht eine schöne Frau und findet mit Hilfe eines weisen alten Mütterchens *an einer Quelle* einen Zitronenbaum. Dreimal schneidet er eine Frucht auf, „alsbald erscheint jedesmal ein schönes Frauenbild und spricht: ‚Gib mir zu trinken!' Erst das drittemal gibt er ihr aber rasch genug zu trinken, so daß sie nicht, wie die zwei ersten Frauen, stirbt, sondern in ihrer schönen Nacktheit vor ihm steht. Er läßt sie sich auf einem Baum verbergen, während er

---

158 Vgl. J. Bolte – G. Polivka: Anmerkungen zu den Kinder- und Hausmärchen der Brüder Grimm. Leipzig 1930, Bd. IV, p. 257 und die dort angegebenen Varianten. Weitere Varianten finden sich in Bd. II (1915), p. 125.

ihr Kleider holt, aber in seiner Abwesenheit wird sie von einer bösen Mohrin (Köchin, Hexe usw.) entdeckt, die sie tötet und sich an ihre Stelle setzt. Als Taube erscheint die Tote wieder, wird abermals getötet, aus ihrem Blute wächst ein Zitronenbaum, und wie der Prinz wieder davon eine Frucht öffnet, tritt sie erlöst heraus; und die böse Mohrin wird bestraft. – Auch hier ist die Anima in der gelben, runden Frucht[159] verborgen und wie die Melonenprinzessin zieht sie eine dunkle chthonische Entsprechung an, die das Problem der Auseinandersetzung mit dem Bösen für den Menschen konstelliert.

Dieses Problem des Bösen leitet über zu einer weiteren Bedeutung der Melone: sie spielt nämlich eine symbolisch bedeutsame Rolle im *Manichäismus,* als die rituelle Speise der sogenannten „electi".[160] Sinn und Zweck der manichäischen Lebensführung ist es ja, die in der Finsternis gefangenen „Lichtkeime" zu retten und der ursprünglichen Lichtwelt wieder zuzuführen. Pflanzen und Bäume aber haben besonders viele dieser Lichtkeime in sich, in ihnen lebt die „anima passibilis" des Erlösers, „der in jedem Holze gekreuzigt ist."[161] Die Pflanzen- und Menschenkörper enthalten aber die meisten Lichtkeime, weil sie aus den Samen der Archonten entstanden sind. Die „electi", die höheren Eingeweihten bei den Manichäern, lebten daher streng vegetarisch und aßen fast nur Pflanzen mit möglichst vielen Licht-

---

159 Vgl. A. Fischer: Die Quitte als Vorzeichen bei Persern und Arabern und das Traumbuch des 8 Abd-al-Ranī an-Nabulūsī, in Zeitschrift der deutschen morgenländischen Gesellschaft. Bd. 68. Leipzig 1914, p. 301, wonach Quitte, Limone, Pfirsich, Orange und „kleine Melone" ein häufig gebrauchtes poetisches Bild für die weiblichen Brüste sind. Bei den Persern war die Quitte ein symbolum boni (p. 275), weil sie wie Moschus duftet, wie Gold gefärbt ist und wie der Vollmond gestaltet (p. 300).

160 Auserwählten = höheren Eingeweihten.

161 S. H. Ch. Puech: Der Begriff der Erlösung im Manichäismus. Eranos-Jahrbuch 1936, bes. p. 258/59.

keimen, worunter Gurken und Melonen speziell erwähnt werden. Sie taten dies, um die Lichtsubstanz dieser Früchte in ihrem Körper, welcher keusch lebte, aufzuspeichern und sie dem Zeugungsprozeß zu entziehen. Die „electi" sahen sich, wie das Schöpfrad des Kosmos [162], im kleinen als eine Art Maschine zur Rettung der Lichtsubstanz, ihre Verdauung befreite die Lichtparzellen, und bei ihrem Tode gelangten sie ins Lichtreich zurück.[163] Der gute Geruch, Geschmack und die schöne Farbe bei der Melone sind es, weshalb sie (nach *Augustinus*) zu den „goldenen Schätzen Gottes" gehörte.[164] Als

---

162 Über dieses s. Acta Archelai, ed. C. Beeson. Leipzig 1906, p. 12 f., und Jungs Kommentar in Psychologie und Alchemie 1. c., p. 515.

163 S. Puech 1. c., p. 259 und Ferd. Chr. Baur: Das manichäische Religionssystem. Tübingen 1831, spez. p. 287. Augustinus: Contra Faustum V. 10: „Si melioris meriti sunt (auditores) in melones et cucumeres vel in alios aliquos cibos veniunt, quos vos manducaturi estis, ut vestris ructatibus cito purgentur." Vgl. auch Baur 1. c., p. 250.

164 Vgl. Baur 1. c., p. 250, d. h. Augustinus: De moribus Manichaeorum, cap. 16. Migne P. L. tom XXXII, col. 1362: „Cur de thesauris Dei melonem putatis aureum esse et pernae adipem rancidam?" … Col. 1363: „An bona tria, ubi simul fuerint, i. e. color bonus et odor et sapor, ibi esse maiorem boni partem putatis?" Siehe ferner A. von Le Coq „Die buddhistische Spätantike in Mittelasien: Die manichäischen Miniaturen II. Teil. (Ergebnisse der kgl. preuß. Turfan-Expedition.) Reimer. Berlin 1923, wo auf Tafel 8 16 *Melonen* abgebildet sind. Wie von Le Coq, p. 53 ausführt, handelt es sich um eine Darstellung des sogenannten βῆμα-Festes zu Ehren des 273 n. Chr. erfolgten Märtyrertodes von Mani. Dieses Fest wurde gefeiert angesichts des leeren Tribunals (βῆμα), dem Lehrstuhl des Meisters. Die fünf Stufen, die zu ihm hinaufführen, bedeuten die fünf Elemente oder Ränge der Magistri, Episcopi, Presbyteres, Diaconi und Electi. Rechts und links sind Sonne und Mond, denn Mani ist „medius Solis et Lunae". Vor dem Tribunal ist eine Schale mit drei Lagen Früchten: *unten gelbe Melonen,* in der Mitte Trauben, und *oben grüne Melonen.* Auf dem Tisch liegen Weizenbrote in Gestalt der Sonnenscheibe mit darumgelegter Mondsichel. Ich verdanke C. G. Jung den Hinweis auf dieses Material.

lichtenthaltende Frucht erinnert sie an die Rolle des Paradiesapfels, dessen Genuß das bis anhin Gott allein gehörende Wissen um Gut und Böse den Menschen vermittelt. Der Apfel enthält eigentlich keimhaft die Möglichkeit der Bewußtwerdung durch das Wissen des in ihm enthaltenen Gegensatzes von Gut und Böse. Descartes dürfte die manichäische Bedeutung der Melone ziemlich sicher gewußt haben, denn er kannte Augustins Schrift „De Genesi contra Manichaeos[165]" und wird daher wohl auch die meistens damit zusammen abgedruckten weiteren Traktate Augustins gegen die Manichäer gelesen haben. Daher darf man annehmen, die Melone könnte für ihn – wie der Paradiesapfel – *eine Versuchung bedeutet haben, über das Problem von Gut und Böse tiefer nachzudenken* und im Gegensatz zur kirchlichen Auffassung des Bösen als einer „privatio boni"[166] die manichäische Anerkennung der *göttlichen Wirklichkeit des Bösen* zu teilen. Er fühlte sich ja damals vom „mauvais Génie" bedroht, aber er hat sich philosophisch später mit dem Problem nicht mehr tiefer auseinandergesetzt. Es ist wohl kein Zufall, daß er von diesem manichäischen Symbol träumt und im ersten Erwachen, „zwei Stunden lang über das Gute und Böse dieser Welt mancherlei Gedanken hatte", wie er selber berichtet. Das Bild der Melone legt tatsächlich die Idee einer – durch das Annehmen der Anima und des Konfliktes von Gut und Böse – auf Lebenserfahrung basierenden *Bewußtwerdung* nahe. Sie ist gleichzeitig auch das Weibliche, welches zwischen Descartes' kirchlicher und nichtkirchlicher inneren Seite vermittelte.

Die manichäische Idee der Rettung der Lichtkeime findet sich auch in verschiedenen gnostischen Systemen

---

165 Vgl. Sirven l. c., p. 145ff. und bes. p. 147f. Von der Schrift „De Genesi contra Manichaeos" stammt wohl auch Descartes' Definition Gottes als „purus intellectus" (ebda., p. 147).

166 Näheres s. weiter unten.

wieder. Die *Sethianer* z. B. vertreten folgende Lehre:[167] Das All besteht aus drei Prinzipien (ἀρχαί), oben das Licht, unten die Finsternis und dazwischen ein lauteres duftendes Pneuma. Das Licht schien in die Finsternis hinab, welche ein „furchtbares Wasser" war und welche darnach strebte, den Funken des Lichtes mit dem Duft des Pneuma festzuhalten. Die Kräfte (δυνάμεις) dieser drei Urprinzipien waren aber unendlich viele: „eine jede vernünftig und des Denkens fähig" (φρόνιμοι καὶ νοεραί). Sie stießen zusammen und ihr Zusammenstoß war „wie der Abdruck eines Siegels[168], und weil es unendlich viele solcher Kräfte gab, so fanden auch unendlich viele Zusammenstöße statt und entstanden zahllose Bilder (εἰκόνες) unendlicher Siegel.[169] Dadurch entstand der Kosmos in seiner Mannigfaltigkeit. Jeder Teil des Kosmos ist aber eine *Monade,* die den ganzen Kosmos im Kleinen wiederholt. Der Duft des von oben zugleich mit dem Licht herabkommenden Pneuma wurde nun in diese Unendlichkeit eingesät, (als σπινθὴρ φωτὸς) und es erhob sich aus dem Urwasser *ein heftiger alles Entstehen verursachender Wind*[170] und erregte dessen Wellen und sie wurden schwanger und hielten das von oben niedergestreute Licht mit dem Pneuma fest. Es ist dies nur ein kleiner (geringer) Funke[171] „wie ein vom Lichtstrahl abgetrenntes Stück, das in die vielfach gemischte Kör-

---

167 Hippolytos: Elenchos ed. P. Wendland, Leipzig 1916, V. 19–22, cit. nach H. Leisegang: Die Gnosis, II. Auflage Krönersche Taschenausgabe, p. 151 ff.

168 γίνεται γὰρ τῶν δυνάμεων συνδρομὴ οἱονεί τις τύπος σφραγῖδος.

169 αὗται οὖν εἰσιν αἱ εἰκόνεσ αἱ των διαφόρων ξῴων ἰδέαι ... Der erste Zusammenstoß macht die ἰδέα σφραγῖδος von Himmel und Erde usw. Diese „Siegel" sind, modern ausgedrückt, die Archetypen, welche die „Bilder" erzeugen.

170 ἄνεμος σφοδρὸς καὶ λάβρος καὶ πάσης γενέσεως αἴτιος. Man vergleiche den Sturm in Descartes' Traum.

171 σπινθὴρ ἐλάχιστος.

perwelt herabgebracht wurde und ‚aus vielen Wassern herausschreit' (Ps. 29. 3)"[172] Das Sinnen und Trachten des oberen Lichtes geht nun darauf aus, diesen Geist wieder zu erlösen, und auch der Mensch muß sich deshalb in gleicher Richtung bemühen.

Eine andere (ophitische) Sekte stellt die Weltentstehung folgendermaßen dar:[173] der Vater und Urmensch ist ein Licht, das selig und unvergänglich in der Kraft des Bythos (Abgrundes) lebt. Aus ihm geht die Ennoia[174] als Sohn und zweiter Mensch hervor, unter ihnen liegt das Pneuma, und noch darunter Finsternis, Chaos, Wasser und Abgrund, über welchem der Geist, das erste Weib, schwebt. Aus diesem Weibe zeugt der Vater den dritten Menschen, Christum. Das Weib aber kann die Größe seines Lichtes nicht ertragen und strömt und fließt nach links über zur irdischen Welt hinab. Diese nach links strömende Kraft besitzt einen Lichttau, in welchem eingehüllt die Prunikos (d. h. die Linke) hinabstürzt und sie versucht sich mit Hilfe dieses Lichttaus wieder zu erheben. Die Vollendung wird dann eintreten, wenn der gesamte Tau des Lichtes gesammelt und in den unvergänglichen Aiōn übergegangen ist.[175] Auch hier tritt der Gedanke des in der Materie verlorenen Lichtes auf.

Die *Barbelo*-Gnostiker lehrten:[176] Aus dem Urvater ging die Barbelo (evtl.: „Aus der Vier ist Gott") hervor. Ihr Sohn Jaldabaoth (oder Sabaoth, der Herr des siebten Himmels) aber wird übermütig und erklärt sich zum alleinigen Gott. Barbelo weint über seine Verirrung und „erscheint nun den Archonten" (Planetengöttern, die

---

172 Indem er den „Trank lebendigen Wassers" trinkt und die „Knechtgestalt" ablegt.
173 Leisegang 1. c., p. 174 ff. Quelle: Irenaeus, Haer. cap. 30.
174 Gedanke, Reflexion.
175 Ebda., p. 183.
176 Leisegang, 1. c., p. 186 ff. Quelle: Epiphanios, Panar. haer. 25–26.

den Anhang Jaldabaoths bilden) „in irgendeiner herrlichen Gestalt und beraubt sie ihres Samens durch Lusterguß, um auf diese Weise ihre in verschiedene Wesen verstreute Kraft wieder zu sich zu bringen"[177]. Darum muß dann auch der Mensch seine Zeugungskraft oder seinen Samen dem irdischen Prozeß des Werdens entziehen und dem Göttlichen wieder zuführen. „Von hier aus ist", fährt Leisegang fort, „die von Epiphanios[178] aus dem ‚Evangelium der Eva' angeführte Stelle zu verstehen: ‚Ich stand auf einem hohen Berge und sah einen großen Menschen und einen anderen verkümmerten – Gottvater mit der Barbelo, die verkümmert ist, weil ihr die Kraft entzogen wurde –, und ich hörte etwas wie eine Donnerstimme und trat herzu, um zu hören, und sie sprach zu mir und sagte: ‚Ich bin du, und du bist ich, und wo du bist, bin ich, und in alle bin ich gesät. Und wenn du willst, sammelst du mich; wenn du mich aber sammelst, sammelst du dich selbst'". Dieses Sammeln der Kraft wurde dann durch ihre Spermacommunion symbolisch ausgedrückt, was sie auch als ein „Fruchtbringen" des Körpers auffaßten. Erlöstwerden ist für sie, ihren Samen mit der Zeugungssubstanz des Weltalls zu vereinigen, d. h. ihn seiner irdischen Bestimmung zu entziehen und dem himmlischen Urquell des Samens wieder zuzuführen.[179]

Geistig nahe verwandt mit den manichäischen Vorstellungen ist auch die Lehre des Gnostikers Basileides[180]. Nach ihr schafft der „nichtseiende" Gott zuerst einen Samen des Kosmos[181], „so wie das Senfkorn im kleinsten Rahmen alles umfassend zugleich enthält" ... so umschließt dieser nichtseiende Same die Samenall-

---

177 Ebda., p. 189–90.
178 Panar. 26. 3. 1.
179 Leisegang 1. c., p. 195.
180 Ebda., p. 196 ff.
181 Ebda., p. 215 ff.

heit des Kosmos. In diesem Sperma weilt „die dreige-
teilte Sohnschaft", von welcher der feinste Teil gleich
wieder nach oben zum Vater zurückeilt, auch der grö-
bere zweite Teil eilt, auf Flügeln des Pneuma getragen,
wieder empor, nur der dritte Teil, welcher „der Reini-
gung bedürftig ist", bleibt unten im Haufen der kosmi-
schen Samenallheit gefangen, „tat Gutes und ließ sich
Gutes tun."[182] Diese dritte Sohnschaft muß noch erlöst
werden durch die sogenannte Scheidung der Naturen.
Auch hier muß der Mensch mithelfen, diese in der Materie verstrickte Gotteskraft in ihr Reich zurück- und em-
porzubringen.

Aus diesen gnostischen Parallelen verdeutlicht sich
die manichäische Idee von der Rettung der Lichtkeime.
Letztere sind nun aber nach manichäischer Auffassung
besonders in Gurken und Melonen und ähnlichen
Früchten enthalten, deren Samenfülle vermutlich die
Idee eines „thesauros"[183] einer „Samenallheit" nahelegt.
*Der Transversalschnitt dieser beiden Früchte ergibt das
Bild eines Mandala*[184], und daraus erklärt sich wohl
auch die manichäische Deutung der Melone als „goldener Schatz" Gottes – *sie ist ein Symbol des Selbst*. Nicht
zufällig wird ja auch in ihrem griechischen Namen ihre
runde (apfelartige) Form betont, welche den Bildern der
seelischen Totalität, des Selbst, eignet.[185]

Sie scheint mir ein ähnliches Symbol zu sein wie der
„runde Lichtkörper" der Alchemisten, den sie auch als
„Eidotter" oder „roten punctum Solis in der Mitte" beschrieben.[186] Es handelt sich um ein ähnliches Bild wie

182 Ebda., p. 218 ff.
183 „Thesauros" heißt auch Schatzhaus, Schatzbehälter.
184 Zu diesem Terminus siehe C. G. Jung, *Psychologie und Alchemie,*
1. c., p. 60 f. und p. 118 ff.
185 Vgl. C. G. Jung, *Psychologie und Alchemie,* 1. c., p. 59 ff.
186 C. G. Jung, „Paracelsus als geistige Erscheinung" in Ges. W. Bd.
13, p. 171 f.

dasjenige, welches der Alchemist Gerhardus Dorneus als das „unfehlbare Zentrum der Mitte" bezeichnete. C. G. Jung sagt zu diesem Begriff kommentierend[187]: „Der Punkt der Mitte ist das Feuer. Auf ihm beruht die einfachste und vollkommenste Form, als welche die Rundheit ist. Der Punkt kommt der Natur des Lichtes am nächsten, und das Licht ist ein ‚simulacrum Dei'. Das Firmament wurde gewissermaßen inmitten des Wassers geschaffen ... auch im Menschen ist ein ‚lucidum corpus', nämlich das humidum radicale, welches aus der Sphäre der überhimmlischen Wasser stammt. Dieses corpus ist der siderische Balsam, welcher die Lebenswärme unterhält ... Das corpus lucens ist das corpus astrale, das Firmament oder Gestirn im Menschen." Diese aus der Gedankenwelt von *Paracelsus* stammenden Amplifikationen scheinen mir auch für die Melone erhellend.

Das grüne Netzwerk auf einer Melone sieht aus wie die Meridiane des Globus, und es ist daher naheliegend, die Melone als eine Art „Mikrokosmos" anzusehen. Sie ist ein Bild für das innere „Firmament", d. h. für die psychische Totalität, die hier als ein Gegenpol dem von den Erscheinungen des Makrokosmos fasziniertes Descartes[188] vom Unbewußten nahegebracht wird.

Das „Rotundum" ist nun aber hier ausgesprochen eine *Frucht,* wodurch das Selbst als etwas Natürlich-Gewachsenes und Resultat eines stillen Reifungsprozesses dargestellt wird. Sie ist ein Symbol eines Lichtes und einer Ordnung, die aber in der Finsternis der natürlichen Schöpfung reift. Wie C. G. Jung in seinem Aufsatz „Der philosophische Baum" dargelegt hat[189], hat das Pflan-

---

187 Ebda p. 171.
188 Man vergleiche seine Schrift „Le monde", in der er ein totales Bild des Makrokosmos entwerfen wollte.
189 Verhandlungen der Naturforsch. Gesellschaft in Basel, Bd. 56, II. Teil, 1945.

zen- und Baummotiv eine wichtige symbolische Bedeutung, die besonders auch durch die Amplifikationen aus dem Gebiete der Alchemie erhellt wird. So ist z. B. in der sogenannten Visio *Arislei*[190] ein kostbarer Baum erwähnt, dessen Früchte den Hunger des Menschen für immer stillen, wie das „panis vitae" von Joh. VI. 35. Oft werden auch die Sonnen- und Mondbäume der Alexandersage angeführt, die Benedictus Figulus mit den Apfelbäumen im Garten der Hesperiden und ihren verjüngenden Früchten gleichsetzt.[191] Der Baum symbolisiert das *ganze alchemische Opus*[192], zugleich ist er auch „sozusagen eine Wandlungsform des Menschen, indem er einerseits aus dem Urmenschen hervorgeht und andererseits zum Menschen wird."[193] Jung faßt seine Deutung des Baumes folgendermaßen zusammen[194]: „Insofern der Baum das opus und den Wandlungsprozeß moralisch und physisch (tam ethice quam physice) symbolisiert, ist es auch klar, daß er den *Lebensprozeß* überhaupt meint.[195] Seine Identität mit Mercurius, dem spiritus vegetativus, bestätigt diese Auffassung. Da das durch den Baum dargestellte opus ein Mysterium von *Leben, Tod und Wiedergeburt ist,* so kommt auch der arbor philosophica diese Bedeutung zu und darüber hinaus noch die Eigenschaft *der Weisheit,* welche der Psychologie einen wertvollen Hinweis gibt. Schon seit alters galt der Baum als Symbol der Gnosis und der Weisheit. So sagt Irenaeus, daß nach der Ansicht der *Barbelioten* aus dem Menschen (scl. dem Ἄνθρωπος) und

---

190 Ein alter alchem. Text, cit. ebda, p. 415.
191 Ebda., p. 416 und weitere Beispiele daselbst.
192 Ebda., p. 418/20.
193 Cit. ebda., p. 421. S. weitere Beispiele daselbst.
194 Ebda., p. 422.
195 Meine Fußnote; vgl. auch den kabbalistischen Lebensbaum, der von oben nach unten wächst und, wie mich Dr. S. Hurwitz aufmerksam machte, mit dem Adam Kadmon identifiziert wurde.

der Gnosis der Baum geboren wurde, und sie nannten diesen auch Gnosis. In der Gnosis des Justinus wird der Offenbarungsengel Baruch als τὸ ξύλον τῆς ζωῆς bezeichnet, woran der zukunftwissende Sonn- und Mondbaum des Alexanderromans erinnert." Gnosis aber bedeutet, wie Jung a. a. O.[196] ausführt, „ein Erkennen, das aus innerem Erleben herausquillt – eine Art des Erkennens, das zugleich ein Lebensvorgang ist." – Das ist die Art des Erkennens, die Descartes damals noch fehlte und die ihm das Unbewußte daher als Ziel vor Augen stellt.

Die Melone wächst an einer besonderen Art von Pflanze, nämlich im Blätterschatten einer am Boden hinkriechenden, *an die Erde geschmiegten Ranke* (man denke an den Zwang Descartes', sich neigen zu müssen!), wodurch das Motiv des „Aus und Auf-der-Erde-Wachsens" noch besonders unterstrichen ist. Das Pflanzensymbol zeigt ihm, wonach sein Schatten sich sehnt: nach einem Verhaftetwerden in der irdischen Wirklichkeit.

Descartes denkt im Traum, daß diese Melone aus exotischen Ländern stamme. Sie kommt von weit her, ist etwas „Fremdes", Andersartiges, Unvertrautes. Das Selbst erscheint oft, wie Jung sagt, zu Beginn als etwas Fremdes, als „das ganz Andere", weil es eben tatsächlich dem Ich, solange dieses in seinen Fiktionen befangen lebt, völlig „fern" erscheint. Besonders einem Bewußtsein, dessen Interessen wie bei Descartes so stark auf die äußeren Objekte gerichtet waren, mußte dies begegnen, denn „das Selbst als der Gegenpol, als das absolut Andere" der Welt, ist die „conditio sine qua non" der Welterkenntnis und des Bewußtseins von Subjekt und

---

196 Seminar über die psychologische Interpretation von Kinderträumen 1939/40, p. 17/18, zitiert mit der freundlichen Erlaubnis von C. G. Jung.

Objekt. Es ist das psychische Anderssein, welches überhaupt Bewußtsein ermöglicht. Identität nämlich ermöglicht kein Bewußtsein, nur die Trennung, die Loslösung und das leidvolle In-Gegensatz-Gestelltsein kann Bewußtsein und Erkenntnis erzeugen. ... Es fällt ... dem westlichen Menschen schwer, die psychologische Notwendigkeit eines transzendenten Subjektes des Erkennens als eines Gegenpoles des empirischen Universums einzusehen, obschon die Annahme der Existenz eines der Welt gegenübergestellten Selbstes zum mindesten als eines *Spiegelungspunktes* logisch unerläßlich ist." [197] Descartes hat zwar diese Notwendigkeit logisch eingesehen, aber nicht ihre seelische Realität voll erkannt, darum erscheint im Traum die Melone als etwas Exotisches. In Wirklichkeit liebte er es, später in den holländischen Hafenquartieren herumzustreifen und sich die phantastischen neuen Seefahrtsprodukte anzusehen; er erforschte sie auch in seinem geheimen Sezierraum. Er wollte mit diesen Untersuchungen die Manifestationen des „lumen naturale", an dessen Existenz er neben der des geoffenbarten Lichtes glaubte, finden. Dieses natürliche Licht in der Natur ist nach ihm die Vernünftigkeit unserer klaren Ideen und der mechanischen Naturgesetze, welche von Gott geschaffen und in ihrer Konstanz garantiert werden.[198] Descartes verwendet übrigens öfters das Bild des Samens und der Frucht, wenn er vom inneren Denkprozeß spricht. Er sagt z. B. in seinen „Regulae ad directionem Ingenii"[199]: der menschliche Geist

197 C. G. Jung und K. Kerényi, *Einführung in das Wesen der Mythologie,* 1951.
198 Vgl. u. a. v. Brockdorff, 1. c., p. 48 f. und S. Gagnebin: La réforme cartésienne, 1. c., p. 117.
199 A-T. X 393, Auch: „Habet enim humana mens nescio quid divini, in quo cogitationum utilium semina iacta sunt." p. 376 spricht er von „quaedam veritatum semina" und in den Cogitationes privatae ebda., p. 217 von „semina scientiae", Vgl. auch J. Laporte: „La

enthalte etwas Göttliches, worin die Samen nützlicher Gedanken so eingesät seien, daß sie oft, auch vernachlässigt und durch falsche Studien erstickt, eine spontane Frucht trügen. Dies erführen wir am leichtesten in der Arithmetik und Geometrie. Deren Entdeckungen seien ‚spontane Früchte', die aus den eingeborenen Prinzipien der Methode erzeugt würden ... wenn sie mit Sorgfalt gepflegt würden, könnten sie zur vollendeten Reife gelangen.

Selber interpretierte Descartes die Melone als ein Symbol „des charmes de la solitude[200]", eine Deutung, zu der ihn offenbar die Bedeutung des πέπων, des In-der-Stille-Heranreifens, veranlaßte.[201] Das innere Reif-Werden der Persönlichkeit bildet die Kompensation zu dem vom-Sturme-hingerissen- und Von-seinem-eigenen-Wesen-fortgerissen-Werden. Descartes hat sich auch in seinem späteren Leben in dieser Richtung bemüht, doch wurde ihm eines dabei nicht möglich: das Wurzelfassen in der Erde.

Descartes soll im Traum die Melone dem von ihm übersehenen Herrn N. bringen, jenem Teil in ihm, mit dem ihn das Symbol einen sollte.[202] Man fragt sich, warum dieser Schatten nicht einfach vom kirchlichen Symbol Christi und von den kirchlichen Gnadenmitteln leben kann? Vermutlich, weil diese letzteren Symbole des Selbst nicht mehr unmittelbar und natürlich genug wirken, um die unbewußten Persönlichkeitsanteile direkt anzusprechen. Obwohl daher diese unbewußten Teile noch im kirchlichen Rahmen ernährt sind, brau-

rationalisme", l. c., p. 116/7 und S. Gagnebin: La réforme carté-sienne usw., l. c., p. 118.

200 A-T., Vol. X, l. c., p. 185 und Fußnote.

201 Oder, wie Wisdom zutreffend sagt (l. c., p. 16): a serene relation to mother-earth.

202 Über die „vereinigende" Funktion des Symbols s. C. G. Jung *Psychologische Typen* passim.

chen sie eine „natürliche Lichtnahrung"[203], wie sie die Kirche zwar dem Traum nach nebenbei gibt, aber selber als profan ansieht. Die Symbole des Selbst im Rahmen der kirchlichen Vorstellungen sind alle ihrerseits „pneumatischer Natur", und besonders „sine umbra peccati". Das Bild Christi z. B. oder die Hostie verkörpern nur den heilbringenden, lichten Aspekt des Selbst.[204] Mit diesen Gnadenmitteln könnte sich Descartes' Schatten nur wieder geistig erheben, von der Erde weg, aber sie helfen ihm nicht, sich zu verwurzeln. Er fände damit nicht die Verhaftung an die irdische Wirklichkeit, welche der Herr N. in ihm braucht und welche die richtige Kompensation für seine intellektuelle Lebenseinstellung bilden würde. Darum besteht eine Absicht des Unbewußten, daß Descartes instrumentell eingeschaltet würde – daß *er* die Melone Herrn N. überbringen solle. Er muß, mit anderen Worten, sich *bewußt* um die Bedürfnisse seines Schattens kümmern, ihm wie ein „auditor"[205] dem „electus" die Speise überbringen. Damit würde er sogar auch in gewissem Sinne der Kirche dienen, die in jener Zeit – von dem Streben verblendet, die Reformation aufzuhalten – selber die Tendenz hatte, das natürliche individuelle Erleben des Selbst, wie der Traum sagt, „wegzugeben" – vermutlich, als unbrauchbar und „exotisch", d. h. fremd, seltsam, nicht zugehörig, da ja das Selbst, wie erwähnt, als fremd, als das „ganz Andere" erlebt wird.

Immerhin ist es bemerkenswert, daß die Melone zunächst im *Besitz der Kirche* befunden wird, wohl weil sich dort das unbewußte Weibliche projiziert befindet.

---

203 Vgl. die „Aniada" bei Paracelsus, die er „Früchte und Kräfte des Paradieses und des Himmels und auch die Sacramente der Christen" nennt. s. C. G. Jung, „Paracelsus als geistige Erscheinung", 1. c., p. 174 f.
204 Näheres siehe C. G. Jung, *Aion,* Ges. W. Bd. 9 II.
205 Niederer manichäischer Eingeweihter.

Sie stellt aber auch jene natürliche, noch aus dem Heidentum übernommene Symboltradition dar, die im Rahmen der Kirche – im Vorhofe, wie der Traum trefflich sagt– weiterlebte, wozu auch das manichäische Problem gehörte![206] Der Mann im Schulhof und Herr N. sind beide unbewußte Teile in Descartes, und es ist interessant zu sehen, wie sie sich über ihn, oder *durch seine Vermittlung,* in Verbindung setzen wollen. Er muß sich mit seinem Bewußtsein einschalten, damit sie sich einigen können, und gleichzeitig wirkt die Melone, die ja auch das Weibliche darstellt, als vermittelndes Prinzip oder als „vereinigendes Symbol". Man darf vielleicht so weit gehen zu sagen, daß diese vermittelnde Funktion der Melone im Traum, insoweit diese nicht nur das Selbst, sondern auch die Anima repräsentiert, nicht ohne Beziehung zur Tatsache ist, daß Descartes beim Erwachen eine Pilgerfahrt zur Madonna von Loretto gelobte. Hier ist ein Lösungsversuch der im christlichen Weltbild vorhandenen Spannung angedeutet, welcher laut Jung erst heute in der „Declaratio Solemnis" der „Assumptio Mariae" seinen offiziellen Ausdruck gefunden hat.

Gleichzeitig mit dem Auftrag, den Descartes empfängt, die Melone zu überbringen, merkt er, daß er als einziger von der Schar im Schulhof sich nicht gegen den Wind aufrecht halten kann, obwohl letzterer nachgelassen hat. Er ist eben – wie schon angedeutet – auserwählt, berührt vom Zeitgeist, und darum muß er auch „das Runde" weitergeben, er muß sich der inneren Reifung seiner Persönlichkeit zuwenden, selbst wenn er damit allein ist.

Als Descartes nach diesem Traum erwacht, bedrückt ihn stark das Gefühl seiner Sünden, und er fühlt sich

---

206 Man vergleiche hiezu Descartes' „provisorische" Morallehre, welche nach ihm im Gebot bestehe, „d'obéir aux lois et aux coutumes de son pays, retenant constamment la religion en laquelle il avait été instruit dès son enfance" (cit. nach Gagnebin 1. c., p. 108).

vom bösen Geist her gefährdet. Obwohl er – wie er sagt –
„in den Augen der Menschen" ein makelloses Leben geführt hatte, wußte er, daß er genügend schwer gesündigt
hatte, um den Blitz des Himmels als Strafe auf sich zu
ziehen. Es ist bezeichnend, daß er, wie die meisten Menschen, die selber ihre Träume zu deuten versuchen, die
Bedeutung auf sein persönliches Leben bezieht und als
echter Katholik sofort eine Art Gewissenserforschung
unternimmt. Dadurch sieht er aber gerade an der tieferen Bedeutung des Traumes, dem Problem der Realität
des Bösen, vorbei und biegt es in der Richtung seines bewußten Denkens ab. Aber auch wenn er den Traum
nicht verstand, milderte er seinen inflatorischen Enthusiasmus und ließ ihn irgendwie das Böse im neuen Geist
fühlen. Auch lenkte der Traum seine davonstürmenden
Gedanken auf ihn selber und sein eigenes Leben zurück.

Die Deutung des zweiten Traumteiles

Der nächste sogenannte Traum ist kein eigentlicher
Traum: er hört einen scharfen Explosionslaut wie einen
„coups de foudre" und sieht – schon erwacht – Feuerfunken im Zimmer leuchten. Der Donnerschlag hat in
den meisten heidnischen Religionen eine numinose Bedeutung.[207] Im Sprachgebrauch stehen „Blitz" und
„Donner" für starke Affektausbrüche. Diese begleiten

---

207 Bei den Germanen entsteht der Donner, wenn Thor mit seinem
Bocksgespann über den Himmel fährt; bei den Griechen und Römern eignet der „Donnerkeil" dem höchsten Gotte Zeus, bzw. Jupiter, der damit seine Feinde, die Titanen und von Hybris
ergriffene Menschen schreckt. In der Spätantike gab es die sog.
„Brontologia" – eine Wissenschaft der Deutung vom Donnerrol-
len. Jupiter kann aber auch (dann meist vom heiteren Himmel)
den Donner ertönen lassen, als ein bejahendes, bestätigendes si-
gnum (Vergil, Aeneis II, Vers 690–95.)

oft das Auftauchen archetypischer Inhalte, was auch wohl hier für Descartes zutrifft. Obwohl er den ersten Traumteil nicht wirklich verstand, hat er anscheinend doch bei ihm „eingeschlagen" und ihn in seinem tiefsten Wesen berührt.

Descartes hat selber den „coups de foudre" als ein Herabkommen des „esprit de la vérité" gedeutet.[208] Der Blitz weist, wie Jung darlegt[209], auf eine plötzliche Erleuchtung und Zustandsveränderung hin (mentis sive animi lapsus in alterum mundum, wie das alchemistische Lexikon des Rulandus den Blitz definiert[210]). Bei Jakob Boehme werden der Messias, wie auch der „Quellgeist Mercurius" als Blitz beschrieben.[211] Von der „innersten Geburt der Seele", sagt Boehme weiter, bekomme der tierische Leib „nur einen Blick, gleich als wenn es wetterleuchtet."[212] In den vier Geistern gefangen, stehe dann der Blitz „in der Mitte als ein Herz."[213] Oder: „so man auf des Steines Schärfe schlägt (man vergleiche Descartes' Vergleich von den Feuerfunken im Kieselstein!), so schärfet sich der bitter Stachel der Natur und wird aufs höchste ergrimmet, denn die Natur wird in der Schärfe zersprenget, daß die Freiheit erscheint als ein Blitz."[214] Der Blitz sei „die Geburt des

---

208 Vgl. Sirven, l. c., p. 129. Deswegen von einer „crise mystique" und einem eigentlichen religiösen Erlebnis zu sprechen, scheint mir daher im Gegensatz zu Sirven nicht so völlig abwegig. Maritain spricht von einer „pentecôte de la raison", wogegen Sirven einwendet: „D'autre part, comme ce mysticisme doit être un mysticisme laïque, *proche parent du subconscient,* son principe se trouve dans l'inspiration des poètes …" Vom psychologischen Standpunkt aus läßt sich der Traum nur als Phänomen des Unbewußten analysieren, ohne auf dieses Problem, ob letztlich Gott dahinter stehe oder nicht, eingehen zu können.
209 C. G. Jung. „Zur Empirie des Individuationsprozesses" in Ges. W. Bd. 9 I, p. 315 f.
210 Ebda, p. 316, Fußnote 7.   211 Ebda, p. 316.
212 Ebda, p. 317.   213 Ebda, p. 317.   214 Ebda, p. 316.

_Lichtes". Paracelsus empfiehlt in seiner „Vita longa" eine stets wiederholte Destillation des Zentrums, d. h. wie Jung erläutert[215], eine Erweckung und Entwicklung des Selbst. Am Ende des Prozesses zeige sich ein „physischer Blitz", und es trennten sich der Blitz des Saturn und der des Sol, und in diesem Blitz trete hervor, was „zum langen Leben" gehöre.[216]

Descartes nimmt den Blitz, den er aber erst nachher erwähnt und deutet, gar nicht wahr, sondern nur den Donnerschlag – den emotionalen Schock. Das Licht des Blitzes hingegen sieht er wie eine Vielheit von Funken.

Diese Feuerfunken erinnern an die alchemistischen Vorstellungen der „scintillae" oder „oculi piscium" (Fischaugen), deren Bedeutung C. G. Jung im sechsten Kapitel seines Aufsatzes „Der Geist der Psychologie" erläutert hat.[217] Auf primitiver Stufe ist, wie er sagt, das Bewußtsein noch keine Einheit, d. h. noch von keinem festgefügten Ichkomplex zentriert, sondern es flackert da und dort auf, wo es äußere oder innere Ereignisse, Instinkte und Affekte, gerade wachrufen.[218] Auch der entwickelte Ich-komplex ist noch als von vielen kleinen Luminositäten umgeben zu denken, was sich in den Träumen moderner Menschen und auch in der alchemistischen Symbolik nachweisen läßt. Die Alchemisten behaupten nämlich oft, daß die Wandlungssubstanz (das Unbewußte) viele „weiße Fünklein" enthalte.[219] Diese erklärt H. Khunrath als Strahlen oder Funken „der Anima Catholica", der Allseele, die mit dem Geiste Got-

---

215 C. G. Jung, „Paracelsus als geistige Erscheinung", in Ges. W. Bd. 13, p. 149 ff.
216 Ebda, p. 172.
217 C. G. Jung, „Theoretische Überlegungen zum Wesen des Psychischen", in Ges. W. Bd. 8, p. 183 ff., im bes. Kap. F, p. 217 ff.
218 Ebda, p. 216.
219 Aurora Consurgens II Aris Auriferae usw. 1593. Vol I, p. 208 (Morienuscitat) zit. C. G. Jung ebda, p. 217, Fußnote 55.

tes identisch sei.[220] (Einer dieser Funken sei auch der menschliche Verstand.)[221] Es sind dies Lichtsamen im Chaos[222], „Feuerfuncken der Seele der Welt als reine Formae rerum essentiales."[223] Die Idee des Lumen naturae bei Paracelsus basiert auf einer ähnlichen Vorstellung.[224] Es stammt vom inneren „astrum" oder „Firmament" im Menschen her und ist ein Licht, das dem „inwendigen Menschen" gegeben ist.[225] Das Licht der Natur ist „gezünt[226] aus dem heiligen geist"[227] und ist ein „unsichtbares Licht", eine unsichtbare Weisheit, die man u. a. durch die Träume „lernt"[228]. Auch der Paracelsusschüler Gerhard Dorn hat die Lehre von den „scintillae", die man mit dem geistigen Auge aufleuchten sehe.[229] Nach Paracelsus ist das natürliche Licht sogar auch den Tieren angeboren[230], worin er Agrippa von Nettesheim verpflichtet ist, der von einer „luminositas sensūs naturae" spricht.[231] Dies ist deshalb besonders erwähnenswert, weil Descartes Agrippa nachweisbar gele-

---

220 Amphitheatrum 1604, p. 198. Variae eius radii et Scintillae per totius ingentem materiei primai massae molem hinc inde dispersae ac dissipatae; inque mundi paritibus disiunctis etiam et loco et corporis mole, necnon circumscriptione, postea separatis ... unius Animae universalis scintillae nunc etiam habitantes. Zit. C. G. Jung, ebda, p. 217, Fußnote 56.

221 1. c. p. 63. zit. bei Jung, ebda, p. 217, Fußnote 58.

222 1. c. p. 197, zit. bei Jung, ebda, p. 217.

223 Vom hylealischen Chaos, 1579, p. 216, zit. bei Jung, ebda., p. 218.

224 In der „Philosophia sagax", s. Jung, ebda., p. 218.

225 Sudhoff XII, p. 23 und p. 3, zit. bei Jung, ebda., p. 220 f.

226 = angezündet.

227 Zit. Jung ebda., p. 221, aus Sudhoff XIII, p. 325.

228 Zit. bei Jung, ebda., p. 221 f. aus Sudhoff XII, p. 488 und 53.

229 „So wird man mit seinen geistigen Augen wahrnehmen, wie einige Funken mehr und mehr (und) von Tag zu Tag durchschimmern und zu einem großen Licht anwachsen ..." De Speculativa Philosophia. Theatr. Chem., 1602, I., zit. bei Jung, ebda., p. 219.

230 S. Jung, ebda., p. 220.

231 De occulta Philosophia, Cöln 1533, p. 48, zit. bei Jung, ebda., p. 222 f. Vgl. auch dort Jungs weitere Ausführungen über die Ge-

sen hat. Wie Jung darlegt, sind diese alchemistischen „scintillae" Beschreibungen der Archetypen des kollektiven Unbewußten, welche demnach eine gewisse eigene Luminosität, d. h. ein autonomes latentes Bewußtseinselement besitzen müssen.[232]

Unter den vielen Funken, den keimhaften Luminositäten der Inhalte, die aus dem Dunkel des Unbewußten hervorleuchten, wird von den alchemistischen Autoren oft *ein Licht* als zentral und besonders bedeutsam hervorgehoben.[233] Bei Khunrath ist dieses als Monas oder Sonne bezeichnet[234], bei Dorn als „sol invisibilis" (unsichtbare Sonne).[235] Jung führt hiezu noch zahlreiche weitere alchemistische und gnostische Belege an[236], auf die ich hier verweisen möchte, und sagt abschließend[237]: „Da das Bewußtsein von alters her durch Ausdrücke, die von Lichterscheinungen genommen sind, charakterisiert wird, liegt die Annahme, daß die multiplen Luminositäten kleinen Bewußtseinsphänomenen entsprechen, meines Erachtens nicht zu fern. Erscheint die Luminosität als monadisch, z. B. als einzelnes Gestirn oder als Sonne oder als Auge, dann nimmt sie gerne Mandalagestalt an und ist dann als Selbst zu deuten."

Ich habe diese Parallelen deshalb ausführlicher herangezogen, weil ich glaube, daß Descartes' Idee vom „lumen naturale" nicht unabhängig von diesen zeitgenössischen Vorstellungen ist und auf jeden Fall auf eine ähnliche innere Urerfahrung zurückgeht. Wie Stephen Schönberger in seinem Aufsatz „A Dream of Descartes,

schichte dieses Begriffs der „sensus naturae". Und ders. in „Paracelsus als geistige Erscheinung", 1. c., p. 129 f. und p. 141 ff.

232 Jung, ebda., p. 218 f., p. 222.
233 Jung, ebda., p. 219 f.
234 Jung, ebda., p. 219.
235 Jung, ebda., p. 220.
236 Jung, ebda., p. 223 ff.
237 Jung, ebda., p. 226.

Reflections on the Unconscious Determinants of the Sciences"[238] hervorhebt, haben öfter alchemistische Vorstellungen eine gewisse Rolle in Descartes' Denken gespielt[239], doch hat Descartes die alchemistische Symbolik meistens konkretistisch mißverstanden[240] und daher abgelehnt. Wie aber bei Paracelsus das „natürliche Licht" auch die Vernunft des Menschen bedeutet, so die „raison" bei Descartes, welche sich nach ihm aus multiplen „semina scientiae" (Samen des Wissens) oder „veritates innatae" (eingeborene Wahrheiten) oder „naturae simplices" (einfache Naturen oder Wesenheiten) zusammensetzt. Er bezeichnete die Ideen auch als „notions primitives" oder als „originaux, sur le patron desquels nous formons toutes nos autres connaissances", reduzierte sie aber auf die Idee des Raumes, der Zahlen, der Zeit und ein paar andere.[241]

---

238 In The International Journal of Psychoanalysis. 1939, Vol. 20, p. 43 ff. Allerdings ist hier dieser Artikel von Schönenberger weiter nicht berücksichtigt, da der Autor praktisch seine meisten Erklärungen nicht auf den Traummotiven, sondern auf Zitaten aus Descartes' Schriften aufbaut. Auch seinen sexualistischen Auffassungen der Motive: die Funken kämen vom Zusammenstoß der Steine = coitus usw. kann ich mich nicht anschließen.

239 Besonders im Discours usw. A-T., tom VI, p. 44–45, wo er über die Verwandlung von Asche in Glas spricht.

240 S. Schönenberger l. c. und A-T. VI, l. c., p. 26.

241 Brief an Elisabeth von der Pfalz. A-T. Œuvres, Vol. 3, p. 665, 21. Mai 1643: „... je considère qu'il y a en nous certaines notions primitives qui sont comme des originaux sur le patron desquels nous formons toutes nos autres connoissances. Et il n'y a que fort peu de telles notions; car après les plus générales de l'estre, du nombre, de la durée etc. qui conviennent à tout ce que nous pouvons concevoir; nous n'avons pour le corps en particulier que la notion de l'extension, de laquelle suivera celle de la figure et du mouvement, et pour l'âme nous n'avons que celle de la pensée, en laquelle sont comprises les perceptions de l'entendement et les inclinations de la volonté, enfin, pour l'âme et le corps ensemble nous n'avons que celle de leur union, de laquelle dépend celle de la force de l'âme de mouvoir le corps, et le corps d'agir sur l'âme

Auch das Bild der Zentralsonne fehlt nicht bei Descartes; er sagt in den Regulae[242]: „Die Wissenschaften in ihrer Gesamtheit sind nichts anderes als die menschliche Erkenntnis (humana sapientia), die immer Eine und dieselbe bleibt, auf wie verschiedene Objekte sie angewandt werde, – so wie das Licht der Sonne Eines ist in aller Mannigfaltigkeit der Gegenstände, die es erleuchtet."[243] – Während jedoch diese Formulierungen die *intellektuelle Verarbeitung* des Urerlebnisses bilden, sind die Feuerfunken des Traumes gleichsam dessen Urform oder unmittelbare, psychische Manifestation, die in ihrer Autonomie und außerbewußten Realität Descartes tief erschrecken.[244] Diese Feuerfunken schließen sich als

---

en causant ses sentiments et ses passions …" Es ist bezeichnend, daß Descartes die Gefühle den Körperreaktionen annähert und als sekundär ansieht!

242 Cit. nach der Übersetzung in E. Cassirer, Descartes' Kritik der mathematischen und naturwissenschaftlichen Erkenntnis. Marburg 1899, p. 3.

243 Vgl. auch Heinrich Barth: Descartes' Begründung der Erkenntnis. Diss. Bern 1913, p. 12. Vgl. ferner die große Rolle, die das Bild der Sonne im Weltbild Keplers spielt! Vgl. auch W. Pauli 1. c.

244 Ihm war die Stoische Lehre der „igniculi" oder σπινϑῆρες als einfachste Elemente menschlicher Reaktionen bekannt aus Justus-Lipius: Manuductio ad philos. stoic. I. Part., Lib. II., diss. 11. (p. 72 der Erstausgabe); ich zitiere nach E. Gilson: L'innéisme cartésien etc., 1. c., p. 481, Fußnote 2. „Igniculi isti non aliud quam inclinationes, judicia, et ex iis notiones sunt, a recta in nobis Ratione. Scito enim Stoicis placere partem in nobis divini spiritus esse mersam, id est illam ipsam Rationem, quae si in suo loco et luce luceat, tota pura sincera, recta divina sit; nunc corpore velut carcere clausa, coercetur et opinionibus agitatur aut abducitur, et tamen retinet originis suae *flammulas* et Verum Honestumque per se et sua indole videt. Istae flammulae, sive igniculos mavis dicere Graeci σπινϑῆρας, Ζώπυρα, ἐναύσματα appellant exserunt se et ostendunt in sensibus aut judiciis, quae omni hominum generi fere, et optimae cuique naturae eximie sunt insita aut innata. Id Graeci Ἐννοίας sive Notiones vocant item προλήψεις *Anticipationes* et quia passivae atque insitae κοινὰς καὶ ἐμφύτας communes et ingeneratas agnominarunt. Wie Gilson hervorhebt (ebda., Fuß-

Symbole an das Motiv der Melone im ersten Traum-
stück an: denn die Melone galt, wie wir sahen, bei den
Manichäern als eine Art „Lichtkeimbehälter". Nun ist
dieser gleichsam aufgeplatzt, und die Luminositäten erscheinen unmittelbar vor Descartes' Augen.[245] In gewissem Sinne entsprechen die Funken auch den Geistern
und dem Sturmwind des ersten Traumes und symbolisieren, wie diese, emotional geladene archetypische Inhalte des Unbewußten, die nicht im Rahmen der Kirche
und noch nicht in Descartes' intellektuellem Weltbild
gefaßt waren.

Descartes schließt und öffnet die Augen, bis seine
Furcht und auch die Erscheinung weicht, er versucht sie
offensichtlich wegzurationalisieren, so wie er überhaupt
überzeugt war, daß alle sogenannten Wundererschei-
nungen der Natur rational wegerklärt werden könnten.[246] Damit tritt eine Beruhigung ein, die auch in der
Stimmung des dritten Traumes, der viel weniger drama-
tisch verläuft, zum Ausdruck kommt.

---

note 3), geht wohl auch Descartes' Ausdruck „bona mens" auf
dieselbe Schrift zurück, wo es (ebda., p. 70–71) heißt: Ecce Natura
bonae Mentis nobis ingenuit *fomites et scintillas,* quae in aliis magis minusque elucent. Vgl. ferner P. Gibieuf: De libertate Dei et
creaturae. Paris 1630, I. p. 1: Primae et universalissimae rerum
qualitatumque notiones non concinnantur hominum arte et indu-
stria, nec ad arbitrium etiam philosophorum effinguntur, sed in
mentibus nostris reperiuntur a natura consignatae. Qui autem
animo ad tranquillitatem composito naturam audiunt, vel si paulo
dignius loqui mavis, qui veritatem intus presidentem et responsa
dantem consiliunt (muß wohl heißen consulunt) illas tamquam in
alto puteo delitescentes percipiunt.

245 Schönenberger deutet die Funken, weil sie aus dem Zusammen-
prall zweier Steine entstünden (laut Descartes' Assoziationen) als
Coitus – eine mir unverständliche Vergewaltigung des Traumsym-
bols.

246 S. Stock a.a.O., p. 60f.

Im dritten Traumteil sieht er auf dem Tisch ein Buch, von dem er nicht weiß, wer es hingetan hat; es ist ein Dictionnaire, von dem er denkt, er werde ihm sehr nützlich sein. Aber plötzlich hält er (statt dessen) ein anderes Buch in Händen, ohne zu wissen, woher es kam: eine Gedichtsammlung „Corpus omnium veterum poetarum latinorum etc.", Lugduni 1603[247], ein Buch, das er vermutlich in „La Flèche" während seiner Studien benützt hatte.

Die unübersehbare magische Art, wie während des ganzen Traumes Bücher auf dem Tisch auftauchen oder verschwinden, läßt an Geistereinwirkungen denken und greift somit das Thema des ersten Traumes wieder auf[248]; doch dieses Mal spielen die Geister dem Träumer Bücher in die Hände, ohne sich selber zu zeigen. Es scheint die Absicht des Unbewußten zu sein, Descartes klarzumachen, daß die Inhalte alles rationalen menschlichen Wissens (dafür steht wohl der Dictionnaire) ebensosehr wie die Erzeugnisse der Kunst nicht vom Bewußtsein „gemacht" sind, *sondern unübersehbaren unbewußten Einwirkungen ihre Existenz verdanken.* In gewissem Sinn ist es der Gedanke, den Descartes in seinem „Je pense donc je suis" zu formulieren versuchte, da für ihn das lucide Innewerden des eigenen Denkaktes, die unmittelbare Gegebenheit seiner selbst als eines Denkenden – dieses Selbstbewußtsein es ist, welches nach ihm nicht nur die Existenz des eigenen Wesens, sondern auch diejenige Gottes garantiert, indem Gott die Ursache und Quelle aller Wahrheit und der Wirklichkeit

---

247 Näheres über diese Ausgabe s. A-T. l. c., tome X, p. 183, Fußnote.
248 Bemerkenswert ist auch die Wotansbeziehung: Wotan ist mit dem Sturm, den Totengeistern und dem *Zauber* verbunden!

ist.[249] Aus dieser Quelle stammen diejenigen unsrer Urteile, welche unumstößlich jedermann einleuchten – ihre Summe konstituiert das „lumen naturale[250]", welches praktisch aus den „naturae purae et simplices", den eingeborenen Ideen, besteht.[251] Letztere vergleicht er auch den „tableaux ou images" im eigenen Innern[252]; sie sind „in mentis thesauro" niedergelegt[253], von wo man sie heben muß. Das „natürliche Licht" ist die „res cogitans" in uns[254], sie stammt von Gott.[255] Ich halte es für äußerst wahrscheinlich, daß diese fundamentalen Gedanken der Cartesianischen Philosophie durch das Erlebnis der Nacht vom 10. zum 11. November 1619 erzeugt wurden, *daß sie gleichsam die Form darstellen, in der Descartes diesen Einbruch des Unbewußten denkerisch zu bewältigen versuchte. Es gelang ihm aber nur teilweise, den unbewußten Inhalten gerecht zu werden,* weil er sie nur vom Denken her (seiner Hauptfunktion) und eventuell noch der Intuition erfaßte und die Gefühls- und Empfin-

---

249 Näheres vgl. Stock 1. c., p. 11: Gott *kann* nicht betrügen (!) (1. c., p. 11) und auch nicht die denkende Substanz in uns, höchstens hingegen unsere Sinne. – Vgl. auch Brockdorff 1. c., p. 43.

250 Oder eine Sapientia generalis. Vgl. Regulae etc. A-T. X, p. 360/61.

251 Vgl. ebda., p. 383: „Nontandum 2: paucas esse duntaxat *naturas puras et simplices,* quas primo et per se, non dependenter ab aliis ullis, sed vet in ipsis experimentis *vel lumine quodam in nobis insito* licet intueri", und ebda., p. 419: „Pure intellectuales illae (scil. res) sunt, quae per lumen quoddam ingenitum et absque ullius imaginis corporeae adiumento ab intellectu cognoscuntur."

252 Meditat. III. A-T. IX, p. 33. Leibniz kritisierte deshalb: veritatis criterium nihil aliud esse quam visionem. Vgl. Laporte: Le rationalisme etc. 1. c., p. 21, Anm. 1.

253 Meditat. V. Vgl. auch Laporte 1. c., p. 116 und 117.

254 Recherche de la vérité par la lumière naturelle. A-T. X, p. 527. Vgl. auch p. 495.

255 Vgl. Laporte 1. c., p. 319: L'ensemble des idées distinctes dont se compose notre raison est littéralement non pas une „vision en Dieu" (Descartes ne dit rien de tel mais une *révélation naturelle que Dieu nous fait).*

dungsseite des Erlebnisses nicht beachtete.[256] Auch die irrationale, nicht kausal erklärbare Art[257], in der die Bücher gebracht werden und verschwinden, widerspricht seiner Auffassung, daß die Ursprungssubstanz unseres Denkens nur klar, nur vernunftgemäß und nur lichtvoll sei. Descartes hat sich zwar ernsthaft mit der Frage der Wirklichkeitsillusion, wie wir sie im Traum erleben, auseinandergesetzt, sowie der Möglichkeit, daß ein listiger böser Geist unseren Gedanken „Fallen" stelle und zu Illusionen und Trugschlüssen verleite[258], aber gewisse Wahrheiten, wie eben hauptsächlich das Sich-selbst-wahrnehmen als eines Denkenden, sind irgendwie davon ausgenommen. Der Akt der Reflexion – im wörtlichen Sinn des auf sich selbst sich zurückbiegenden Denkens – ist für ihn die letzte Wirklichkeitsbasis der menschlichen Existenz und führt zur Entdeckung des diesem menschlichen Selbstbewußtsein übergeordneten und es umfassenden Selbstbewußtseins Gottes.[259] *Welches aber dann die Quelle der Täuschungen ist, hat Descartes nicht näher untersucht;* es sind für ihn wohl die Leidenschaften der Seele, die „passiones animae"[260] und

---

256 Goethe hat sich gefühlsmäßig dagegen aufgelehnt: „Er (D.) bedient sich, um das Unfaßliche, ja das Unbegreifliche zu erklären, der krudesten sinnlichen Gleichnisse. So sind seine verschiedenen Materien, seine Wirbel, seine Schrauben, Haken und Zacken niederziehend für den Geist, und wenn dergleichen Vorstellungsarten mit Beifall aufgenommen wurden, so zeigt sich daraus, daß eben das Roheste, Ungeschickteste der Menge das Gemäßeste bleibt." Cit. nach Fleckenstein l. c., p. 124.

257 Wisdom (l. c., p. 14) deutet dies so, daß Descartes diese Kenntnisse weglege und wieder aufnehme – im Traum ist es aber eben *nicht* Descartes, der das tut, sondern „es" zaubert die Bücher her und wieder weg.

258 Material s. Stock l. c., p. 10.

259 Gott ist „intelligentia pura": siehe Cogitat. privatae A-T. X, p. 218.

260 S. Brockdorff l. c., p. 36 und ferner „Regulae" A-T. X, p. 368: „Per intuitum intellego non *fluctuantem sensuum fidem* vel male

die Sinneswahrnehmungen, die zu falschen Schlüssen verführen – aber wer oder was deren Erzeuger sei, diese Frage stellt er nicht. Bezeichnenderweise werden deshalb, wie Felsch hervorhebt[261], seine Anwendungen des Kausalitätsprinzipes besonders auf alle psychophysischen Zusammenhänge dunkel und unlogisch. Er projiziert das Geheimnis dieses Geschehens in die Zirbeldrüse[262], welche angeblich die „Lebensgeister" in den Höhlen des Gehirns regiert. Irgendwie muß etwas Kontinuierliches zwischen der res extensa (physikalisches Objekt) und der res cogitans (Seele) bestehen; aber Descartes kann es nicht näher charakterisieren.[263] Diese Unklarheit herrscht in bezug auf seine Definition der Imaginatio, die für ihn ein psychophysisches Geschehen ist[264], und in bezug auf die Leidenschaften der Seele, welche bald angeblich von den „Lebensgeistern" verursacht werden, bald von der „actio animae", dann wieder durch das Hirn treffende Eindrücke (impressiones quae casu [!] occurrunt in cerebro), und bald durch sinnliche Gegenstände.[265]

Die unbewußte Hemmung, die Descartes hinderte, diesem Problemkomplex tiefer nachzuforschen, dürfte letzten Endes seine Bindung an die christliche Definition des Bösen als einer bloßen „privatio boni" sein,[266] ein Problem, in bezug auf welches ich prinzipiell auf die

---

componentis imaginationis iudicium fallax, sed mentis purae et attentae facilem distinctum conceptum, ut de eo, quod intelligimus nullo prorsus dubitatio relinquatur." Vgl. auch über seine Lehre der Sinneswahrnehmungen durch „phantasmata" E. Gilson: L'innéisme cartésien 1. c., p. 470 ff.
261 1. c. p. 19 und bes. p. 44 ff. und p. 49.
262 1. c. p. 49.
263 1. c. p. 50.
264 1. c. p. 50–51.
265 1. c. p. 53.
266 Daß diese bestand, s. Sirven 1. c., p. 146 ff.

Ausführungen von C. G. Jung in „*Aion*[267]" verweisen möchte. Descartes sagt in seinen „Cogitationes privatae"[268], daß Gott „intelligentia pura" sei, und daß, als Er bei der Schöpfung Licht und Finsternis schied, Er die guten von den bösen Engeln schied, denn die „privatio" könne nicht vom „habitus" geschieden werden. Die Finsternis und die bösen Engel sind folglich nur eine „privatio" und deren Existenzform. Darin zitiert er wörtlich, wie Sirven nachwies[269], Augustins Schriften „De Genesi ad litteram liber imperfectus"[270] und „De Genesi contra Manichaeos"[271]. Gerade zur Zeit des Traumes hat sich Descartes mit der Idee, selber einen Genesiskommentar zu schreiben, beschäftigt und diese Schriften Augustins gelesen.[272] Wir dürfen annehmen, daß er die „privatio-boni-Idee" von Augustinus übernommen[273] und gleichsam halb unbewußt mit seinen Aussagen über Gott als „intelligentia pura", die absolut wahrhaftig ist und nicht täuschen kann, verschmolzen hat.[274] In dieser Hinsicht bleibt somit Descartes in einem christlichen Vorurteil befangen – es ist, wie wenn das trinitarische System nun zwar auf die Materie und die kosmische Wirklichkeit angewendet würde, aber wieder ohne daß sich das Problem des Vierten, der Ganzheit, stellte. Maritain sagt deshalb auch mit Recht, daß Descartes' Philosophie mit

---

267 Rascher Zürich 1951.

268 A-T., vol. X, p. 218.

269 1. c., p. 146.

270 Migne: P. L., tom. 34, col. 229.

271 Migne: P. L., tom. 24, col. 176 und tom. 41, col. 332–333.

272 Sirven: 1. c., p. 147–48.

273 Vgl. Sirven: 1. c., p. 149.

274 Vgl. J. Laporte: Le rationalisme de Descartes, Paris 1945, p. 171, wo er zeigt, daß Descartes die Wahrhaftigkeit Gottes davon ableitet, daß Gott kein Nichtsein in sein Wesen einführen kann: „Mais le mot tromper n'a pas de sens ou il signifie la substitution du faux au vrai. En faisant de la tromperie un bien Dieu introduirait en soi du non-être: ce qui reviendrait à s'ôter un peu de son être …"

einem „air d'héroisme géomètre et chrétien" auftrete: die Erde messend und Gott geradewegs in der Seele nachweisend.[275] Er betont auch ferner (sich auf Gilson stützend), daß die Cartesianische Philosophie „die überlegenen Conciliationen in zwei Stücke zerbreche, durch welche die Scholastik die großen Antinomien des Seins gelöst hätte, und dabei nicht imstande sei, diese zwei Stücke wieder zu vereinigen"[276]. Dieses Entzweibrechen des scholastischen Weltbildes ließe sich meines Erachtens als eine *Verdoppelung* desselben, d. h. als eine unbewußte Realisation seiner „unteren" Entsprechung ansehen. Wie C. G. Jung dargelegt hat[277], steht der trinitarischen Gottheit im Weltbild christlicher Alchemisten eine untere chthonische Dreiheit gegenüber[278], „... welche zwar in ihrer Symbolik Verwandtschaft mit dem Bösen verrät, obschon es keineswegs feststeht, daß sie nichts als das Böse ausdrücke." Dieses Untere verhalte sich zum Oberen wie eine Entsprechung. Nun seien aber triadische Symbole keine Ganzheitssymbole, im Gegensatz zu den quaternarischen. Jung fährt fort: „Wenn man sich die Vierheit als ein Quadrat vorstellt und dasselbe durch eine Diagonale in zwei Hälften teilt, so entstehen zwei Dreiecke, deren Spitzen in entgegengesetzte Richtung zeigen. Man könnte daher metaphorisch sagen: Wenn man die durch die Vierheit symbolisierte Ganzheit in gleiche Hälften teilt, so entstehen zwei Drei-

---

275 Le songe de Descartes l. c., p. 41 „mesurant la terre et trouvant tout droit Dieu dan l'âme".
276 l. c. p. 55 „brise ... en deux morceaux contrastant, qu'elle affirme chacun à part sans pouvoir désormais les réunir, les conciliations supérieures, en lesquelles la scolastique resolvait les grandes antinomies du réel ..."
277 C. G. Jung, „Zur Phänomenologie des Geistes im Märchen", in Ges. W. Bd. 9 I, p. 250f.
278 Der dreiköpfige Satan usw. Auch in der Folklore erscheint oft eine solche Triade, indem dem Satan eine „Großmutter" und eine schöne, „menschenfühlige" Tochter zugesprochen wird.

heiten von entgegengesetzter Richtung." Das untere
Dreieck stelle einen „dunklen Geist" dar, der zwar einerseits z. B. Ursache der heutigen Kollektivkatastrophen
sei, anderseits aber auch, wenn richtig aufgefaßt, die
causa instrumentalis des Individuationsprozesses werden könne.[279] Mir scheint, daß es *dieser* Geist ist, der
Descartes ergriffen hat, ein „malin génie" – gesehen vom
Standpunkt der Kirche, aber auch ein „spiritus familiaris", der zur Ganzwerdung antreibt. Wie W. Pauli in seinem Aufsatz über Kepler darlegt, ist Keplers dreidimen-
sionales Raumschema von der christlichen Trinitätsidee
abhängig, und in ähnlicher Art ist auch bei Descartes
seine mechanistische, nur kausale Naturerfassung auf
Grund der einfachen Bewegungsgesetze, vom christlichen Gottesbild her begründet. Hierin wird sichtbar,
daß der sogenannte Materialismus, zu dessen Mitbe-
gründern Descartes gehört, eigentlich seine Wurzeln,
wie Brunschwigg bemerkt hat[280], in einem extremen Spi-
ritualismus hat. Deshalb hat Descartes auch die Materie
im Grunde völlig „entmaterialisiert", verglichen mit der
Art, wie sie in der neueren Physik beschrieben wird,
denn er billigt ihr definitionsgemäß nur eine geome-
trisch faßbare räumliche Ausdehnung zu, nicht aber

---

279 C. G. Jung, „Zur Phänomenologie des Geistes im Märchen", in
Ges. W. Bd. 9 I, p. 267.
280 Descartes et Pascal usw. l. c., p. 117–118: „Une Physique où le
mécanisme est pratiqué avec autant de rigueur et dans une sem-
blable extension ne risque-t-elle pas de frayer la voie à la renaissance du matérialisme épicuiren? ... mais tout au contraire, parce
que la manière dont il introduit et justifie la vérité du mécanisme
intégral, immanent en quelque sorte à lui-même, *plonge ses racines
dans une métaphysique dont on ne doit pas dire seulement, qu'elle
est radicalement spiritualiste, mais qui renouvelle, en la portant à un
degré de pureté jusqu'alors insoupçonné, la notion de spiritualité.*"
Diese „Abstraction" liegt in dem geometrischen Charakter von
Descartes' Physik begründet. Vgl. Gagnebin l. c., p. 117.

213

Dichte, Masse oder energetische Qualitäten.[281] Damit
hängt ferner zusammen, daß er eine in der Zeit stattfin-
dende Bewegung des Lichtes leugnete; er glaubte an
eine absolut momentane Ausbreitung des Lichtes – ein
Punkt, wogegen ihm bereits sein Zeitgenosse Beekmann
Einwände erhob.[282] Die Übernahme der Definition des
Bösen als „privatio boni" und der Identifizierung von
Gottes Wirken mit dem vernünftigen, kausal erklärbaren
Geschehen verunmöglicht es ihm ferner, im Gebiet sei-
nes naturwissenschaftlichen Forschens an eine akausale
Beschreibung von Ereignissen zu denken. Aus diesem
Grunde unterstreicht wohl das Unbewußte kompensato-
risch die Realität solcher Phänomene und entfaltet eine
autonome spukartige Wirksamkeit.

Selber assoziierte Descartes zum „Dictionnaire", er
stelle die Summe aller Wissenschaften dar (deren
Grundprinzip er gerade mathematisch entdeckt zu haben glaubte), die Gedichtsammlung hingegen bedeute
die Weisheit, den Enthusiasmus, die göttliche Inspiration und den Samen der Weisheit (der sich im Gemüt
des Menschen wie Funken [!] im Kieselstein fände). So
sehr dieser Gedanke zunächst einleuchtet, ist man doch
erstaunt, daß dann gerade zwei Gedichte des spätanti-
ken gallischen Dichters Ausonius (IV. Jahrh. n. Chr.)
diese Welt der Weisheit und Inspiration darstellen sollen, denn die Gedichte dieses *nur konventionell zum
Christentum übergetretenen skeptischen,* stark rhetorisch
schreibenden „Poeten" enthalten für unsere Begriffe wenig musische Begeisterung. Hingegen sind beide Idyllen, die im Traum vorkommen, *Bekenntnisse zu einer
zwar geistreichen, aber lebensmüden, sogar lebensvernei-*

---

281 Vgl. H. Stock 1. c., p. 75 ff. Descartes hypostasiert den Raum als
   absolut existent, vgl. Gagnebin 1. c., p. 116, la géométrie de Descartes est déjà une physique.
282 Vgl. Stock p. 49 und Gagnebin 1. c., p. 116.

nenden und rein skeptischen Weltanschauung.[283] Zunächst hält Descartes seinen Blick auf den Beginn der XV. Idylle (Ex Graeco Pythagoricum de ambiguitate eligendae vitae), welche beginnt mit den Worten: „Quod vitae sectabor iter? Si *plena tumultu / sunt fora;* si curis domus anxia: si *peregrinos /* Cura domus sequitur etc.[284]" Diese ersten Verse passen erstaunlich gut zu Descartes' Situation, dem Fremdling[285] mitten im kriegsbedrohten Deutschland. Das ganze Gedicht zählt dann auf, daß weder Arbeit noch Heirat, noch Reichtum, weder Jugend noch Alter, sogar weder das ewige Leben noch Gesittung dem Menschen Glück bringen, und es endet mit den Worten: „Optima Graiorum sententia: quippe homini aiunt non nasci esse bonum, natum aut cito morte potiri.[286]

---

283 Über Descartes' „sceptique chrétienne" s. Adam Descartes 1. c., p. 57. Was vielleicht noch wichtiger zu betonen wäre, ist, daß Descartes eigentlich nur an eine intellektuelle Lösung der moralischen Probleme denkt und die Moral nicht als eine Angelegenheit des Gefühls ansieht. (Vgl. Sirvens Ausführungen 1. c., p. 253.)

284 Übersetzung s. nächste Seite.

285 Landesfremder, Wanderer.

286 Quod vitae sectabor iter? Si plena tumultu / sunt fora; si curis domus anxia: si peregrinos / Cura domus sesequitur, mercantem si nova semper / damna mament, cessare vetat si turpis egestas: / Si vexat labor agricolam, mare naufragus horror / infamat, *poenaeque graves in coelibe vita: /* Est gravior cautis custodia vana maritis sanguinem si Martis opus, si turpia lucra / Foenoris et velox inopes usura trucidat. / Omne aevum curae cunctis sua displicet | Welchen Lebensweg soll ich einschlagen? Wenn die Straßen voller Aufruhr sind, wenn das Haus von Sorgen beängstigt wird? Wenn die häusliche Sorge dem Reisenden folgt, wenn den Händler stets neue Rückschläge erwarten und ihm doch die schmähliche Armut zu zögern verbietet. Wenn die Arbeit den Bauern plagt, das Meer die Schauder des Schiffbruchs erschrekkend schildern, und schwere Strafen auf dem Leben des Junggesellen stehn, – und doch nützt den vorsichtigen Gatten kein eitles Bewachen der Gattin, wenn das Handwerk des Mars sein Blut verlangt und wenn alle schmählichen Gewinne der Zins und die Armen

In gewissem Sinne bewegt sich die Frage des Einleitungssatzes dieses Gedichtes auf derselben Linie wie die Symbolik des ersten Traumes, worin gezeigt wurde, daß Descartes in Gefahr stand, von dem Wehen des „Sturmes" ergriffen, seine eigene Persönlichkeitsabrundung und Reifung zu übersehen. Auch *diese* Frage hier lenkt

---

aetas / sensus abest parvis lactentibus et puerorum / dura rudimenta et juvenum temeraria pubes / afflictat fortuna viros per bella per aequor / irasque insidiasque catenatosque labores / mutandos semper gravioribus. Ipsa senectus / Exspectata diu votisque optata malignis / obiicit innumeris corpus lacerabile morbis / spernimus in commune omnes praesentia quosdam / Constat nolle Deus fieri. Iuturna reclamat / quo vitam dedit aeternam? Cur mortis ademta'est / conditio? Sie Caucasea sub rupe Prometheus / testatur Saturnigenam nec nomine cessat / Incusare Iovem, data sit quod vita perennis / Respice et ad cultus animi. Sic nempe pudicum / Perdidit Hippolytum non felix cura pudoris / At contra illecebris maculosam ducere viram / Quem iuvat, aspiciat poenas et crimina regum. / Tereos incesti vel mollis Sardanapali / Perfidiae vitare monent tria Punica bella / Sed prohibet servare fidem deleta Saguntos / Vive et

der Wucher aufreibt. Jeder Generation mißfällt ihr Alter durch ihre Sorgen, den kleinen Säuglingen fehlt das Bewußtsein, hart ist die erste Schulung und das mutwillige Alter der Jünglinge, die Männer schlägt das Geschick durch Kriege und Meeresgefahren, Streit, Hinterhalt und Verkettung von Mühsal, die sich stets steigern. Selbst das Greisenalter, lange ersehnt und mit tückischen Gelübden erwünscht, liefert den hinfälligen Körper zahllosen Krankheiten aus. Wir alle verschmähen gemeinsam das Gegenwärtige, von einigen steht fest, daß Gott ihre Existenz nicht wollte. Iuturna verlangt das ewige Leben zurück von dem, dem sie es gab. Warum ist mir die Bedingung des Todes genommen worden? So ruft Prometheus am Kaukasusfels die Saturnstochter an und hört nicht auf, Jupiter zu beschuldigen, daß ihm das ewige Leben gegeben wurde. Blick auch auf die seelischen Werte: den keuschen Hippolytos nämlich hat seine nicht glückbringende Keuschheit vernichtet. Doch wen es freut, sein Leben von Lüsten befleckt zu verleben, der schaue auf die Strafen und Gerichte der Könige. Die drei Punischen Kriege warnen uns vor dem Inzest des Tereus und der Treulosigkeit des weichen Sardanapal, doch das zerstörte Sagunt verbietet uns treu zu bleiben – gut, so lebe und gleichsam seine Aufmerksamkeit auf sein moralisches und persönliches Gefühlsproblem [287], auf die Wahl oder Entscheidung für das persönliche Leben zurück. Doch hier erscheint wieder ein anderer, diesmal unbekannter

---

287 Descartes nennt es selber: „Le bon conseil d'une personne sage ou même la Théologie Morale."

---

amicitias semper cole, crimen ob istud / Pythagoreorum periit schola docta sophorum / Hoc metuens igitur nullas cole. Crimen ob istud / Timon Palladiis olim lapidatus Athenis / Dissidet ambiguis semper mens obvia votis / Nec voluisse homini satis est. Optata recusat / Esse in honore placet. Mox poenitet. Et dominari / Ut possit, servire volet, Idem auctus honore Pernox est cura disertis / Sed rudis ornatu vitae caret, esto patronus / Et defende reos sed gratia rara clientis. / Esto cliens, gravis imperii persona patroni / Exercent hunc vota Patrum. Mox aspera curis / Sollicitudo obit. Contemnitur orba senectus / Et captatoris praeda'st haeredis egenus. / Vitam parcus agas, avidi lacerabere fama / Et largitionem gravius censura notabit / cuncta sibi adversis contraria casibus. Ergo / Optima Graiorum sententia: Quippe homini aiunt / non nasci esse bonum, natum aut cito morte potiri.

pflege immer die Freundschaft – doch wegen dieser Schuld ging die gelehrte Schule der Pythagoräer zugrunde. – Dies fürchtend, pflege keine Freundschaft – wegen dieser Schuld wurde einst Timon in Athen gesteinigt. Immer widerspricht ein innerer Sinn zweideutigen Gelübden und nicht genügt es dem Menschen gewollt zu haben, er lehnt das Ersehnte ab. Man liebt es, geehrt zu sein. Bald bereut man es. Und daß man herrschen könne, soll man dienen wollen, der Geehrte wird ständig von den Beredten belästigt, doch der Ungebildete entbehrt der Zier des Lebens. Sei Patron und verteidige die Angeklagten – selten ist der Dank des Klienten. Sei Klient, schwer ist die Herrschaft des Patrons, ihn plagen die Wünsche der Senatoren. Bald kommt die sorgenschwere Beunruhigung. Man verachtet das verwaiste Alter und, selber bedürftig, ist man die Beute des Erbschleichers. Lebe sparsam, man wird dich habsüchtig nennen, und die Verschwendung wird noch ärger getadelt werden. Alles hat seine Gegenseite. Also ist die Ansicht der Griechen die beste: sie sagen, es sei gut für den Menschen, nicht geboren zu werden, und wenn er es ist, rasch zu sterben.

217

Mann, der ihn noch auf eine andere Idylle aufmerksam macht. *Dieser Unbekannte könnte die inzwischen sichtbar gewordene Gestalt des „Tricksters"*[288] *sein,* der die Bücher herumzauberte – jedenfalls stellt er einen unbekannten, unbewußten Teil von Descartes' Persönlichkeit dar, den man vielleicht in eine gewisse Parallele zum Herrn N. des ersten Traumes stellen darf. Allerdings war letzterer nur unbeachtet von Descartes, dieser neue Begegnende aber ist ihm völlig unbekannt. Der Fremde preist ihm eine Idylle von Ausonius an, die mit „Est et Non" (ja und nein) anfängt. Idylle XII = Ναὶ καὶ οὐ Πυθαγορι-κόν (Das Ja und Nein der Pythagoräer.) Das Thema des Gedichtes ist, daß diese zwei Wörtlein Ja und Nein alles menschliche Leben beherrschen, die Menschen entzweien, und daß alles bejaht *und* verneint werden könne, so daß viele es vorzögen, ganz zu schweigen.[289]

Versuchte somit das Gedicht „Quod vitae sectabor iter" Zweifel und Unsicherheit in bezug auf die Werte des Lebens zu erwecken, so erregt dieses letztere Gedicht Zweifel an der Zuverlässigkeit aller menschlichen

---

288 So nennt man in der Religionsgeschichte speziell die göttlichen Heilbringer-Gestalten vieler Indianerstämme, weil sich diese durch eine merkwürdige Art, koboldhafte neckische Streiche zu spielen, auszeichnen. Auch der alchemistische Geist Mercurius tritt gerne als ein solcher „Trickster" auf.

289 Est et non, cuncti monosyllaba nota frequentant / His demptis nihil est hominum quod sermo volutet / Omnia in his et ab his sunt omnia sive negoti / sive oti quicquam'st seu turbae sive quietis / Alterutro pariter nonnumquam saepe seorsis / obsistunt studiis ut mores ingeniumque / Vel faciles vel difficiles contentio nacta'st. / Si consentitur

Ja und Nein – alle verwenden diese bekannten einsilbigen Worte. Wenn die nicht sind, kann des Menschen Gespräch nichts erörtern. Alles ist in diesen und von diesen kommt alles – sei es etwas in der Arbeit oder Muße, in der Menge oder Ruhe. Mit beiden gleichermaßen stehen sich oft die Leute gegenüber in entgegengesetzten Meinungen, wie es ihre Art und ihre Einstellung mit sich bringt, seien sie leicht oder schwierig in diesem Streit. Wenn man einverstanden ist, heißt es ohne

Aussagen – das Ja und Nein ist völlig relativ. *Es scheint dem Unbekannten angelegen zu sein, Descartes' Überzeugung von der Möglichkeit absolut gültiger Konstatierungen zu unterminieren* und ihm die Paradoxie jeder wirklich psychologisch richtigen Aussage nahezulegen – vermutlich um ihn damit, wie mittels des ersten Gedichtes, von der sich mehr und mehr verabsolutierenden Denkfunktion weg auf die Problematik seines eigenen Wesens auszurichten. Zugleich sind diese zwei Gedichte *Spiegelungen der unbewußten Gefühlshaltung von Des-*

---

mora nulla intervenit Est, Est. / Si controversum dissensio subiiciet Non. / Hinc fora dissultant clamoribus, hinc furiosi / iurgia sunt Circi, cuneati hinc laeta theatri. / Seditio et tales agitat quoque Curia lites / Hinc etiam placitis schola consona disciplinis / Dogmaticas agitat placito certamina lites / Hinc omnis certat dialectica turba Sophorum / Est lux estne dies ergo, Non convenit istuc / Nam facibus multis aut fulgoribus quotiens lux / Est nocturna homini non est lux ista diei / Est et non igitur quotiens lucem esse fatendum'st / Sed non esse diem. Mille hinc certamina surgunt / Hinc pauci, multi quoque talia commeditantes / Murmure concluso rabiosa silentia rodunt / Qualis vita hominum, duo quam monosyllaba versant! – *Ausonii: Opera,* Basel 1781, p. 238.

Verzug: Ja, ja! Wenn hingegen die Meinungsverschiedenheit aufflammt: Nein, nein! Daher ertönt das Forum von Geschrei, daher die wütenden Streite im Zirkus, daher die Rufe der gestaffelten Theatersitze und solche Streitereien bespricht das Rathaus, daher erörtert die in ihren Schulmeinungen übereinstimmende Philosophenschule mit anderen Meinungen Lehrsatzkonflikte, daher streitet die ganze beredte Schar der Sophisten. Licht ist, also ist Tag? Man anerkennt das nicht, denn wie oft entsteht Licht von vielen Fackeln oder Blitzen, das ist dem Menschen nächtliches Licht, nicht Tageslicht; Ja und Nein, muß man also zugeben, so oft Licht sei, ist es aber nicht auch Tag. So entstehen tausend Diskussionen. Daher nagen sich wenige, ja sogar viele, die solches bedenken, mit Murren in grollendem Schweigen die Lippen. Wie traurig ist doch dieses Leben des Menschen, das diese zwei Einsilbler bewegen!

cartes[290]: er traut dem Leben überhaupt nicht, auch sich nicht und keinem anderen. Auf den Bildern trifft einen sein hoffnungslos skeptischer, scheuer, erloschener Blick. Es ist wohl der frühe Tod der Mutter, der jeden Lebensmut, jedes Vertrauen zum Leben und zum eigenen Gefühl so von ihm weggenommen hat, so daß er sich in der alleinigen Aktivität seines Denkens abkapselte. Auch seine angebliche Charakterlosigkeit scheint mir mehr aus einem derart bedingten Mangel an vitaler Substanz als aus einem Charakterfehler erklärt werden zu müssen.

Im Traum greift Descartes die Anregung des Fremden auf, zeigt sich scheinbar orientiert und will ihm das Gedicht in seinem Buch zeigen, findet es aber nicht. Das Trickspiel setzt wieder ein: der Fremde fragt, woher er das Buch habe. Er will wohl – wie oben schon angedeutet – Descartes klarmachen, daß all seine Einfälle, sein Denken und Fühlen, in deren Besitz er sich glaubt und von denen er meint, *er* mache es (*je* pense, donc *je* suis) eigentlich von der Gnade des Unbewußten abhängen, ob es sie liefern will oder nicht. Darum erscheint auch der Dictionnaire wieder, aber nicht mehr vollständig – durch das Auftauchen des Gefühlsproblems sind Teile weggebröckelt. Descartes findet dann die Idyllen des Ausonius im Gedichtband, aber nicht das Est-et-non-Gedicht, und will dem Fremden dafür das andere (Quod vitae etc.) anpreisen. Er versucht vom Problem der Zweifelhaftigkeit jeder Denkaussage abzulenken und gleichzeitig seine lebensfeindliche skeptische Gefühlsseite demonstrativ anzunehmen; aber wieder ist alles anders: er sieht kleine Kupferstichporträts, wie sie in der realen Ausgabe gar nicht existieren. Das Anrühren des Gefühlsproblems, der vierten Funktion, bewirkt, daß die

---

290 Dies hebt auch Wisdom l. c., p. 14 hervor: the anthology meant the knowledge of what is real in the life of feeling.

Idee der *individuellen Persönlichkeit* auftaucht[291], das Interesse am individuellen Wert und am So-Sein des einzelnen Menschen. – Es ist ja die Zeit der großen italienischen und holländischen Porträtisten, und das Interesse an der individuellen Persönlichkeit entspricht der Zeitströmung. Es ist eine Vielheit von Porträts – was auf einen anfänglichen Zustand noch dissoziierter Persönlichkeitsfragmente schließen läßt. Wie die vielen Samen der Melone, sind dies gleichsam Komponenten, aus denen die „geeinte Persönlichkeit" sich erst allmählich zusammensetzt.

Im ersten Traum besteht das Symbol des Selbst in einem runden Gegenstand – die Monas. Die Einheit ist unterstrichen. In den zwei nächsten Träumen hingegen ist der neue Inhalt bzw. das Selbst als eine *Vielheit* von Funken oder menschlichen Porträts dargestellt. Es erscheint gleichsam multipliziert. Diese Tatsache weist darauf hin, daß durch die erste Begegnung mit dem (nicht mit dem Ich koinzidierenden) Zentrum, dem Selbst, eine Vervielfältigung der Persönlichkeit eingetreten ist. Die Einheit des Bewußtseins – Descartes selber sah ja nur das denkende Ich als einzige seelische Realität an – ist aufgesprengt worden, und der Traum zeigt, daß der Mensch innerlich eigentlich viele und mit vielen ununterscheidbar verbunden ist. Das mit dem christlichen Monotheismus zusammenhängende Ideal der Bewußtseinseinheit und Willenseinheit, das speziell von den Jesuiten angestrebt wurde, wird hier in Frage gestellt. Denn das Selbst umfaßt eben, wie Jung sagt, nicht nur den einen Menschen, sondern auch viele andere.

---

291 In der „Recherche de la vérité etc." (A-T. X, p. 507) spricht Descartes über die Sinnestäuschungen als von einem schlechten, von einem Malerlehrling gemachten Bilde, an dem der Meister (die Vernunft) Korrekturen anbringt. Besser sollte er aber, nach Descartes, ganz von neuem wieder anfangen.

„Es ist paradoxerweise Quintessenz des Individuums, und doch zugleich ein Kollektivum."[292]

Während auch sonst Descartes' eigene Trauminterpretation zum Teil etwas hilflos, zu rational und optimistisch ist, verfehlt sie das letzte Motiv der Porträts völlig: er faßt es als Vorankündigung eines italienischen Malers auf, der ihn tags darauf besuchte.[293] Er schließt aber immerhin daraus auf die „valeur prophétique" seines Traumes und fühlt sich bestärkt, in ihm das Wirken Gottes zu sehen. Darum sagt er, „que l'esprit humain n'y avoit aucune part". Obwohl das Ereignis dazu angetan war, die Wichtigkeit dieser Bilder zu unterstreichen, scheint er nicht erfaßt zu haben, daß diese Porträts sich auf seine individuelle Gefühlsseite beziehen könnten. An sich ist dieser Besuch des Malers als ein synchronistisches Ereignis anzusehen. Wieso aber für Descartes die Feststellung der „valeur prophétique" des Traumes eine befriedigende „Erklärung" dieser Koinzidenz schien, – für ihn, der ja nicht an einen akausalen Geschehenszusammenhang dachte –, ist erstaunlich; er scheint sich über die Implikationen dieser Feststellung keine Gedanken gemacht zu haben. Er unternahm aber dann doch instinktiv später etwas für seine Gefühlsseite, die bei ihm wohl der toten Mutter zugehörte: er gelobte eine Pilgerfahrt zur Madonna von Loreto, mit der Bitte um innere Führung bei seiner „recherche de la vérité", denn er fühlte sich als Sünder tief bedrückt. Der Zerknirschung dürfte eine falsche Verschiebung seines Minderwertigkeitsgefühls auf gewisse Sünden der Vergangenheit zu-

---

292 Zit. bei C. G. Jung, „Paracelsus als geistige Erscheinung", in Ges. W. Bd. 13, p. 203. Vgl. ferner zum Problem der Multiplicatio C. G. Jung: Die Psychologie der Übertragung, in Ges. W. Bd. 16, p. 328 ff. und zum Selbst als Zustand der Bezogenheit, ebda., p. 248 ff.

293 A-T. Œuvres l. c., tom X, p. 185. Sirven l. c., p. 129.

grunde liegen[294] – sein wirkliches Minderwertigkeitsgefühl basierte wohl darauf, daß der Traum das abgespaltene Gefühlsproblem und das religiöse Problem des Bösen überhaupt angerührt hatte.

Was meines Erachtens diese Träume so eindrucksvoll macht, ist, abgesehen davon, daß sie vieles über Descartes aussagen, daß sie eigentlich „in nuce" das Problem des heutigen Menschen, des Erben jener Zeit, des aufklärerischen Rationalismus, an deren Anfang Descartes steht, vorausskizzieren und im Symbol der Melone wie der individuellen Porträts den Individuationsprozeß als mögliche Lysis andeuten. Auch wenn Descartes' Schlüsse aus dem Traum und sein späterer Lebensweg in mancher Hinsicht als ein Verfehlen des vom Unbewußten angedeuteten Weges erscheinen mögen, so fällt ihm doch das Verdienst zu, daß er sich auf seine Art um eine „Purifikation" seines Geistes und um die „recherche de la vérité" leidenschaftlich und hingebend bemüht hat.[295] Aus diesem letzteren Grund ist ihm wohl diese bedeutsame Offenbarung aus dem Unbewußten zuteil geworden.

Vielleicht könnte diese Interpretation des Traumes als etwas zu kritisch und Descartes Persönlichkeit herabwürdigend empfunden werden – doch dies ist nicht meine Absicht. Es geht auch aus dem Traum hervor, daß

---

294 Es ist eine typische Erscheinung, daß Leute, die an Minderwertigkeitsgefühlen leiden, diese nicht auf ihre tatsächliche minderwertige Seite beziehen, sondern anderswohin verschieben, wo sie sich gar nicht so minderwertig zu fühlen brauchten.

295 Vgl. A-T. Œuvres l. c., tom X, p. 180. A. Baillet sagt von dem Zustand Descartes' vor dem Traum: „Avec toutes ces dispositions il n'eut pas moins à souffrir que s'il eût été question de se dépouiller de soy-même. Il crût pourtant en être venu à bout. Et à dire vrai, c'étoit assez que son imagination *lui representât son esprit tout nud,* pour lui faire croire qu'il avoit mis effectivement en ce état. *Il ne lui restoit que l'amour de la vérité* dont la poursuite devoit faire d'orénavant toute l'occupation de sa vie."

das Unbewußte Descartes nicht kritisiert – er begeht im Traum außer dem Übersehen des Herrn N. keinen Fehler. Was das Unbewußte hervorhebt, ist die Tatsache, daß er relativ hilflos in einem unheimlichen, überpersönlichen Geschehen gefangen ist, und daß er durch sein tiefes Nachsinnen an geistig-seelische Wirklichkeiten angestoßen ist, von denen sein „vernünftiges" Denken noch keine Ahnung hat. Im Symbol der Melone aber ist angedeutet, daß das Selbst durch ihn im natürlichen Menschen integriert werden will, um als Licht aus der *ganzen* menschlichen Seele, nicht nur aus ihrem Denken, aufzuleuchten.

GLOSSAR

Alchemie: Die ältere Chemie, in der sich die experimentelle Chemie im heutigen Sinne mit allgemeinen, bildhaft-intuitiven, teils religiösen Spekulationen über die Natur und den Menschen vermischt fand. In das Unbekannte der Materie, des Stoffes, wurden viele Symbole projiziert, die wir heute als Inhalte des Unbewußten erkennen. Der Alchimist suchte das „Geheimnis Gottes" im unbekannten Stoff und geriet dadurch auf Verfahren und Wege, die denen der heutigen Psychologie des Unbewußten gleichen.

alter ego: (lat.) das andere, zweite Ich; auch: der Doppelgänger

Amplifikation: Erweiterung des Trauminhalts durch Vergleich der Traumbilder mit Bildern der Mythologie, Religion usw., die in sinnverwandter Beziehung zum Trauminhalt stehen.

Anima: Personifikation einer weiblichen Natur im Unbewußten des Mannes, das gegengeschlechtliche Seelenbild, das innerlich gehegte Bild *der* Frau beim Mann.

Animus: Personifikation einer männlichen Natur im Unbewußten der Frau. Der Animus wird oft in der Projektion auf geistige Autoritäten sichtbar. Darin kommt das innere Bild des Mannes einer Frau zum Ausdruck.

Apokryphen: Nicht in den Kanon aufgenommene, jedoch den anerkannten biblischen Schriften formal und inhaltlich sehr ähnliche Werke.

Archetypen: Seelische Strukturelemente oder Dominanten, die an sich unanschaulich sind, sich aber als Traum- und Phantasiebilder und -motive im Bewußtsein zum Ausdruck bringen; Urbilder.

Behaviorismus: Eine psychologische Richtung, die sich auf das objektiv beobachtbare und meßbare Verhalten beschränkt, unter Verzicht auf die Beschreibung von Bewußtseinsinhalten, die nur durch Introspektion zum Vorschein kommen.

coniunctio: (lat.) Vereinigung, Verbindung

daimon: Ursprünglich eine wertfreie, treibende Kraft, ein Geistwesen, das zur schöpferischen Gestaltung der eigenen Individualität führt; bei Sokrates: inspirierender und leitender Geist.

Demiurge: (gr.-lat.) der Weltbaumeister, Weltenschöpfer (vor allem bei Platon und in der Gnosis)

Dschin: Geist, arab. Dämon.

Extraversion, extravertiert: Nach außen gerichtet. Seelische Einstellung, die durch Konzentration der Interessen auf äußere Objekte gekennzeichnet ist. Für äußere Einflüsse leicht empfänglich.

Haeretiker: (gr.-lat.) jemand, der von der offiziellen Lehre abweicht, Ketzer

Individuation: „Individuation bedeutet: zum Einzelwesen werden, und, insofern wir unter Individualität unsere innerste, letzte und unvergleichbare Einzigartigkeit verstehen, zum eigenen Selbst werden. Man könnte Individuation darum auch als ‚Verselbstung‘ oder ‚Selbstverwirklichung‘ übersetzen.“ (C. G. Jung, „Die Beziehung zwischen dem Ich und dem Unbewußten“, Ges. W. Bd. 7).

Inflation: (Aufgeblasenheit) Eine die individuellen Grenzen überschreitende Ausdehnung der Persönlichkeit durch Identifikation mit einem Archetypus oder, in pathologischen Fällen, mit einer historischen oder religiösen Figur.

Introversion, introvertiert: nach innen gewandt, Konzentration des Interesses auf innerseelische Vorgänge, zur innerlichen Verarbeitung der Erlebnisse veranlagt.

Kanon: hier: unabänderliche Liste der von der katholischen Kirche anerkannten Schriften.

Katoche: (gr.) Haft, Gefangenschaft; auch: von einem Gott in Bann genommen, Gotteshaft.

kollektives Unbewußtes: Nach C. G. Jung enthält das kollektive Unbewußte die Gesamtheit aller Archetypen als Niederschlag allgemeinmenschlicher Erfahrung. Die Formen der

archetypischen Vorstellungen (nicht ihr Inhalt) sind vererb-
bar und den bei Tieren angeborenen Verhaltensweisen wie
Nestbau, Bienentanz, Werbung usw. vergleichbar.

Kompensation: Ausgleich; im psychologischen Sinne das Auftreten einer gegensätzlichen Haltung bei zu einseitigem Verhalten.

Komplementarität: Ergänzung; im psychologischen Sinne das
Hinzukommen einer bisher mangelnden Entität, durch die
Ganzheit erlangt wird.

Konstellation: Gesamtheit und Gruppierung der Faktoren, die
für einen Zustand oder Vorgang maßgebend sind. In der
Psychologie bezeichnet die Konstellation oft die Bedingt-
heit des aktuellen Erlebens durch die vorhergehenden Er-
lebnisinhalte.

Libido: (lat.: Verlangen, Liebe) C. G. Jung bezeichnet mit Libido die allen psychischen Äußerungen (Triebe, Strebungen
usw.) zugrunde liegende psychische Energie. Sie läßt sich
auch als allgemeine Lebenskraft definieren.

Logos (gr.-lat.) sinnvolles Wort, logisches Urteil, menschliche
Vernunft, Sinn; göttliche Vernunft, Weltvernunft, Vernunft
Gottes als Weltschöpfungskraft, Offenbarung.

Lysis: (gr.) Auflösung, Ende

Mandala: wörtlich „Kreis"; das in einen Kreis oder ein Viel-
eck eingefügte Bild, das zur Meditation dient und bestimmte
geistige Zusammenhänge darstellen will. Im buddhistischen
Religionsraum weit verbreitet. Durch C. G. Jung fand das
Mandala als ein spontan auftauchender, harmonisierender
und auf die Ganzheit verweisender Inhalt des Unbewußten
einen Platz in der Psychologie. Jung bezeichnet das Mandala als ein Symbol der Ganzheit der Persönlichkeit oder
des Selbst.

minderwertige Funktion: Laut C. G. Jung diejenige der vier
Verhaltensfunktionen (Denken. Fühlen, Empfinden und Intuieren), die nicht entwickelt wurde und darum minderwertig geblieben ist. Es handelt sich dabei um die Funktion, die
der stärksten entgegengesetzt ist (z. B. ist bei einer starken
Denkerpersönlichkeit das Fühlen oft wenig entwickelt oder
ausgeprägt).

Objektstufe: Von C. G. Jung geschaffene Bezeichnung für eine Art der Traumdeutung, in der die im Traum auftretenden Personen und Gegenstände als objektiv genommen werden. Somit geht es dann in der Deutungsarbeit um die Beziehung zwischen dem Träumer und der Umwelt. (siehe auch → Subjektstufe)

participation mystique: Bezeichnet einen Zustand, in dem verschiedene Dinge oder Menschen in geheimnisvoller Weise aneinander Anteil haben, untergründig miteinander verbunden sind. Lévy-Bruhl prägte diesen Begriff zur Kennzeichnung der vor allem beim Kind und bei Naturvölkern möglichen Identifikation mit einem andern.

Pneuma: (Hauch, Atem) in der Stoa ätherische, luftartige Substanz, die als Lebensprinzip angesehen wurde.

prima materia: der Urstoff, die noch umgewandelte Materie (Ausdruck aus der Alchemie).

privatio boni: (lat.) Wörtlich: ‚Abwesenheit des Guten'. Begriff aus der Kirchenlehre (Basilius der Große, Dionysius Areopagita, Augustinus), wonach das Böse lediglich ein „vermindertes Gutes" sei und an sich nicht existiere.

psychoid: seelenähnlich, seelenförmig, quasi-seelisch. Jung charakterisiert damit die unanschauliche Tiefenschicht des kollektiven Unbewußten und dessen Inhalte.

Psychopompos (gr. Pompos = Begleiter, Geleiter, Bote) in der Mythologie der die verstorbenen Seelen in die Unterwelt Begleitende; in der Psychologie der ‚Seelenführer'.

Schatten: Die analytische Psychologie versteht unter dem Schatten die bisher im bewußten Integrationsprozeß der Persönlichkeit vernachlässigten Eigenschaften. Er setzt sich zusammen aus teils verdrängten, teils gar nicht gelebten Zügen des Menschen, die aus sozialen, ethischen, erzieherischen oder anderen Gründen vom Mitleben ausgeschlossen wurden und darum dem Unbewußten anheimfielen. Der Schatten verhält sich zum Bewußtsein kompensatorisch; seine Wirkung kann darum ebensogut negativ wie positiv sein.

Selbst: Zentrum und Umfang der gesamten, d. h. bewußten

und unbewußten Persönlichkeit, die Ganzheit des Menschen.

Subjektstufe: (siehe auch → Objektstufe) Bestimmte Art und Weise der Traumdeutung, in der die im Traum auftretenden Gestalten und Umstände als Teilaspekte des Träumenden selber gedeutet werden. In der subjektstufigen Deutung geht es um die Beziehung zwischen dem Träumer und seiner Innenwelt.

Synchronizität: Gleichzeitigkeit; der Begriff wird von C. G. Jung verwendet, um ein sinnvolles Zusammenfallen oder eine Entsprechung zweier oder mehrerer Begebenheiten zu bezeichnen. Dabei kann es sich um das Zusammentreffen eines physischen und psychischen Geschehens handeln, welche kausal nicht miteinander verbunden sind, oder um Geschehnisse, die in ähnlicher Form an verschiedenen Orten gleichzeitig auftreten.

Tao: (chin.) meist übersetzt mit „Weg", „Sinn", „Weltengrund"; das, was die Welt im Innersten harmonisch zusammenhält.

theriomorph: (gr.) tiergestaltig, in Tierform auftretend.

Typologie C. G. Jungs (Denktyp, Fühltyp, Empfindungstyp, intuitiver Typ): Ein Klassifizierungsmodell aufgrund des Ausprägungsgrads bestimmter Erfassungs- und Wahrnehmungsweisen; bei C. G. Jung im Zusammenhang mit den vier Funktionen ‚Denken', ‚Fühlen', ‚Empfinden' und ‚Intuieren'. Somit ist z. B. ein Denktyp jemand, der die Welt vor allem durch Denken erlebt und zu erfassen sucht und bei dem das Denken gut ausbildet und entwickelt ist. (Siehe auch → minderwertige Funktion).

Vgl. *Psychologische Typen,* C. G. Jung, Gesammelte Werke, Bd. 6.

C.G. JUNG IM GESPRÄCH
Interviews, Reden, Begegnungen

Mit der deutschen Herausgabe dieser
wichtigen Dokumente wird nicht
nur eine Lücke im Gesamtwerk dieses bedeutenden Psychologen und
Arztes geschlossen, sondern auch
ein faszinierender Einblick in das
Leben und Denken eines Pioniers
gewährt. Die lebendige und direkte
Redeweise klärt viele Konzepte
C.G. Jungs und setzt sie in einen
Zusammenhang mit seiner Persönlichkeit.

MEETINGS WITH JUNG

E.A. Bennet, ein englischer Psychia-
ter, hat massgeblich dazu beigetra-
gen, dass Jungs Gedankengut im
englischsprachigen Raum bekannt
wurde. Bei diesem Buch handelt es
sich um eine Sammlung dokumenta-
rischer Notizen von Gesprächen, die
E.A. Bennet während vierzehn Jahren mit C.G. Jung geführt hat. Sie
geben einen regen Gedankenaus-
tausch zwischen zwei Menschen
wieder, die sich ihr Leben lang um
ein Verständnis der menschlichen
Seele bemühten.

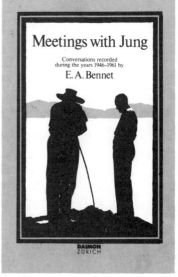

Weitere Titel
aus dem Daimon Verlag

Die Engel erlebt
Gitta Mallasz

Psyche und Erlösung
Siegmund Hurwitz

Lilith — die erste Eva
Siegmund Hurwitz

Der Heilige und das Schwein
Regina Abt-Baechi

Im Umkreis des Todes
Marie-Louise von Franz et al.

Die Suche nach innen
James Hillman

Die Psychologie C.G.Jungs und die Psychiatrie
Heinrich Karl Fierz

Die Passion der Perpetua
Eine Frau zwischen zwei Gottesbildern
Marie-Louise von Franz

Studien zu C.G. Jungs Psychologie
Toni Wolff

Selbstmord und seelische Wandlung
James Hillman

Kunst und schöpferisches Unbewusstes
Erich Neumann

Von Freud zu Jung
Liliane Frey-Rohn

Aufsätze zur Psychologie C.G. Jungs
Aniela Jaffé

Für ausführliche Informationen (Gesamt- und Spezialprospekte)
wollen Sie sich an den Verlag wenden:

Daimon Verlag   Postfach   **CH-8024 Zürich**